宗 教 の 発 見

——日本社会のエートスとキリスト教——

村田 充八 著

阪南大学叢書　88

晃 洋 書 房

序

筆者は、学生時代から、「技術社会」や「宗教社会」の研究を通して、一貫して、社会と社会的エートスの「親和的関係」について関心を抱いてきた。社会学的研究には、社会に存在して社会を規定する倫理、すなわち社会的エートスに着目することが大切であるということを強く感じてきた。そこで、拙著を通し、社会を理解するうえで、社会に存在するエートスをいかに綿密に把握するかということの重要性について提示してきた。この点については、指導教授山中良知先生（一九一六―七七）から学んだことであった。

このような社会学的な関心とともに取り組んだ第一の営為は、「コミューンと宗教」の研究であった。山中先生の後任で、一燈園の研究をされていた宗教社会学者ウィンストン・デーヴィス先生（Winston Davis, 1939–）の指導を受け、八〇年代の初めに、京都山科にある「一燈園」共同体の調査を始めた。その後、春と秋の集いの参与観察を通して、「財団法人懺悔奉仕光泉林」（一九二九年、法人認可）の移り変わりを記録している。一燈園も、その共同体において生活する「同人」の数は、三〇年前の三〇〇名から一〇〇名を切る状態になった。七十歳以上の高齢者は、現在三二名（二〇〇九年敬老の日）である。三〇年の間に一燈園も変わった。しかし、今も、春や秋の集いには、一燈園の創唱者西田天香（一八七二―一九六八）の衣鉢をつぐ善男善女、子どもたち孫たち、「光友」（関係者）たちが約二〇〇名も集まる。一燈園は、今も、山科光泉林の地にいきづいているのである。

第二の宗教社会学的研究は、大阪の東に位置する生駒山系の民間信仰の研究であった。今も生駒に足を運び、三〇年前から行ってきた参詣者の聞き取り調査などを細々と続けている。生駒山系の宗教調査は、「宗教社会学の会」のメンバーたちが継続的に精力的に行っていると聞く。生駒の宗教社会学的調査を通して学んだものは、生駒山系には庶民の様々な信仰形態である「民間信仰」あるいは「民俗宗教」が根付き、姿を変えつつも連綿と続いているということであった。伝統的な神社・仏閣に集う宗教者たちの熱心に祈願する姿もかわらない。筆者は、宗教社会学的研究の出発点となった生駒の宗教調査を通して、先学や諸先輩から数々の調査の初歩を学んだのであった。

二つの調査フィールドは、自ら願って選択したのではない。両者とも、社会学的研究の過程で、諸先生・先輩によって導かれたものであった。調査開始の頃、このような宗教的特性をもつ共同体があるのか、あるいはこのような民俗宗教が存在しているのか、と驚きを禁じ得なかったことを思い出す。一燈園共同体や生駒山系の宗教は、イメージしていた既成の宗教とは異なり、世俗化が進展する社会のなかにあっても、自然と結び付き、なお生き生きといきづいている宗教形態であり、それらは、新しい宗教を「発見」する思いであった。

拙著『コミューンと宗教——一燈園・生駒・講——』（行路社、一九九九年）は、一燈園、生駒山系の宗教調査によって「発見」した宗教状況の記録によって上梓することができた。

第三の宗教社会学的研究は、日本社会におけるキリスト教の現実、キリスト者、それを取り巻く日本的宗教性の研究であった。関連して、これまで、「キリスト教社会学と社会倫理」、「技術社会とキリスト教」などの論考を書いてきた。それらは、「キリスト教の視座」から「現実の社会」を見直すという作業でもあった。これらの小さな成果を通して、拙著『技術社会と社会倫理——キリスト教技術社会論序説——』（晃洋書房、一九九六年）を出版することができた。山中先生を通して、「キリスト教の社会倫理」についても学んできたので、「日本社会の宗教性」の考察においては、キリスト教との相違を浮かび上がらせることによって、その特性を書き留めようとした。社会倫理との関連で整理した論考はすべて、社会に存在する「社会的エートス」と関係したものであった。それらの研究は、「日本社会の宗教性」を明らかにするという意図のもとに行った。

その間に、多くの先生方のご推薦をいただいて、『新社会学辞典』（森岡清美・塩原勉・本間康平編集代表、有斐閣、一九九三年）には、「回心」、「教会」、「教会制度」、「教区」、「原罪」、「サクラメント」、「宗教改革」、「殉教」、「正統／異端」、

「罪」、「天国」、「ファンダメンタリズム／リベラリズム」、「プロテスタンティズム」、「リバイバル」の項目を、また『社会学小辞典（新版）』（濱島朗・竹内郁郎・石川晃弘他編、有斐閣、一九九七年）には、「カトリシズム」、「キリスト教社会理論」、「キリスト教社会主義」、「デノミネーション」、「ピューリタニズム」の項目を執筆した。『現代宗教事典』（井上順孝編、弘文堂、二〇〇五年）には、「エキュメニズム」、「啓示」、「終末運動」、「終末論」、「聖書」、「聖職者」、「千年王国運動」、「牧師」、「無教会主義」、「ヨハネ・パウロ二世」、「ローマ教皇」、「ＹＭＣＡ」、「ＹＷＣＡ」の項目を、『新キリスト教辞典』（宇田進・鍋谷堯爾・橋本龍三他編、いのちのことば社、一九九一年）には、「日本の祭とキリスト者」、「祖先崇拝とキリスト者」、「記念行事」の執筆の機会を得た。これらは、すべてキリスト教に関する項目である。これらの諸項目名からみられるように、筆者の宗教的関心は、結局は、このキリスト教にあるといえるのかもしれない。それは、おそらく、筆者がキリスト者として、実際に教会に足を運ぶなかで培われてきたものであろう。

ところで、キリスト者であることは、宗教の社会学的研究には向かないということができるかもしれない。なぜなら、キリスト者であるということは、すでに宗教の護教論者となっている可能性があるからである。その点において、筆者には、宗教の理解において、一種の偏向があるといえるかもしれない。しかし、宗教の信者であることによって見えてくる宗教性というものがあるのではないかと思っている。信仰をもつことによって、宗教社会学的研究の困難性を感じつつも、ある意味で誇りをもって宗教者たちに対峙し、研究を進めることができたという思いがある。キリスト者であることにより、社会学的な客観性を保って研究を進めるという点においては、多くの妨げがあるかもしれない。一方でまた、日々の宗教生活のなかからこそ見える宗教性があると確信している。キリスト者として、再生された理性による中立的な視点からの分析が可能であるとも考えている。とはいえ、サンフランシスコで、ある教団の宗教者の面接調査をしていたとき、キリスト教批判が展開され、調査している自らの信仰を表明することのできないような場面に遭遇することもあった。たいていの場合、筆者はキリスト者であるということを告白してインタビューを行う。その時は、質問の言葉を自由に出すことができなかった。キリスト者であることの調査の難しさを感じたときであった。

本書は、筆者のこれらの三つの研究対象について、様々な視点から論じた論考を集めたものである。しかし、本書を読んでいただくと、読者には、「生駒」の民俗宗教のようなものがあるのか、日本の宗教の現場には「宗教忌避」の傾向があるのか、日本の「キリスト教の現況」はどうなのか、日本社会の「宗教的エートスの状態」はどうなのか、とわが国における新たな「宗教の発見」があるに違いない。本書を出版したいとの願いをもって原稿を整理し始めてから二年ほど経過したが、「宗教の発見」という当初名付けた著作名は変わることがなかった。

本書の構成と内容について、簡単に述べておく。

第一章「宗教的人間と社会の分析視角」は、筆者が宗教研究において念頭においている「分析視角」を整理した。したがって、第一章は、第二章以下の内容の「前書き」的側面をもっている。

第二章「生駒の民間信仰と聖性」は、生駒山系における民間信仰の特性とその変化を整理した。一節「生駒今昔――気の満ちた生活世界――」作成のためには、「宗教社会学の会」の研究者たちの知見を用いさせていただいた。「生活世界」というキーワードをもとに、生駒の豊かな自然に基づく宗教性と参詣者の結び付きについて述べている。拙稿作成に際し、大阪国際大学三木英先生（「宗教と社会」学会元会長）の励ましをいただいた。二節「『聖なる場』と『聖』性の検証」は、国際日本文化研究センターにおける研究会（「聖なるものの形と場」）において発表したものである。生駒山系の民間信仰の変容過程について、生駒の「聖」性という視点からまとめた。発表と執筆の機会を与えて下さったのは、研究会を主宰しておられた頼富本宏先生（現種智院大学学長）である。頼富先生の本坊の前を歩く時に、玄関わきに掲示された「至言」を読ませていただくことを楽しみにしている。本書は、資料的には少々時代遅れといわざるを得ない部分がある。しかし、生駒山系の宗教的特性は大きくは変わっていないと考えている。読者には、本章を通して、生駒山系の民俗宗教はじめ民間信仰全般の新たな「発見」があるに違いない。

第三章「日本社会とキリスト教の影響力」の一節「日本社会における宗教動向とキリスト教伝道の可能性」においては、日本人の宗教的エートスについて考察している。日本人の「思考の枠組み」に焦点を当て、民衆が抱いている宗教性について述べている。それを受け、日本社会におけるキリスト教伝道の難しさについて指摘している。この論考の作成にあたっても、三木英先生に粘り強くおすすめをいただいた。二節「阪神・淡路大震災と聖書」は、日本社会のなかに埋没しているかのようなキリスト教も、あの阪神・淡路大震災（一九九五年兵庫県南部地震）の時、どのように信者たちを支援したのかということについて報告したものである。小さな教派が行った震災罹災者支援報告である。おそらく、キリスト教の「底力」を示す新しい「発見」となるであろう。この論考の作成にあたっては、神戸国際キリスト教会牧師の岩村義雄先生に執筆するようにおすすめいただいた。

第四章「カルヴィニストの信仰と日本社会」については、大阪大学名誉教授・関西学院大学教授の大村英昭先生にたびたびご指導いただいた。一節「カルヴィニストの幸福と不幸」においては、大村先生の「拡散宗教」論から多くを学ばせていただき、筆者の所属する「日本キリスト改革派」教会との関係において、日本のキリスト教社会に生きる一人のキリスト者の「幸福と不幸」について述べている。読者には、日本の社会のなかで生きるキリスト者の思いを感じていただけると思う。この論考は、二〇〇五年三月、「第一九回国際宗教学宗教史会議世界大会（於、高輪プリンスホテル）」において行った「日本社会におけるカルヴィニストの幸福と不幸」と題する発表原稿を加筆修正した。発表の機会を与えてくださり、多くの援助を惜しまれなかった大村先生に心から感謝している。二節「宗教的人間としてのキリスト者」は、所属する教会の現実を報告することによって、日本社会の一キリスト教会の実情を報告し、日本社会においてキリスト者として生きることの難しさを語ったものである。これも、上記一節と同じく、「国際宗教学宗教史会議」の報告のために準備したものを加筆修正した。

第五章「日本社会の宗教動向と社会的エートス」の一節「日本宗教の基層と社会的エートス」は、日本の宗教の基層に関連して考察したいくつかの小論をもとに構成した。いずれも、現在の若者の宗教的な特性との関連において書いている。その二節「現代社会と宗教的エートス(一)――「気枯れ社会」の人間像――」と、三節「現代社会と宗教的エートス(二)――「無信頼社会」の心性――」は、日本キリスト改革派熊本教会における講演原稿を加筆修正したものである。このなかで、「気《け》枯《が》れ社会」について、宗教社会学者の西山茂先生の諸論から学んでいる。宗教研究にあたって、八〇年代の初め頃から、西山先生からは多くのことを学ばせていただいた。例えば「新新宗教」などの概念も、西山先生の用いられた概念である。そのことを知っている宗教社会学者は少なくなったかもしれない。さらに、四節「既成事実化と社会のエートス」は、「戦争と平和」をめぐって既成事実となっている方向性と、その社会のエートスについて講演したものである。宗教と直接関わりがないと思われるかもしれない。しかし、これは、キリスト教会の若者たち向けに語ったものであり、「戦争と平和」について、キリスト者として発言してきた内容である。

補遺、「キリスト者の人生」は、井上順孝編『近代日本の宗教家一〇一』(新書館、二〇〇七年)に書いたものである。井上順孝先生には、執筆の機会を与えていただいたこと、筆を入れていただいたこと、『現代宗教事典』の項目執筆のときと同様、感謝している。「書評」は、筆者が書いた宗教関連書物の書評を集めている。社会学者ピーター・L・バーガーの『現代人はキリスト教を信じられるか』(森本あんり・篠原和子訳)においては、バーガーは、自ら信ずるキリスト教について、「懐疑」的になりながらも、信仰を持ち続けていることを率直に語っている。

本書を上梓するにあたり、先生方の学恩を忘れることはできない。一燈園の研究の道を開いて下さったウィンストン・デーヴィス先生、「宗教社会学の会」他においてご指導いただいた、塩原勉先生、西山俊彦先生、大村英昭先生、加藤信孝先生、清水夏樹先生、沼田健哉先生、芦田徹郎先生、橋本満先生、飯田剛史先生、對馬路人先生、谷富夫先生、三木英先生、川端亮先生、秋庭裕先生。また、「宗教社会学の会」のメンバーの方々。塩原先生を中心に、宗教社会学の会編『生駒の神々――現代都市の民俗宗教――』（創元社、一九八五年）に、拙稿を書かせていただいた頃が懐かしい。諸先生方から教えていただいたことをもとに、今も、「宗教社会学」の講義をすることができる。

大学院の博士課程において社会学研究の基本について教えていただいた関西学院大学名誉教授・吉備国際大学元学長萬成博先生、また二〇〇九年八月にも『山田方谷の陽明学と教育理念の展開』（明徳出版社）の大著を出された関西学院大学名誉教授・元順正短期大学学長倉田和四生先生にお礼申しあげる。萬成先生は、デーヴィス先生について、「宗教社会学」を学ぶようにとすすめて下さり、宗教社会研究への道を開いて下さった。倉田先生は、山中先生亡き後、いつも支えてくださった。学位論文『技術社会と社会倫理――キリスト教技術社会論序説――』の審査にあたっては、高坂健次先生、真鍋一史先生に、筆者が滞米中であったにもかかわらず親身にご指導いただいた。

関西学院大学名誉教授村川満先生、同じく森川甫先生、春名純人先生、山本栄一先生には、同じ改革派信仰に立つキリスト者として、また研究者としてどれほどお世話になったであろうか。大学院二年目の六月三日に山中先生が急逝され、その後、先生方に支えられた。春名先生は、大学の一年のゼミのとき以来、導いてくださった。

さらに、筆者の所属する日本キリスト改革派神港教会元牧師の安田吉三郎先生には、キリスト教の信仰の真髄を教えていただいた。安田先生の後任の牧師岩崎謙先生にも、家族でお世話になっている。

また、オーストラリアのモナシュ大学に勤務していたブルース・C・ワーン先生（Bruce C. Wearne, 1951–）にもお礼を申しあげる。タルコット・パーソンズ（Talcott Parsons, 1902–79）の研究者として著名な先生は、二〇〇九年十一月に、*The theory and scholarship of Talcott Parsons to 1951: A critical commentary*, Cambridge University Press, 2009. の再版を出版された。先生は、メルボルンから祈り支えてくださるばかりでなく、筆者が公的な英文を書く際には、いつも筆を入れてくれる気安いクリスチャンフレンドである。筆者の関係している学生たちの英語文集すべてを修正していただいたこともある。

阪南大学の職場の先輩、高橋庸一郎先生にもお礼申しあげる。暖かい励ましと支えによって、今回もこのような形で本書を上梓することができた。

本書出版にあたっては、それぞれ転載の許可をいただいた。母校の先輩でもある創元社編集者谷川豊氏、法藏館編集部岩田直子氏、阪南大学学会松岡俊三先生、日本キリスト改革派西部中会教育委員会、神戸聖書展元事務局長岩村義雄先生、新書館書籍編集部松下昌弘氏、弘文堂編集部三徳洋一氏、いのちのことば社出版編集局（サイト出版活動停止中のため）、クリスチャン新聞編集長根田祥一氏、財団法人キリスト教文書センター主事寺田彰氏、日本キリスト改革派教会大会議長岩崎謙先生である。関係の団体また関係の方々に心から感謝申しあげる。

本書刊行に際し、「阪南大学叢書刊行助成」を受けることができた。学長辰巳浅嗣先生、研究部長兼図書館長和田渡先生にご配慮いただいた。研究助成課の方々には一方ならずお世話になった。

出版事情の厳しいなか、『技術社会と社会倫理』、『社会的エートスと社会倫理』に続き、今回も晃洋書房が出版を引き受けてくださった。上田芳樹社長にお礼申しあげる。編集にあたっては、晃洋書房編集部丸井清泰氏、藤原伊堂氏にお世話になった。丸井氏とは、研究者仲間という関係においても、論文の話などしながら、楽しい語らいの時を今回ももつことができた。

妻・優美子に感謝する。今回も、校正その他、あらゆる協力をしてくれた。

本書がささやかながら、読者の新たな「宗教の発見」になれば、望外の幸いである。

信仰と研究の師山中良知先生を思い返しつつ。

二〇〇九年晩秋

村田充八

目次

第五章　日本社会の宗教動向と社会的エートス……171

補遺　キリスト者の人生　223

書評　235

写真・図・表　一覧

第一章　宗教的人間と社会の分析視角(1)

はじめに

第一章は、「宗教的人間」やそれを取り巻く社会について研究するにあたり、念頭におくべき論点を整理しておこうと企図したものである。それは、筆者の宗教調査や経験により与えられた「宗教研究の課題」の報告ということもできる。それはまた、第二章以降に展開する論点の前提にもなっており、現実の社会のなかに生きる「宗教的人間（homo religiosus）」(2)と社会の特性を分析するにあたって必要な視角について述べている。

本章の「一　『〈われ―なんじ〉』関係からの人間理解の重要性」においては、オーストリア生まれのユダヤ系宗教哲学者マルティン・ブーバー（Martin Buber, 1878–1965）の論点から、人間と「他者」との対応関係について再考している。特に、宗教や「宗教的人間」について考察するためには、ブーバーが提示した「永遠の〈なんじ〉」と人間との関係を理解することが何よりも重要であると考えている。それはキリスト教の視点からいえば、「神観」の研究ということかもしれない(3)。

「二　マックス・ヴェーバーの『神義論』再考」においては、人々に突然襲いかかる「苦難」に、宗教はどのように対応しているか、すなわち、「神義論的視角」による分析が、宗教社会の分析においては重要であることを述べている。この点については、第四章「一節　カルヴィニストの幸福と不幸」において、詳しく述べていることでもある。人間が「苦難」に遭遇したときにどう対応するかについて明らかにする「神義論」の知見は、宗教の特性や

「宗教的人間」の理解に重要な指針を提供してくれる(4)。

「三　『理想』と『現実』の『対抗緊張関係』」においては、人間が、現実の宗教集団のなかで「理想と現実の対抗緊張関係」のなかに生きていることを述べる(5)。人間は、「現実」の社会から逃れることはできない。また、「宗教的人間」といえども宗教の世界のなかだけで生きることはできないし、「現実」の社会のなかで、周囲との人間関係のなかに生きている。その点において、宗教集団の社会学的分析には、「理想と現実」の緊張関係を理解することが必要である。

「四　社会的エートスと社会倫理」においては、宗教研究にとどまらず、社会の分析においては、社会に存在するエートス、社会倫理の研究が重要であることを指摘している。

「五　民俗信仰の理解」においては、民衆がその「暮らし」のなかで行っている、すなわち、民間で行われている宗教の理解こそが大切であるということを指摘している。それは、宗教的人間や社会の基底に存在している宗教的特性を知るうえにおいて、最重要と考える。

「おわりに――宗教の『内在的理解』」においては、「宗教的人間」と社会の研究にあたっては、宗教の「現場」に立ち返って、研究に取り組むことの大切さについて述べている。それは、宗教者や宗教集団の内側をリアルに理解することに他ならないし、それは、宗教者の「人情の機微(6)」を理解すること、宗教集団や社会の内実を明らかにすることに他ならない。

一　「〈われ―なんじ〉」関係からの人間理解の重要性

ブーバーが、主著『我と汝』（一九二三年）によって、哲学や西洋思想史上に与えた影響は計り知れない。実際、ブーバーは、人間が、人間と向き合う「他者」との関係について、精緻な考察を行っている。

ブーバーは、人間と「他者」との関係について、二つの関係があることを述べている。すなわち、それは、第一に「〈われ―それ〉（Ich–Es）」の関係と、第二に「〈われ―なんじ〉（Ich–Du）」の関係である。[7]

ブーバーによれば、われわれは、「〈われ〉」、すなわち、個々の人間だけでは生きていけない。そのことは、人間が、「他者」との関係のなかで生きていることを意味している。ブーバーによれば、「他者」との関係は、第一に「〈われ―それ〉」の関係であり、「〈それ〉」については、「〈それ〉の代わりに〈彼〉と〈彼女〉に置きかえ」可能で、また「〈それ〉」は、「もの」である場合、また「人間」である場合の両方があるとする。[8] 一方、第二の「他者」との関係は、「〈われ〉―〈なんじ〉」の関係であり、ブーバーによれば、「〈なんじ〉」とは、「〈われ〉」が、その「全存在をもって（mit dem ganzen Wesen）のみ語ることができる」相互関係であるとする。[9]

この「〈われ―なんじ〉」の関係は、単なる経験の世界である「〈われ―それ〉」の関係を超えた関係であり、それは、「〈われ〉」と「他者」が、全存在をかけて「〈向かい合う〉」関係である。[10] ブーバーによれば、われわれが全存在をかけて出会った「〈なんじ〉」も、時とともに変化し、「〈われ―それ〉」の関係へと変化する場合があるという。しかし、「〈われ〉」に対応する「他者」のなかでも、変化しないものが「永遠の〈なんじ〉（das ewige Du）」[11] である。すなわち、「永遠の〈なんじ〉」とは、「絶対に〈それ〉となり得ない〈なんじ〉」[12] であり、「神」と呼ぶことができるとする。宗教の最も大切な関係は、このような「〈われ―なんじ〉（Ich–Du）」関係であることはいうまでもない。

ブーバーは、「人間は〈なんじ〉に接して〈われ〉となる」[13] とも指摘している。すなわち、「〈なんじ〉」に出会うことによって、われわれ自身の本質がみえてくるというのである。ブーバーの『我と汝』の論点を十分に理解することは、容易なことではない。しかし、宗教を理解するには、ブーバーが指摘した、人間が全存在をかけて出会う「〈なんじ〉」との関係を考察することが必要なことはいうまでもないことであろう。

ちなみに、「〈われ〉―〈なんじ〉」の関係について、ブーバーは、三つの領域（Die Sphären）があると述べている。第一は、人間が、言葉の通じない「自然と交わる生活」の領域、第二が、言語を用いての「人間と人間の交わる生活」の領域、第三は、「精神的な存在と交わる生活」の領域である。[14] 第三の「精神的な存在と交わる生活」の領域は、ブーバーによれば、「言語はないけれど、言語を生み出す。われわれは〈なんじ〉を知覚しないけれど、呼びかけられるのを感じ、形づくり、思惟し、行為しながら、これに答える」領域であるとする。[15] これらの三つの領域を通して、また人間は、「永遠の〈なんじ〉」、すなわち、「神」との関係を意識することができるとする。「〈われ〉―〈なんじ〉」の三つの領域は、「世界観」を問題とするときに取り上げられる人間との「対自然（対社会）的関係」、「対人的関係」、「対神的関係」の三つの関係と、言い換えることができるかもしれない。[16]

このブーバーの視点から、われわれは何を学び取るべきなのであろう。要約するなら、それは、ブーバーのいうように、人間は、基本的には、「〈われ―それ〉」の関係と、「〈われ―なんじ〉」の関係の二つの関係のなかで生きているということ。また、その後者の「〈われ―なんじ〉」関係において、人間は、「永遠の〈なんじ〉」を感じ取ることができるということなのである。

「宗教的人間」の把握は、ブーバーが述べている人間の「他者」との対応関係を理解して初めて可能である。また、ブーバーの「永遠の〈われ―なんじ〉」との関係の理解が不可避である。それは、「宗教的人間」を根底から支えている特性が、「永遠の〈なんじ〉」との関係において示されるからである。その「永遠の〈なんじ〉」との関係こそが、他の様々な人間や社会の関係を規定すると考えるからである。

二　マックス・ヴェーバーの「神義論」再考

人間は、現実に宗教活動を行う過程において、どのように生きていくのであろうか。例えば、遭遇する「苦難」や山積する問題に対し、どのように対応していくのであろう。そのときに、篤信（stalwart）の「宗教的人間」にとっては、「永遠の〈なんじ〉」との関係が最重要となる。人間には、「永遠の〈なんじ〉」との関係が正しく整えられるとき、他の者との麗しい対応関係が添えて与えられるかもしれない。[17] しかし、篤信の「宗教的人間」も、「永遠の〈なんじ〉」との関係のなかだけで生きているのではない。信徒といえども、社会の「隣人」との関係のなかで生きている。それは、端的にいえば、宗教は、「神」を愛することだけを教えるような、人と神との関係だけを提示するものではないということなのである。それは、「宗教的人間」が、他者との関係のなかに生きているからである。それゆえに、人間を理解するには、彼が信奉する「永遠の〈なんじ〉」以外の「〈なんじ〉」との関係、また、「〈それ〉」との関係、特に、周囲の人間との関係を把握することが重要となる。

ところで、宗教や「宗教的人間」について理解するには、第一に、その人間がどのような「永遠の〈なんじ〉」との関係にあるかをとらえるとともに、第二には、その「永遠の〈なんじ〉」による「救済（Erlösung）」という視点に着目することが必要であると考える。それは、端的にいえば、宗教は、人間が「苦難（Leiden）」に遭遇したときに、どのようにその苦難から解放されるかという点に関係しているからである。[18]

もちろん、「宗教的人間」とその「他者」との関係において、まず何よりも重要なものは、「永遠の〈なんじ〉」との関係である。その関係において、人間が現実の社会に生きるときに問題となるのは、「永遠の〈なんじ〉」による「苦難」からの解放、すなわち「救済」や「癒し」ということにある。この点は、後に、第四章一節「カルヴィニストの幸福と不幸」においても詳述するし、人間の「苦難」や「試練」との関連において、「神義論」という主題で語り尽くされてきたことでもある。

なかでも、マックス・ヴェーバー（Max Weber, 1864–1920）は、彼の「宗教社会学」において、「苦難」のなかにある人々が、「永遠の〈なんじ〉」との対応関係を通して、どのように救済されるのかということについて詳細な考察を加えている。[19]この「苦難」と「救済」の問題こそ、「神義論（Theodizee, theodicy）」の核心、人間と「永遠の〈なんじ〉」との関係の中心点であるともいえる。[20]

終末論的な苦難からの解放の教説は、宗教集団に属する人々や一般の人々が、保持し続けてきたものである。ちなみに、この終末論的な視点に関し、ヴェーバーは、「神義論の問題の形式的に最も完全な解決は、インドの『業《カルマン》』の教説」[21]、であると述べている。ヴェーバーは、また、「業」の教説を受け入れる民は、「罪業と功徳とは、かかる世界のうちにあって、来たるべき生における運命によって必ずやそれぞれの報いを受ける」[22]、と指摘している。

ヴェーバーの苦難の「神義論」は、「宗教的人間」と一神教的「神」との関係をめぐって展開されているが、ここで筆者自身が理解した「神義論」の論点を整理しておこう。それは、第一に、「宗教的人間」は、神、すなわち「永遠の〈なんじ〉」の意志がどこにあるかについては、明確には認識できないこと。第二に、「宗教的人間」は、自らの周囲に起きる事柄に対し、そこに神の意志が存在していると感じること。第三に、「宗教的人間」は、神の意志は、決して誤ってはいないと考えていること。第四に、「宗教的人間」は、苦難が連続しておとずれても、最終的には、終末のとき（明確ではないけれども、いつか）、完全に「救済」されると信じていること。第五に、そのような過程をへて、「宗教的人間」は、苦難や迫害から「救済」されること。結局は、人間は、ヴェーバーの視点に従えば、「苦難」は受け容れざるを得ないと考え、信ずる神に自らを委ねることを通して「苦難」から解放される、とするのである。

このような、ヴェーバーの「神義論」や終末論的な救済観を考察することは、現実の社会において、人間が「〈なんじ〉」との関係において生きていることを示している。それだけに、この「神義論」の視点は、諸宗教に帰依する「宗教的人間」を理解する上で、非常に重要な論点であるといえる[23]。

オランダの文明批評家ヨハン・ホイジンハ（Johan Huizinga, 1872–1945）は、中世の社会とエートスを問題にして、『中世の秋』を著わした。彼は、十四世紀の終わりのヨーロッパにおいて、人々が、苦難や不平等を経験しつつも、死の前における平等を思い、死の恐怖から逃れようとして、「死の舞踏（dance of death）」図を描いたことを指摘している。ホイジンハは、十五世紀という時代について、人々は死を免れることができないことに気付き、さらに、「『メメント　モリ（死を想え、memento mori）』の叫びが、生のあらゆる局面に、とぎれることなくひびきわたっていた」[24]、と指摘している。人間には、どのような苦難が襲い来るか分からない。その苦難のなかで、人間がどのように対応するかは、「宗教的人間」理解の重要な鍵である。ホイジンハの指摘にもあるように、人間は、不可避的に死の時を迎える。その死をどのように乗り越えるかは、人によって異なるであろう。そのときに、死の恐れから、「死の舞踏」

を行って、その苦難から逃れようとするのか、それとも死という苦難を義なる神の与えられるものとして「受容」するかは、時代により、その人物の「永遠の〈なんじ〉」との関係により変わってくる。

「宗教的人間」は、また、「永遠の〈なんじ〉」との関係において、「神義論」が指し示すような、「苦難」と「救済」にかかわる論点だけで生きているのではない。[25]「宗教的人間」も、現実の社会のなかで、「〈われ―なんじ〉」の関係、また、「〈われ―それ〉」の関係のなかに生きている。

ヴェーバーの宗教社会学の主要な論点は、確かに、人間と「神」の義なる特質の関係にある。しかし、そのなかで、ヴェーバーが指摘していることは、人間は、現実に起こる矛盾あるいは不条理、すなわち、現実の社会や問題から目をそらすべきではないということにあったと思われる。[26]ヴェーバーは、著作の各所で、常に社会の「現実」を見据えることの重要性を指摘している。

筆者は、阪神・淡路大震災以後、人間が現実の社会において遭遇する苦難と、それからの解放の問題について考えてきた。[27]その過程を通して、苦難の解決は、二つのあり方に収斂すると考えるようになってきた。[28]

その一つは、神への「祈り」を通して与えられる「支え」の側面である。それは、まさに、「永遠の〈なんじ〉」との交わりによる苦難からの解放である。また、他の一つの「救済」の側面は、隣人との「暮らし」のなかに見出される人間的な「支え」によると考える。突然の災害や事件のたびごとに、被災者は、悲しみや「不幸」をどう乗り越えていくのであろうか。どのような人間も、社会の「不完全性」のなかで、まず第一に、神の支えを祈りつつ、[29]第二に、隣人との「共生」[30]のなかから、すなわち友人や家族の励ましによって、再び苦難から立ち上がろうとしているのではないであろうか。

三　「理想」と「現実」の「対抗緊張関係」

さらに、「宗教的人間」理解の要諦について述べておこう。

マックス・ヴェーバーは、周知のとおり、家庭において、妻マリアンネ・ヴェーバー（Marianne Weber, 1870–1954）との関係において、プロテスタンティズムというキリスト教倫理の強烈な影響下にあった(31)。彼が、キリスト者ではなかったとしても、生来、キリスト教の敬虔な家庭の影響を強烈に受けていたことはいうまでもない。それは、ヴェーバーが、キリスト教における「永遠の〈なんじ〉」とのかかわりのなかに生きていたことを示している。しかし、ヴェーバーの宗教に対する視点は、どこまでも、社会科学者として、現実の「社会秩序」を問題にすることから切り離されることはなかった。ヴェーバーは、現実の社会を客観的に冷静に把握することを重視した。それは、彼が、人間を理解するためには、人間の内面的理想と現実とのかかわりを把握することの重要性を知り尽くしていたからである(32)。

マックス・ヴェーバー研究者の青山秀夫（一九一〇―九二）は、ヴェーバーの生き方に関連し、彼にとっては、「倫理と国家・政治・暴力・戦争との間の、あるいは政治的自由の要求と軍国主義的保守派官僚支配の現実との間の、要するに、理想と現実との間の相克葛藤をもたらすが、この理想と現実との対抗緊張関係《シュパヌング》こそ、彼の生を『重き生』たらしめ、これを良心的に解こうとする努力こそ、その生を『よき戦』たらしめたものである(33)」と書いている。この青山のヴェーバー論に従えば、ヴェーバーの社会科学方法論には、「現実」の政治の局面、すなわち、当時の「国民主義」に注目しつつ、現実から遊離した分析の不毛性を明確に認識していたことが示されている。それは、彼が「神義論」を展開する過程においても、同様であった。青山のヴェーバー論を通して教えられることは、ヴェーバーが「理想と現実の対抗緊張関係」という点に着目していたということにある。

阪神・淡路大震災以後、筆者は、宗教的現実について、神への「祈り」の有効性を十分に認識しながら、人々の「暮らし」のなかに、見出される人間的な「支え」の重要性を意識することとなった。この論点は、おそらく、宗教集団に所属する成員が、自らを超えている「永遠の〈なんじ〉」との関係だけでは解決し得ないような身近な問題を、多かれ少なかれ抱えていたからである。

一般に、「宗教的人間」は、宗教を通して、社会の現実から離れた「理想」の社会を問題にするであろう。人々は、宗教に、それが指し示す「永遠の〈なんじ〉」である神に、多くの社会的矛盾の解決を期待するであろう。その点において、人々は、所属する宗教集団の「現実」のなかにも、「永遠の〈なんじ〉」によって与えられる「理想」を見出し、その「理想」のなかに生きようとする。要するに、「宗教的人間」は、宗教そのもの、すなわち、その宗教のもつ「永遠の〈なんじ〉」に問題の解決を願い求める。宗教は、その意味で、明らかに、人間の「理想」と密接に関連したものである。

人間は、また、「現実の社会」のなかに生きている。「永遠の〈なんじ〉」との関係はもちろん重要である。人間は、それ以外の他者〈それ〉、〈彼〉、〈彼女〉との関係において、それぞれに苦悩しながら生きている。人間は、普段の「暮らし」、すなわち現実の社会のなかで生きている。そこに、人間や集団それ自身は、「理想」と「現実」の葛藤のなかに存在する諸問題に対応せざるを得ない。そのような「対抗緊張関係」にある人間は、「宗教的人間」として、何を信じ、どのように宗教生活を続けていくのであろう。宗教集団のなかでも、小宗教集団に属する成員が、その集団のなかに存在する「理想」と「現実」の「対抗緊張関係」のなかで、宗教集団を離れ去っていく実情を、宗教調査や文献研究を通してしばしば経験してきた。宗教集団自身が、後継者をつなぎとめることができなくなり、成長をやめ、活動を停止していった状態についてもつぶさに見てきた(34)。おそらく、そのような宗教集団においては、青山が指摘するように、ヴェーバー同様、宗教の倫理と現実の諸問題との「対抗緊張関係」のなかで、信徒たちは、山積する問題をどう理解し解決するかという点において苦悩し続けたのであろう。

しかし、現実の社会のなかに「暮らし」ながらも、「宗教的人間」は、この世の集団とは異なる性質をもつ宗教集団において生きている。要するに、篤信の「宗教的人間」といえども、現実から遊離した宗教生活はあり得ない(35)。

「宗教的人間」は、幸福への渇望（「理想」）と、苦難の「現実」の間の葛藤のなかで揺れ動きながら生きている。それ以上にまた、彼らは、宗教のもつ、神の属性、つまり信仰にかけるのである。人々は、「永遠の〈なんじ〉」との関係のなかで、神の「義」を信じつつ生きているのである。

宗教には、明らかに、神や仏など、人間を超越したものとの関係が存在する。それは、人間が、神の「義」なる存在を確認しつつ、生きているということでもある。また、人間は、終末における「救済」を待ち望みつつ、生きているということでもある。とはいえ、現実の「暮らし」のなかで、様々な「対抗緊張関係」のなかに生きている「宗教的人間」は、「永遠の〈なんじ〉」、すなわち、「神」との関係のなかだけで生きているのではないのである。[36]

「宗教的人間」は、このように、①「永遠の〈なんじ〉」との関係において、②神の「義」を信じつつ、③現実の「対抗緊張関係」のなかで生きているのである。少なくとも、この三点が「宗教的人間」の分析において、基本的に重要であると考えている。

四　社会的エートスと社会倫理

また、「宗教的人間」の分析にとどまらず、社会全体の解明において、注目すべき研究は、「社会的エートス」の研究である。それは、宗教社会の分析においても「宗教的人間」の行動や思考を決定する「枠組み」の研究という点において、重要である。

社会的エートスについては、すでに、拙著『社会的エートスと社会倫理』において詳細に扱った。[37]一言で説明すれば、「エートス」とは、社会の基底に存在し、社会の「規範」となるような「精神的雰囲気」または「社会意識」ということができよう。それは、社会や人間の「思考の枠組み」を決定するものである。[38]これまでも、社会や人間の分析にとって、社会的エートスの研究が重要であることは繰り返し指摘してきた。それは、社会変動に際し、社会的エートスそのものの変化が起動因となっているからである。社会の現実の構造変化が、質的な社会的エートスの変化を引き起こすという側面も重要である。社会の構造変動が先に起こるのか、「精神的雰囲気」あるいは社会的エートスの変化が先行するのかという議論については、簡単に決着をつけることはできないであろう。しかし、社会的エートスの変化が、人間や集団の思考や行動の枠組みを決定し、その枠組みが最終的に社会の「規範」を形成し、社会変動を引き起こすことを、あらためて指摘しておきたい。それらは、マックス・ヴェーバーが、「ルッターの天職観念」が、初期「資本主義の『精神』」の形成に重要な影響を与えたと指摘したことから学んだ事柄でもある。[39]

本書においては、この社会的エートスの研究に関連し、「第五章　日本社会の宗教動向と社会的エートス」において、わが国の宗教的基層について言及している。それは、わが国の宗教的特質を明らかにするために、基層となっている二十世紀初頭の社会的エートスの内実を明らかにしようとしたものである。「気枯《けが》れ社会」あるいは「無信頼社会」という用語を用いて、その社会に特徴的なエートスの本質、つまり社会の意識を明らかにしようとしたのである。[40]社会に存在する「精神的雰囲気」、「精神的起動力」、「社会的性格」の研究は、その社会の構造を明らかにするときに重要な視角となるであろう。

ここで、メディア論・ジャーナリズム論研究者で、国際ジャーナリストでもある山本武信（一九五四―）が、その著『世界を揺るがした十年――ベルリンの壁崩壊から九・一一まで』[41]において述べている興味深い点について指摘しておこう。山本は、一九九〇年十月におけるソ連の崩壊を選択したミハイル・ゴルバチョフ大統領（一九三一―）にも接見し、インタビューした国際ジャーナリストである。山本は、自らの多数の著作において、長年の取材に基づいて、「二十一世紀を決定づけた歴史の転換」について、「ベルリンの壁崩壊、ドイツ統一、ソ連崩壊、ユーロ誕生から米中枢同時テロまで」[42]、その劇的な変動を活写している。その過程において、山本は、八九年十一月に生起したベルリンの壁が崩壊するという社会的「ゆらぎ」について、「ベルリンの壁崩壊は、米ソによる冷戦構造の維持がコスト的に限界に来たとき、引き起こされた」[43]、と語ったあと、山本ならではの含蓄のある言葉で、次のように述べている。

第二次世界大戦後、半世紀近くにわたって築き上げられた世界経済の土台は疲弊していた。ミリタリーパワー・ゲームの上で展開されてきた世界経済の矛盾は極限に達していた。とりわけソ連の経済が危機的だった。このまま米国と軍備拡張競争をしていては自滅する。その危機感が共産圏の結束を緩め、壁崩壊へつながった。量的な変化の積み重ねがこの一点で質的変化を生み、世界史の転換をもたらした（傍点、引用者）(44)。

山本は、二十世紀最後にして最大の社会的「ゆらぎ」であったとされるベルリンの壁の崩壊に関し、「量的な変化」が「質的変化」とあいまって、「世界史の転換」を引き起こしたと指摘した。ここでは、山本は、「世界史の転換」という社会変動に先立って、「質的変化」が起きていることを指摘している。先述したとおりに、社会構造の変化、言い換えると「量的な変化」が先行するのか、社会的エートスの変化、いわば「質的変化」が先行するかは、明確な判断は難しい。おそらく両者が相互に作用しあいながら、「世界史の転換」をもたらしていくという議論に説得力があるように思われる。

それはさておき、社会の「ゆらぎ」に関連し、山本が指摘した「危機感」という言葉に注目すべきである。「危機感」とは、いわば「精神的起動力」であり、「質的変化」をもたらすものと把握できよう。それが契機となって、世界的な大転換が起こったのである。その「危機感」と密接に関連した「質的変化」が、社会の変動を生起させたのである。

山本は、また、その著『アメリカ型市場原理主義の終焉――現代社会と人間のゆくえ――』(45)において、グローバル化する社会の真相を問題にしながら、次のように述べている。「広い意味の哲学がないと、経済社会も技術社会も人間性の尊重という原点を見失って暴走する。現代の一部若者が人生に疑問を持つと、一気にカルト的な新興宗教へ走ってしまうのも、哲学的な論理思考に慣れていないからである」(46)（傍点、引用者）と。山本の指摘において注目すべきは、社会の特性を理解するためには、その精神的な側面を無視しては不可能であるということなのである。山本は、若者のカルト的宗教への暴走を問題にして、「広い意味の哲学」の必要性を語っている。この点においても、社会や「カルト的な新興宗教」信者たちの分析には、「広い意味の哲学」の分析が必要になる。それは、「宗教的人間」の理解には、その人間の思考や行動に「枠組み」を提供する哲学的「規範」の研究が大切であるということなのである。それゆえに、「宗教的人間」について理解するためには、社会的規範論の視点からいえば、人間を取り巻く一つの環境としての社会的エートスの研究が重要となってくるのである。

五　民俗信仰の理解

さらにもう一つ、宗教の分析視角に関連して重視すべき論点について述べておきたい。それは、様々な宗教の基層を形成している社会的エートスとも関連したものである。宗教社会の研究においては、その社会的エートス、つまり、社会の基層に存在する「精神的雰囲気」を基礎付けている「宗教の特質」の研究が必要である。それは、本書の第二章「生駒の民間信仰と聖性」の「一節　生駒今昔——気の満ちた生活世界——」や、「二節　『聖なる場』と『聖』性の検証」において述べていることでもある。端的にいえば、それは、日本社会の宗教の基層を形成している「民俗宗教」に着目することが重要であるということなのである。

組織論、宗教社会学の塩原勉（一九三二—）は、その著『転換する日本社会——対抗的相補性の視角から——』[47]において、「今日の日本社会は四層構造の宗教をもつといってよい。(1)制度的教団宗教、(2)組織宗教、(3)新新宗教、(4)民俗宗教、という四層構造がそれである」[48]と述べている。九〇年代以後の宗教社会学研究において、塩原の「四層構造」論は、宗教社会学者に受け容れられ、宗教社会学界に定着していると考えられる。その四層の宗教構造のなかで、なかでも、「民俗宗教」の占める位置は非常に大きいと考えられる。なぜなら、「民俗宗教」は、上層にある三層全体を支えるからである。上の三層は、その下の「民俗宗教」の特性からの影響を免れ得ないのである。それゆえに、わが国の宗教研究においては、「民俗宗教」の研究が不可欠である。

塩原は、「民俗宗教」について、「宗教の複層構造の底辺層は、無数の無名の『小さな神々』や、なんらかの宗教的教師資格をもつ霊能者たちのカルト、すなわち未組織の小さな宗教グループを主要な担い手とする民俗宗教である(49)」、と述べている。「民俗宗教」こそ、市井にいきづいている宗教である。「民俗宗教」は、塩原が指摘するように、「アニミズムとシャーマニズム(50)」からなるものである。それらは、四層構造の上層に位置する「制度的教団宗教」、組織化した新宗教である「組織宗教」、「新新宗教」などの宗教を基層において支えているものである。すなわち、「民俗宗教」の上位に位置する三層の宗教は、何らかの形において、教団や組織の教義では十分に解釈できないようなアニミズム的・シャーマニズム的な宗教の要素をもっているからである。

「民俗宗教」は、庶民の信仰の姿を明確に示している。「制度的教団宗教」や「組織宗教」は、教義的にも組織的にもかなり整備された宗教である。しかし、それらの教義的に整備され、組織化された宗教も、単なる教義や組織だけでは存続できない。なぜなら、そこに集う善男善女は、すべて、「民俗宗教」と関連した先祖供養を重視するし、民間に行われている様々な宗教の影響を受けている。また、人々は、自然を眺めてそこに超越的な力をみており、既成教団に属しながらも、「民俗宗教」的要素から無縁ではあり得ない。

塩原は、「四層構造」に関連して、「色と比重のちがう四種類の液体をビーカーに入れ、層をなしたところで、ゆっくり揺するならば、界面はゆれ動き、部分的に混り合ったり、下のものが上に昇ったり、上のものが下降したり、というような動きがみられるだろう(51)」、と述べている。宗教構造の四層は、明確に区別できるものではなく、四層が相互に作用しながら存続しているという。そのような相互連関性のなかで、やはり、最下層の「民俗宗教」性が、その上にある既成の制度的教団宗教、組織宗教、新新宗教の三層を支えているという点において、「民俗宗教」研究の重要性についてはあらためて指摘する必要もなかろう。関西の宗教社会学研究者たちの集まりである「宗教社会学の会」は、一九八〇年前後から、継続的に奈良県の生駒山系の民俗宗教調査を行っている。大都市大阪に隣接した生駒山系で行われている「民間信仰」または「民俗宗教」の特性を明らかにすることは、わが国の宗教状況を考察するうえに重要であるからである。

具体的には、本書の、「第二章　生駒の民間信仰と聖性」のなかで扱っている事柄でもある。その第二章の「一節　生駒今昔――気の満ちた生活世界――」においては、生駒山系の宗教特性のなかに存在する「気の満ちた生活世界」としての生駒の宗教について論じている。同じく、第二章の「二節　『聖なる場』と『聖』性の検証」においては、「生駒山系宗教動態の変容過程」の研究を通して、生駒山系の宗教現場における民間の宗教の舞台としての「生駒の生活世界」とその「聖性」に焦点を当てている。生駒山系に蝟集する宗教性の調査については、調査に加わってから約三〇年が経過する。その間においても、生駒の「民俗宗教」は、地域を取り巻く社会状況の変化、生駒の宗教を担ってきた宗教者の移り変わりなどによって、多少の盛衰の変化はあったとしても、その「生活世界」や「聖性」は変わることなく続いている。そのような「民俗宗教」に焦点を合わせた研究は、わが国の民間で行われている宗教的特性そのものを示すものとなっている。それはまた、「現世利益」追求を本旨とするわが国の宗教の基層を研究することでもある。それはまた、「呪術性」が強い「民俗宗教」を明らかにすることによって、民衆に浸透している「新新宗教」の本質に迫るためにも重要となる。

写真１－１　神戸摩耶山中　滝行場風景

おわりに――宗教の「内在的理解」

様々な視点から、「宗教的人間」または宗教社会の研究に必要な視角を提示した。最後に、一つ重要な視点を整理しておきたい。それは、本書の「第四章　カルヴィニストの信仰と日本社会」において問題とする事柄でもある。それはまた、これまで述べてきた論点とも、それぞれ密接にかかわるであろう。要するに、宗教的人間や宗教社会の研究においては、研究者は、宗教職能者的な意識ではなく、宗教の「現場」に立ち返って、宗教者そのものに「肉薄」する研究が必要であるということなのである。この点は、宗教社会学の大村英昭（一九四二―）によって教えられた。大村は、その編著『臨床社会学のすすめ』[52]所収の「臨床社会学とは何か」において、様々な学問分野において、「現場に培われる知識」[53]が欠落していることを指摘し、次のように述べている。

医学方面に限らない。しばしば「人間不在」というクレームが申し立てられるのは、いずれにせよ生活現場に培われる、いわば人情の機微を、当該分野が十分に汲みとっていない証拠である（傍点、引用者）。

すなわち、大村は、「社会科学の分野では、一昔前の社会システム論」だけではなく、多くの学問分野が、「現場にうず巻く『人情の機微』をあまりにも知らなさすぎた」[54]ことに大きな欠陥がある、と指摘している。この大村の指摘は、宗教の研究においても重要な論点である。宗教という個人の内面の問題を、単に宗教職能者の視点や、達人宗教者の視点から、宗教者を遠巻きに眺めるように解明しようとしても、そこには限界がある。宗教の現場に生きる人々には、その宗教に帰依しながら生きる理由があるはずであろうし、その「宗教的人間」を理解しようとするなら、その人間自身が宗教の現場で生きている姿そのものに最接近してとらえねばならないのである。

宗教は人間の内面と深く関わる。したがって、その人間の地平に立って、宗教を理解するということの大切さはいうまでもない。宗教は、規範的特性をもつゆえに、人間の生き方とも関わる。宗教を理解しようとするときに、その宗教を眺めているだけでは、宗教を理解したことにはならない。宗教学の島薗進（一九四八―）は、宗教研究において、「宗教自身に肉薄」[55]することの大切さを強調している。島薗は、社会学的な「客観性」とはかけ離れた視点に陥ることを警戒しつつも、宗教の理解には、いわば「主観主義」[56]的にも、宗教へ「肉薄」することが重要であると指摘している。島薗は、宗教研究の過程において、「教祖の心の悩みをできるだけリアルにとらえ、また宗教体験によってどのような新しいものの見方が開けたのかを理解しようとしました」（傍点、引用者）[57]と述べている。これは、大村のいう「人情の機微」の理解ということができよう。島薗は、また、「宗教は現実の困難に出合って苦しむ人間に対して、強い希望の光を示して個人の力では破れぬ壁をうち破り、人間がもっている生命力を十二分に引き出すもの」[58]、であると指摘している。

そのような「宗教的人間」の現実を理解しようとすると、それは宗教者の内面の機微をとらえるという作業が必要となる。要するに、宗教の「内在的理解」[59]は、宗教の「現場」に立ち返ってこそ可能である。なぜなら、「教祖」のみにとどまらず、人間の「心の悩み」そのものに肉薄する研究が必要となるからである。

以上、「宗教的人間」や宗教社会の研究に際して留意すべき論点を列挙した。実際に宗教調査をしながら、その困難性にしばしば直面する。とはいえ、本章において取り上げたような視角を念頭において、宗教社会の研究を行ってきたことも事実である。上記に列挙した前提を意識しながら、実際に行った研究は、第二章以降に示したとおりである。

注

（1）本章は、二〇〇五年三月、「第一九回国際宗教学宗教史会議世界大会（於、高輪プリンスホテル）」において、「日本社会におけるカルヴィニストの幸福と不幸」と題して行った発表の原稿作成の段階で書いたものを加筆修正した。

（2）「宗教的人間（homo religiosus）」という語は、宗教に帰依して生きている人間、または、宗教行動や、宗教儀礼、宗教組織などと密接なかかわりにある人間について言及するときに用いている。宗教については、思想やイデオロギーなどに対する帰依を含む「包括的な」広義の宗教が存在するが、本書、第一章「宗教的人間と社会の分析視角」においては、宗教に、そのような包括的な意味を含めてはいない。「狭義」の意味における宗教を考えている。拙著『コミューンと宗教——一燈園・生駒・講——』行路社、一九九九年、二〇—二一頁、また、同書、二五頁、注（1）、参照。

（3）本書、第三章「日本社会とキリスト教の影響力」、一節「日本社会における宗教動向とキリスト教伝道の可能性」の「二　キリスト教のエートスと日本人の『宗教感覚』」、参照。

（4）本書、第三章、二節「阪神・淡路大震災と聖書」、参照。

（5）この点については、本書、第四章、一節「カルヴィニストの幸福と不幸」の「七　改革派キリスト者の『慰め』――剥奪理論と神義論」においても述べている。この「第一章」の内容と、重複している部分がある。文意の連続性の点において変更していない。

（6）大村英昭・野口裕二編『臨床社会学のすすめ』有斐閣（有斐閣アルマ）、二〇〇〇年、七頁。

（7）Martin Buber, *Ich und Du, Um ein Nachwort Erweiterte Neuausgabe*, Verlag Lambert Schneider/Heidelberg, 1958, S. 11. マルティン・ブーバー、植田重雄訳『我と汝・対話』岩波書店（岩波文庫）、一一―一二頁。

（8）*Ibid.*, S. 9. 同書、七頁。この「〈われ〉―〈それ〉」の関係は、われわれと、われわれが「知覚」したり、「意識」したり、「意志」したり、「感じ」たり、「思惟」する単なる「目的語」となるような、われわれが単に「経験する」対象との関係である。ブーバーが、「わたしが経験するのは〈あるもの〉にすぎぬ（Ich erfahre etwas）」（*Ibid.*, S. 11. 同書、一〇頁）と書いているように、「〈それ〉」は、単なる「〈あるもの〉」にすぎない。このような「〈われ〉―〈それ〉」の関係は、人間が、一般的に、「もの」や人間との関係のなかに生きていることを示している。

（9）*Ibid.*, S. 9. 同書、八頁。

（10）*Ibid.*, S. 18. 同書、二三頁。ブーバーによれば、われわれにとって、「なんじ」は、最初はわれわれの全存在をかけた出会いによってもたらされる対応関係である。しかし、それは、次第に、「〈なんじ〉が〈それ〉とならなければならない」という運命にあるとする（*Ibid.*, S. 20. 同書、二六頁）。全存在をかけて出会った対象、すなわち、「全的に受け取られていた〈なんじ〉がやがて〈彼〉となり、〈彼女〉となって、対象化がはじまる」（*Ibid.*, S. 22. 同書、二九頁）場合もある。

（11）*Ibid.*, S. 12. 同書、一二頁。

（12）*Ibid.*, S. 69. 同書、九三頁。

（13）*Ibid.*, S. 29. 同書、三九頁。

（14）*Ibid.*, S. 11. 同書、一一―一二頁。

（15）*Ibid.*, S. 11. 同書、一二頁。

(16)　この三者、すなわち、自然、人間、神、をどうとらえるかによって、人間の思考は決定される。

(17)　「マタイによる福音書」六章三三節には、「何よりもまず、神の国と神の義を求めなさい。そうすれば、これらのものはみな加えて与えられる」、とある。「ルカによる福音書」一〇章二七節には、旧約聖書の律法から引用し、「『心を尽くし、精神を尽くし、力を尽くし、思いを尽くして、あなたの神である主を愛しなさい、また、隣人を自分のように愛しなさい』とあります」、とある。

(18)　苦難の意味については、J・ボウカー、脇本平也監訳『苦難の意味——世界の諸宗教における——』教文館、一九八二年、参照。

(19)　Max Weber, Religionssoziologie (Typen Religiöser Vergemeinschaftung), in *Wirtschaft und Gesellschaft, Fünfte, Revidierte Auflage, Studienausgabe*, J. C. B. Mohr (Paul Siebeck) Tübingen, 1972, S. 319. マックス・ウェーバー、武藤一雄・薗田宗人・薗田坦訳『宗教社会学』(『経済と社会』第二部第五章) 創文社、一九七六年、一八九頁。「神の思想および罪の思想がもつさまざまな倫理的色調は、『救済』への努力と最も緊密な関係にある」とある。

(20)　'theo' は、'god' の意味をあらわすギリシア語から派生。Theodicy は、'theo' ＋ギリシア語の 'diké' (justice)、からなる。本書、第四章「カルヴィニストの信仰と日本社会」、一節「カルヴィニストの幸福と不幸」の「七　改革派キリスト者の『慰め』——剥奪理論と神義論」、一二五頁以下、参照。

(21)　Weber, *op. cit.*, S. 318. 前掲書、一八六頁。

(22)　*Ibid.*, S. 318. 同書、一八六頁。

(23)　一九九五年一月十七日の阪神・淡路大震災において、六四三四人が帰らぬ人となった。二〇〇四年十月二三日、新潟県中越地震、同年十二月二六日、スマトラ沖大地震・大津波、と自然災害が続いた。大津波の未曾有の被害において、死亡者と行方不明者約三〇万、生活基盤を失い、避難生活を余儀なくされた方々は、数百万にも及ぶとされる。人々は、惨事のなかで、突然襲い来る試練を乗り越えるために、「メシア」の到来に期待し、悲しみを、「業」として受容しながら苦悩するのであろう。

(24)　J・ホイジンガ、堀越孝一訳『中世の秋』中央公論社、「XI　死のイメージ」、参照、二六八—二八九頁。田辺元「死を忘れるな」、『田辺元全集　一三巻』筑摩書房、一九六四年、一一五頁、参照。

(25)　臨床宗教社会学の可能性は、人間の「現実の社会」との関係のなかで成立することを確認しておかねばならない。「現実の社会」から遊離した宗教学は、真実の「宗教的人間」をとらえることはできない。

(26) 臨床宗教社会学の姿勢は、「宗教的人間」の「現実」の問題を直視する態度と一致すると考える。

(27) 筆者自身が神戸に居住して、その大震災に遭遇したことによるのかもしれない。キリスト教会が、どのように大震災に対応したかについては、本書の第三章、二節「阪神・淡路大震災と聖書――震災後の光と『底力』――」に紹介した。

(28) 筆者の確信でもある。

(29) 「祈り」とは、各宗教者によって異なり、それぞれ信奉する宗教的本尊や創唱者への祈りとなることはいうまでもない。

(30) 特に、家族、宗教共同体や、地域共同体の隣人たちとの「共生」である。「共苦」という言葉があることを知った。高橋卓志『寺よ、変われ』岩波書店（岩波新書）、二〇〇九年、参照。

(31) マリアンネ・ウェーバー、大久保和郎訳『マックス・ウェーバー』みすず書房、(一)一九六三年、(二)一九六五年、参照。

(32) ヴェーバーが、宗教研究において研究対象に肉迫する態度については、ヴェーバー研究の碩学青山秀夫が、その論文、「マックス・ウェーバーに於ける国民主義と自由主義」（青山秀夫『マックス・ウェーバーの経済社会学――青山秀夫著作集5――』創文社、一九九九年）において、精緻に分析している。青山は、まず、「ウェーバーのうちにはその母系を通じて純粋な形に於けるキリスト教精神が強烈に伝えられていた」（同書、二五七頁）、と指摘している。青山は、ヴェーバーの政治的関心を問題にし、「ウェーバーの政治的関心は国民主義とキリスト教倫理とによって特徴づけられる」（同書、二五六頁）、と述べている。その政治的関心について、青山は、「社会的責任感・政治的関心は、彼に於いて極めて強烈であった」（同書、二五六頁）と述べている。この点において、ヴェーバーの宗教的理想と、政治的現実の間の葛藤は、彼の社会科学者としての生き方そのものを決定していたといえよう。青山先生には、大学院の修士論文「職業社会学序説――職業の概念及びその史的一考察――」（未刊）の主査をお引き受けいただいた。感謝の思いと共に記しておく。

(33) 同書、二五六頁。

(34) 拙論「コミューンの理想と現実――集団および成員の視点――」、拙著『コミューンと宗教――一燈園・生駒・講――』行路社、一九九九年、七九―一一八頁、参照。

(35) 宗教者は、やはり、「永遠の〈なんじ〉」との関係のなかで生きているといえよう。「宗教的人間」は、「神の摂理」の側面に着目し、解決しがたいような現実の社会の矛盾を経験しながら、「永遠の〈なんじ〉」に救いを求めようとすることが多くある。

(36) それは、ヴェーバー研究の碩学大塚久雄（一九〇七—九六）が、ヴェーバーの宗教社会学に論及して、「ヴェーバーの宗教社会学のなかには、一見やや意外の感をあたえるかも知れないが、彼の経済社会学的諸研究の成果が深く絡みこんでいる」（大塚久雄「マックス・ヴェーバーにおける宗教社会学と経済社会学の相関」、大塚久雄『大塚久雄著作集第八巻——近代化の人間的基礎——』岩波書店、一九六九年、五四一頁）、と述べている。宗教は、単に、人間と神との関係だけでとらえられるものではない。大塚の視点は、宗教が、現実の社会との密接な相関関係のなかにあることを示している。宗教に帰依する人間も、この世に存在する人間同士、人間と人間が経験する対象との関係のなかで生きている。

(37) 拙著『技術社会と社会倫理——キリスト教技術社会論序説——』晃洋書房、一九九六年、ならびに拙著『社会的エートスと社会倫理』晃洋書房、二〇〇五年、参照。社会的エートスは、「社会倫理」あるいは、「社会意識」と言い換えることもできる。社会意識と社会倫理は、社会のなかに存在する人間の思考や行為を決定していくという点において共通した性質をもつものである。

(38) それぞれについては、拙著に詳しく述べているので省略する。

(39) Max Weber, Die protestantische Ethik und der Geist des Kapitalismus, in *Gesammelte Aufsätze zur Religionssoziologie*, J. C. B. Mohr (Paul Siebeck) Tübingen, 1963. マックス・ウェーバー、大塚久雄訳『プロテスタンティズムの倫理と資本主義の精神』岩波書店（岩波文庫）、一九八九年、参照。

(40) 本書、第五章、二節「現代社会と宗教的エートス(一)——「気枯れ社会」の人間像——」、第五章、三節「現代社会と宗教的エートス(二)——「無信頼社会」の心性——」、参照。

(41) 山本武信『世界を揺るがした十年——ベルリンの壁崩壊から九・一一まで』晃洋書房、二〇〇五年。山本の著作は、「現代社会と人間」を分析するときに、世界的な視点から豊かな示唆を与えてくれる。それは、山本の国際ジャーナリストとしての経験が語るものであるからである。

(42) 同書、表紙、帯。

(43) 同書、二四頁。

(44) 同書、二五頁。

(45) 山本武信『アメリカ型市場原理主義の終焉——現代社会と人間のゆくえ——』晃洋書房、二〇〇九年。

(46) 同書、一四八頁。

(47) 塩原勉『転換する日本社会――対抗的相補性の視角から――』新曜社、一九九四年。

(48) 同書、六頁。

(49) 同書、九頁。なお、以下、「民間信仰」、「民俗信仰」という用語を用いるが、「民間信仰」という語には、「庶民」、「民衆」の間で広く行われている信仰という意味をもたせている。「民俗信仰」という語には、自然と密接に結び付いた「山の神」や「田の神」などに対する信仰、また先祖祭祀や氏神に対する信仰など、習俗として受け入れられている信仰という意味で用いている。その意味で、「民俗信仰」は、「民間信仰」に含まれているといえる。

(50) 同書、一一頁。

(51) 同書、一一頁。

(52) 大村・野口編、前掲書、七頁。

(53) 同書、七頁。

(54) 同書、七頁。

(55) 島薗進「宗教理解と客観性」、宗教社会学研究会編『いま宗教をどう考えるか』海鳴社、一九九二年、一一一頁。

(56) 同書、一一一頁。

(57) 同書、一一二頁。

(58) 同書、一一二頁。

(59) 同書、一一一―一一二頁。

第二章　生駒の民間信仰と聖性

一節　生駒今昔
――気の満ちた生活世界――

はじめに

生駒山系の宗教探訪には、尽きることのない魅力がある。時代を超えて、変わらない参詣風景が続いているところもあれば、訪れる人もなく、森のなかに埋もれてしまった宗教施設や滝行場もある。宗教職能者の高齢化の波を受け、勢いの減退した寺社もあれば、老若男女をとりまぜて、にぎやかに宗教活動を繰り広げている空間もある。

一九八〇年代の初めに「宗教社会学の会」が、生駒の宗教予備調査に入ってから三〇年近く経過した。当時、全会員がグループに分かれ、生駒山系と称される大阪府の北部から奈良県の南部にいたる地域の宗教施設を可能なかぎり悉皆（聞き取り）調査をした。生駒山系から大阪平野に流れる谷筋を踏査し、宗教施設の現状を書き記した。それ以後、生駒調査メンバーと同様に、調査対象の宗教施設の動態も変わってきた。しかし、生駒の宗教によせる民衆の思いは変わることがない。

第二章一節「生駒今昔――気の満ちた生活世界――」は、八〇年代以降の生駒の宗教動態を顧みながら、そこから推察される特性を提示しようとした。そのために、まず、「一　生駒の地理的・宗教的特性」では、変わらない生駒の生態学的特性を提示した。次に、「二　生活世界としての生駒」以降において、その宗教的特性を、大阪大都市圏などの社会的状況と対照させて説明しようとした。そこでは、生駒を、ユルゲン・ハーバマス（Jürgen Habermas, 1929–）の「生活世界」に当てはめた。続いて、「三　脱宗教化と民間信仰」において、生駒が、マックス・ヴェーバー（Max Weber, 1864–1920）の指摘した「脱呪術化」する社会からの「逃れの場」として、民間信仰の聖地であり続けていることを提示した。「四　生駒の参詣者群像と社会的背景」においては、今日の社会状況との関連で、変わることのない高齢者と中年女性という参詣者像に焦点を当てた。「五　生駒の盛衰」においては、補足的に、生駒がどのように変化してきたかについて、浸食されつつある生駒の特性との関連において問題にした。

写真２－１　生駒山宝山寺境内

一　生駒の地理的・宗教的特性

生駒が変わることなく民衆の心を引き付けてやまない最大の理由は、生駒の背景に大都市大阪が控えているという地理的特性にあるだろう。生駒は、大阪の近郊に位置し、都心から電車で一時間の距離にある。車を利用すれば、容易に接近可能である。その近接性によって、生駒は近畿圏における最大の宗教蝟集《いしゅう》地帯となったといえよう。生駒へは、近鉄電車や大阪市営地下鉄によって、足腰の弱った高齢者でも容易に出かけることができる。生駒で宗教を味わい、ご利益を受けて帰宅するのに、半日または一日あれば十分である。その利便性は、生駒の宗教諸施設の魅力の一つである。

その地理的特性は、生駒独特の宗教性とも切り離すことはできない。石切劔箭《いしきりつるぎや》神社（通称、石切さん）、生駒山宝山寺《いこまさんほうざんじ》（通称、生駒聖天さん）、信貴《しぎ》山朝護《さんちょうご》孫子寺《そんしじ》（通称、信貴山）のような有力寺社門前には、飲食店、土産物屋、旅館、遊戯施設などが形成された。瀧谷《たきだに》不動明王寺のように、縁日には参道に屋台が並び立ち、都市空間に存在するショッピング・ゾーンとは趣を異にする買い物が可能である。それは、参詣者に、宗教施設に付随した娯楽の場を提供することとなった。その娯楽性は、門前だけとは限らない。宝山寺の講集団「福寿会」にみられるように、講員が毎年、四国参りや各地の霊場に参拝し、親睦を深める機会もある。講員は、宗教を通して結び付いたピアー・グループ（同年齢仲間集団）の豊かな娯楽性を享受できる。都市空間に生きる高齢者にとって、これらの特性は魅力あるものに違いない。

大阪は、商人の町として発達した。そこには、伝統的に、商売繁盛と家族平安を願う都市空間が存在している。人々は、おそらく天下国家を論じるよりも、家族の健康を願いつつ、自ら営む商売や事業の成功を祈願するであろう。その祈願所は、太陽が昇る東の山なみ、生駒山系に散在する宗教諸施設であった。生駒の寺社は、商売繁盛はもちろん、機能分化した各寺社特有の効能を前面に押し出して、民衆の剥奪された願いに答えてきた。腫れもの平癒を願って、人々は、癌でさえ治すといわれるでんぼの神さん石切神社に参詣した。商売繁盛の毘沙門天を擁する朝護孫子寺、商売繁盛と断ちものの聖天さんを擁する宝山寺、本尊不動明王のご利益による眼病平癒を祈願する瀧谷不動明王寺と、それらの寺社のご利益性は全国にいわずと知れたものである。ご利益は、民衆に報恩感謝の心を生起させる。その恵みに応えようとする篤信の徒は、日参または縁日参りを欠かさない。石切神社神前のお百度参り、宝山寺の毎月一日深夜〇時の縁日参り(1)、朝護孫子寺の毘沙門天大祭の夜を徹した参詣、瀧谷不動明王寺縁日の参道風景と、その衆生の熱気は各寺社のご利益に発するところ大であろう。そのご利益こそ、生駒が絶えることなく活況を呈してきた理由の一つであろう。

生駒の宗教性は、霊山生駒山系の風土性とも切り離すことができない。なかには密集住宅地に位置している寺社もあるが、大部分の寺社や滝行場は生駒山系の自然のなかに抱かれている。生駒は、すでに『萬葉集』にも「難波門を漕ぎ出て見れば神さぶる生駒高嶺に雲ぞ棚引く」（巻二〇・防人歌）と歌われ、古代以来、民衆に開かれた神宿る

写真2－2　生駒山宝山寺から奈良盆地をのぞむ

山岳宗教の聖地であった[2]。その生駒山系は、確かに大都市大阪の近郊に位置する。しかし、一歩山に入ると、大阪平野を見下ろす整備された登山道を歩きながらも、深山幽谷、修行の場の趣がある。それが、生駒の独特の宗教的雰囲気を醸し出している。なかでも、生駒山系から大阪側に流れる谷筋には、数多くの滝行場が散在している。周辺には、「白竜大神」などと書かれた石碑が立ち、都市空間とはみごとに結界した宗教空間が広がっている。滝の水量は、かなり減ってきたとされる[3]。とはいえ、霊気を感じさせるそのたたずまいに変わるところはない。

宗教社会学者の西山茂（一九四二―）は、論文「気枯《けが》れ社会の実感宗教」[4]において、生命のエネルギーが満ちた状態を「気《け》」と述べた。西山は、合理性の追求される今日のような社会を「命の躍動性」のない社会と呼んでいる。その「気《け》」が欠乏した合理的社会において、生駒には、その風土性に根ざす霊性が存在する。生駒山系の「気《け》」の満ちた寺社は、「気《け》」を求めて集う人々に宗教的「実感」を与え続ける。そこは、いつの時代も、「神さぶる生駒高嶺」なのである。

二　生活世界としての生駒

多くの宗教者が、生駒に参詣する理由は、まず何よりも生駒の生態学的特性に基づく地理性・宗教性によるところが大きいであろう。しかし、現代社会においてなお、生駒山系の宗教施設が民衆を引き付けるには、それ相当の理由が考えられる。それは、生態学的特性以上に、強烈に生駒参詣者を吸引する力となっているのではないであろうか。それが、生駒が人々を引き付ける第二の理由である。それは、時代を超えて、大阪の民衆に「命の躍動性」

を与え続けてきたものであろう。それは、都市空間が包摂する社会的特性に対抗する性質をもつ。いうなれば、それは、商都大阪の社会的背景に対抗する文化としての「生駒性」とでもいえる。

この第二の特性は、ドイツの理論社会学者ユルゲン・ハーバマスの指摘した「生活世界」に関連している。この「生活世界」の視点は、大都市大阪の民衆がなぜ生駒に集うのかという点について、一つの示唆を与えてくれる。

アメリカの宗教社会学者ロバート・ベラー（Robert Neelly Bellah, 1927–）は、一九九二年十一月、法政大学で「統合世界における文化多元主義」という講演を行った。そこで彼は、今日の世界的情勢に関連して、第一に、貧富の拡大や急変するカオス状態にみられるように、世界経済システムに混乱が生じていること、第二に、冷戦中ならびに冷戦後の時代を通して、責任あるリーダーシップが欠如し、国際政治システムに秩序なき矛盾が生じていることを指摘したという。その結果、世界的に、「民族主義や、人種排外主義や、宗教的原理主義の呼びかけに、敏感になる」という「文化的一体性という問題意識」(5)が強調されるようになったことを述べた。ベラーは、混乱した社会的状況について、次のように指摘している。

> 人々は、自分がなにであるかに疑問を持ち、自分を理解するためのいちばん重要な根元を、近代の技術や、金や、国家権力が、おびやかしつつある急速な変動世界のなかで、自分たちのアイデンティティも汚染されることに危惧を覚えています。(6)

ベラーの講演の主旨は、「良い世界経済と、公正な世界政治秩序」のもとに、「他の集団の要求も尊重し合いつつ、統合した社会の中で、文化的一体性が保証されるような世界」を作り出すことに長期的な展望をもつべきであるというものであった。それは、世界的な視野に立って、文化的アイデンティティを復権させることの重要性を述べたのである。ベラーは、その過程で、目的合理的なシステムがひたすら強調される社会に、ハーバマスの視点における「言葉によって構成され、わたしたちが、自分は何者であるかを文化的アイデンティティによって知っており、言葉によってそれを表現することができる世界」[7]としての「生活世界」の復権が必要であることを述べた。

ハーバマスは、システムが強調される社会の重要な媒体(メディア)を、「貨幣と権力」と述べている。[8]ベラーは、ハーバマスの指摘したそれらの媒体が絶対的な力をもっていく社会状況、すなわち「システムによる生活世界の植民地化」[9]に対する警戒が必要であるとともに、システムを超えた、言葉の通じる、文化的アイデンティティが存在する世界が創造されねばならないことを指摘した。なぜなら、経済や政治の世界だけでなく、システムの世界においては、人の頭越しにすべてのものが客体化され、そこにはもはや人間自身の休息の場はないからである。社会全体が合理化され、「生活世界」はシステムに適合するように改変されているのである。事実、都市空間は、ますます権力によるシステム化された管理社会[10]へと作り替えられつつある。

ベラーは、このハーバマスの「生活世界」を、元チェコスロバキア大統領ヴァーツラフ・ハヴェル(Václav Havel, 1936–)の強調した、成員が相互に了解可能な「家」という視点にも置き換えることができると述べている。ベラーは、ハヴェルが、「家は、私がある時間そこに生活した場所、私が馴染み育った場所、いわば私のみえない中身がそこを覆っている場所だ、(中略)私の住んでいる家屋、私が生まれ、多くの時間を過ごした町や村が、私の家だ」[11]と述べたことを引用し、「生活世界を、システムが侵略することによって引き起こされる軋轢」[12]、システムの「暴走」する社会に、「家」のような「生活世界」を復権させることが必要であると述べたのである。

目的合理的社会によって導かれるシステムが、今日の都市空間を支配していることはいうまでもない。ドイツの社会学者マックス・ヴェーバーが、最も合理的な自動機械と称した官僚制度に基づく経済や政治システムが、人間の思いを遥かに超えた次元において、社会や個々の人間に歪みを与えているのである。そのようなシステムとしての世界のなかで、人々は、いわば結界した生駒の宗教的空間に、都市とは異なる「生活世界」をみるのではないであろうか。生駒の祈願寺社の現場には、自らの生活と密着した「願い」を本尊に頼み、ご利益をいただくという密接なコミュニケーション過程が存在している。そこには、「家」のなかにみられるような宗教者同士の了解関係が成立している。同じ宗教を共有する人々の間のゲマインシャフトが存在している。

生駒にはまた、「宗教社会学の会」の飯田剛史（一九四九―）、谷富夫（一九五一―）、曺奎通（一九四〇―）などの研究において、在日韓国・朝鮮人の人々の集まる「朝鮮寺（韓寺）」が、六十数カ寺あることが確認されている。[13]そこには、大阪近郊で暮らす韓国・朝鮮の人々が、韓国の仏教である曹渓宗や日本の仏教ならびに修験、さらには韓国シャーマニズムが混交し、「クッ」と称される賽神が行われる独特の現世利益信仰の場が存在している。そこには、在日韓国・朝鮮人が、大阪というシステムとしての都市空間から逃れ、また祖国から離れた異国におけるシステム社会から離脱し、民俗的な文化特性と直結した生活世界のなかで現世利益を願い、自らの文化的アイデンティティを確認する場が存在し続けているのである。

三　脱宗教化と民間信仰

生駒は、「生活世界」の場であるとともに、人々に宗教的安らぎを与える「逃れの場」としての民間信仰のメッカでもある。

一九九五年のオウム真理教の一連の事件以来、識者によって、日本には宗教的な「核」が存在しないということがしばしば指摘された。文化庁発行の『宗教年鑑』は、日本の宗教者人口が重複者を含めて二億人を超えていることを毎年報告している。しかし、日本には、欧米にみられるような、「核」となる宗教は存在していない。[14]その善し悪しは別として、ドイツ近現代史研究の野田宣雄（一九三三―）は、その論文「正統宗教なき日本の悲劇」において、「日本ほど公共の場から見事に宗教が駆逐されている国は、めずらしいといってよいだろう」[15]と述べている。また、彼は、「マックス・ヴェーバーが『宗教社会学論集』のなかで示唆しているように、『魔術からの解放』がすすんで合理化されつくした社会では、かつては社会の合理化に貢献したような類の宗教までもが社会の片隅に追いやられ、非合理的性格を強めてゆく(16)」と指摘した。野田によれば、日本は、「宗教を社会の片隅に追いやってしまった(17)」のであり、彼は、「国際政治の上で文明と宗教が意味をもつ」今日の社会において、日本にも宗教関連の教育が必要であることを指摘した(18)。いわば、脱宗教国家と化した日本社会に関連し、野田の論文は多くの議論を喚起したのである。要するに、彼は、全体社会としての日本に、宗教を毛嫌いする合理化された社会的現実があることを示唆したのである。

日本の宗教的状況は、ハーバマスの指摘に従えば、システムのもつ社会の特性にあるということもできよう。しかし、野田は、システムとしての社会の西側先進諸外国が「正統」とされる宗教を堅持しているのに対し、日本が意図的に宗教の世界を排除してきたことを指摘したのであった。日本社会は、確かに、明治以降、一貫して合理化された社会へと突き進んできた。

生駒に関していえば、朝護孫子寺は、廃仏毀釈の影響下に、一度は廃寺になるほどまでに衰退している。とはいえ、生駒はそのような意図的な宗教排除の社会システムのなかで、「宗教回帰」を志向する大阪近郊の老若男女にとって、豊かな宗教的オアシスであった。それは、生駒が、時代を超えて、システムとしての大阪都市圏からの「逃れの場」としての機能を果たしてきたからではないであろうか。

「システムの社会」対「生駒」という論点に焦点をあわせるとき、生駒の民俗宗教のもつ機能的役割が浮かび上がってくる。都市空間は、何事を問わず、「呪術からの解放」、すなわちあらゆるものを合理化しようとするであろう。そのなかで、宗教的な感性を満たそうとする大阪近郊の人々が、合理化された都市生活から逃れて、生駒山系の民俗宗教の場や有名寺社を訪れて、ご利益にすがろうとするのも納得できよう。都市空間にも、システムとは関係のない地蔵信仰はじめ、都市祭りと称されるような、共同体的紐帯を強化する信仰の場が存在することを否定するものではない。しかし、生駒には、都市空間には存在し得ない霊「気」に満ちた「逃れの場」のなかに、豊かな民俗信仰が存続している。

一つの例は、先述した「朝鮮寺」であろう。そこは、大阪在住の在日韓国・朝鮮人の全体を満たすほどの規模ではない。そこには、それらの人々に自らのルーツとアイデンティティを確認させる民族宗教の場が存在している。「朝鮮寺」で行われる「クッ」の儀礼は、彼らに自らのルーツ、祖国を確認させるであろう。その場に参集するいわば故郷から離れた人々は、「逃れの場」としての「朝鮮寺」において宗教的共同儀礼に参加し、彼らの故郷に思いを馳せ、異国においてもなお故郷を実感するに違いない。

第二の例は、「癒しの場」としての宝山寺である。すでに、筆者は、生駒の寺社が、都市住民の宗教的癒しの場であることを報告したことがある。そこには、宝山寺の聖天信者が聖天さんにお参りする姿を想起するとき、心の癒しのカウンセリング過程にも類似した、聖天さんと信者の間のよき「相互交流」が存在することを指摘した。[19] システム社会としての都市に生きる聖天信者（被援助者、「われ」）と、聖天さん（援助者、「なんじ」）の間には、宗教的対話の関係がある。信者は、聖天さんにお参りすることを通して自らの弱さを聖天さんに委ね、剥奪された社会的・経済的価値の回復を願う。さらに、霊「気」に満ちた「逃れの場」としての宗教空間において、一度ご利益と心の癒しを受けた篤信の信者は、報恩のお礼参りを欠かすことはない。

第三の例は、生駒山西側斜面（大阪側）の谷筋に存在する多くの滝行場である。日本にホスピスを導入した精神神経科医柏木哲夫（一九三九―）は、大阪大学キリスト者学生会主催の講演（一九九四年十一月二二日）で、人間にとって最も大きな慰めを与えてくれるものは、「水」「緑」「魚」であると語った。それらのものはすべて、自然と密接に関係したものであろう。それぞれは、生命を保ち、人間の精神を落ち着かせる。水中の魚は、「命の躍動性」を与えるものであろう。

滝行場には、「魚」はいないかもしれないが、「水」と「緑」がある。霊的な力が万物に備わっているというアニマティズム（animatism）信仰から説明するなら、「水」や「緑」には、都市空間には存在しない安らぎがあり、そこには霊力が宿っている。生駒には、滝行場を取り巻くように、宗教を実感させてくれる民俗信仰の場がいきづいて

写真２－３　宝山寺下　岩谷の瀧　滝行場

いる。

「宗教社会学の会」会員で、生駒の宗教に詳しい清水夏樹（一九四三―）は、「生駒の山の特定域を『竜』の神体の一部とみたてる伝承とあいまって、竜王神を祀り崇める教団、寺院、社祠、堂宇はきわめて多い」[20]と報告している。また、清水は、「宗教社会学の会」が生駒山系の悉皆調査をしたときに、滝行場を取り巻いて、「寺社などにおけるような社殿をもたない霊域として、ささやかな祠に祀られている」[21]多くの民俗信仰の祭祀の場が存在したことを報告している。それらは、時代を経て盛衰の差はあるものの、変わらない生駒の宗教風景である。人々は、滝行することにおいて、過去にそこで修行を積んだ「大神」の霊力を受け、宗教的なマナ（mana）を感得するのである。

第四の例は、同じく清水が、『生駒の神々』の「中小寺社個別例」における「補説と素描――諸習俗の連動と習合――」[22]において述べているように、「不動信仰」「御嶽信仰」「稲荷信仰」、前掲の「竜神・竜王信仰」、さらには「妙見信仰」「薬師信仰」「地蔵信仰」「観音信仰」などの霊域が、生駒山系の自然のなかに厳然と存在していることである。そこに参集する人々は、自然の恵みに抱かれた民間祭祀の場に安らぎを求め、願いをかけ、ご利益をいただき、慰めを受ける。大阪の都市空間にも、民間信仰の場は存在するかもしれない。しかし、生駒には、滝の水と、山の霊気に包まれた独特の宗教的マナが存在する。それが、生駒という「気《け》」に満ちた信仰の場に、人々を吸引する力となっているのである。

四　生駒の参詣者群像と社会的背景

生駒には、今日も絶えることなく人々が集まる。なかでも、篤信の徒として活動する信者たちは高齢者と女性たちが中心である。それは、今日の社会にみられる高齢者の増加と、末子を社会に送り出したあとの生活を楽しむ女性層の増加が、重要な要因となっている。それは、日本社会の高齢化と女性のライフスタイルの変化そのものの影響を受けているといえるであろう。

年間一〇〇〇万人といわれる生駒山系の宗教参詣者は、高齢者や中年の女性層だけに限られたものではない。宝山寺の縁日には、老若男女をとりまぜた聖天信者たちが確認できる。朝護孫子寺にも、車で参詣する若者が増えていると聞く。石切神社には、入試合格祈願の若者はじめ親子連れの家族がお百度参りする光景がみられる。そこには、予想に反し、高齢者より若者が目立つ。瀧谷不動明王寺には、若者が出店を散策している姿がみられる。

しかし、自らの信仰の対象として生駒の宗教を位置付け、報恩の印として財を捧げ、豊かな信仰の恵みに与ろうとする宗教者たちは、一般に高齢者または自適の生活を営む女性信者を中心としているということができる。

一九九五年の「ＮＨＫ国民生活時間調査」は、高齢者を六十歳以上とみなした場合、その年齢層の「高齢者の生活を特徴づける」ものについて、次のように述べている。

「①加齢に伴う健康の衰退、②社会とのかかわりの減少」にあり、「仕事をしているか否か、あるいは家庭婦人として家庭の責任を負っているか否か、の区切りがちょうどここにある」[23]。

生駒の宗教者の厳密な年齢調査をしたことはないが、生駒の宗教者の大半は、六十歳前後またはそれ以上の高齢者と考えることができる。この生駒の宗教者の年齢層は、「ＮＨＫ国民生活時間調査」の報告書が指摘しているように、比較的時間的余裕のある六十歳前後の年齢層と一致している。なかでも、生駒の篤信の宗教者は、第一に、現

写真２－４　信貴山朝護孫子寺本堂

役の仕事から解放された高齢者、第二に家事の責任からも解放された女性層によって構成されているのである。

その意味で、生駒は、「社会とのかかわりの減少」した大阪近郊の高齢者と女性層を吸引する宗教的なエネルギーをもっているといえる。加齢にともない、「健康の衰退」を感じる高齢者にとって、生駒は格好の神頼みの場であろう。子育てを終え、生活に余裕のできた女性層は、ボランティア精神に富むであろう。新しい生活としての生駒における宗教活動は、それらの人々に、自らの生き方を検討するよき材料を与える。今日の日本社会に存在する多くの高齢者、余裕ある中年女性の思惑が、生駒という宗教の聖地に、新たな社会的参加の場を求めているということができるであろう。生駒の寺社にとっては、それらの奉仕者は、また願ってもない宗教支援者であったのである。

高齢者については、宝山寺の五〇〇人前後の会員から構成されている講集団「福寿会」が、そのよき例を示してくれる。福寿会総参りに参集する会員は、ほとんどが六十歳以上の高齢者によって占められている。講活動をする彼らは、多くの場合、自営業を営みつつ、その責任を子弟にゆずり、悠々自適の生活をする聖天信者である。講元はじめ、講活動を企画し支援する講役員たちは、宝山寺の講の場合、隠居者が多い。そのような講員のパターンには、少なくとも八〇年代初めから大きな変化はみられない。

一般に、高齢者が若者より宗教活動に熱心であるというのは、宗教社会学の常識であろう。その意味では、生駒も、信者の多くが高齢化しているのも当然であろう。瀧谷不動明王寺のように、ご利益が眼病平癒となると、老人性白内障などに悩む高齢者が、その本尊である不動明王に願をかけるのも無理はない。朝護孫子寺の場合でも、新年の初詣は別として、一般に、高齢者の参拝が目立つ。

高齢者は、加齢にともない「健康の衰退」を感じるとき、生駒だけにかぎらず、各地の宗教施設に剥奪された健康を祈願する。隠居して、社会とのかかわりをいわば剥奪された退職者が、与えられた余裕の時間を用いて、宗教施設に参詣することも多かろう。大都市大阪の高齢者、女性層は、生駒という近郊の聖地において、気楽に健康と社会的剥奪の埋め合わせをすることが可能なのかもしれない。生駒は、その意味で、さらに増加しつつある高齢者に、剥奪された価値を満たしてくれる聖地であり続けるであろう。

女性信者層の特徴についても、ここで一言しておこう。宝山寺の講活動における女性の働きを例に取り上げてみよう。宝山寺の場合、実際に多くのボランティア活動をしているのは、壮年の女性信者である。宝山寺縁日の活動において、昼食の準備や、講集団の総参り裏方としての実質的な働きは、篤信の女性信者たちが担っている。時間的にも、金銭的にも比較的余裕のある中年女性たちが、生駒のある寺の住職を支援している姿をよくみかける。都市社会で働く壮年男性が、仕事を休んでまで宗教活動を繰り広げるということは難しいことであろう。それに対し、子育てを終えた年齢層の女性たちが、友人に誘われ、日常社会とかけ離れた生駒の宗教空間のなかに、自らのアイデンティティを模索しようとするのも理解できる。彼女たちは、貧しくもなく、病気に悩んでいる風でもない。総体的に、生駒で活躍する高齢宗教者・女性層ともに、剥奪感は薄いとみられる。しかし、彼女たちが、生駒の宗教のなかで見出そうとしているものは、若者が「私探し」をするのと同じように、都市空間において、子育てを終えた空虚さを、生駒の宗教のなかに発見しようとしているのかもしれない。その意味で、生駒は、高齢者に老後の楽しみを与え、余裕ある女性層を取り込む宗教的受け皿なのである。

もちろん、高齢者と女性層が、時間的に余裕があることだけで、そのような信者層の活躍を説明することには無理があろう。生駒に集う篤信の信者たちが「ヒマ」をもてあまして、生駒詣でを行っているというつもりは毛頭ない。おそらく、彼らが生駒に集う理由は、そこに、彼らにとって重要な、新しい「発見」が毎回あるに違いない。

五　生駒の盛衰

民衆を絶えず引き付けてきた生駒も、時代の波の影響を受けざるを得なかった側面がある。確かに、生駒の宗教性、その山のもつ生態的特性などには、大きな変化はないであろう。しかし、生駒を取り巻く環境は、次第に変化していることも事実である。

それは、一言で言えば、すでに述べたように、ハーバマスの「システムによる生活世界の植民地化」という現実が、生駒にも押し寄せているということであろう。

生駒を取り巻く最も重要な環境の変化は、交通網の発達がもたらしたものであろう。自然に抱かれた「生活世界」としての生駒の宗教の場には、交通網の整備によって多くの信者が簡単に参詣する機会が与えられた。信貴山朝護孫子寺、宝山寺ともに、麓の駅と寺を結ぶケーブルカーや一九五八年に開通した信貴生駒スカイラインの整備によって、飛躍的に参詣者を増やした。

「宗教社会学の会」では、各寺社の駐車場の自家用車のナンバーを調査し、それがどの地域から来たのかを確認する作業をしばしば行ってきた。縁日には、駐車場は、軽自動車やワゴン車でごったがえし、都会のラッシュアワーを想起させる状態である。一方、その交通網の整備が、生駒の宗教施設を一種の「通過地点」としたということもできよう。

一九八〇年代の初め、「宗教社会学の会」は、宝山寺と朝護孫子寺の門前町の動態調査を行った。そのときすでに、多くの参詣客相手の宿は閉鎖され、宿屋の子弟は多くが大阪方面へ勤めに出ていた。信貴山門前町を例にとるなら、一九七〇年の大阪万国博覧会時に、その客を迎えるために一時隆盛のときを迎えるが、それ以降は比較的大規模な料理旅館以外は衰退の一途をたどる。宿坊玉蔵院のように、近年、収容人員を増やすために建て増しをするものも度になっている。しかし、おおかたの小旅館は閉鎖されるか、または高齢者の隠居仕事としてのみやげもの製造販売をする程度になっている。生駒は、交通網の発達によって、観光客が旅の途中に立ち寄るだけの地となり、生駒の寺社参詣を目的とする人々が減少しているのである。ただし、二〇一〇年は、奈良遷都一三〇〇年、寅年という理由により、信貴山朝護子寺に全国各地から参詣者が殺到するともいわれている[24]。

第二の大きな生駒の変化は、生駒の宗教そのものの変化であると位置付けることができる。それは、生駒の宗教的本質が変化したのではない。その変化は、八〇年代後半から九〇年代にかけて生駒の宗教形態が、どのような過程にあるかをみることによって明らかになる。それについて、生駒の盛衰について検証してきた「宗教社会学の会」の三木英（一九五八―、元「宗教と社会」学会会長）の報告に基づいて述べてみたい。

三木は、八〇年代の終わりからの生駒の宗教形態の変化を実証的研究をもとに報告している[25]。三木の報告のなかで、注目すべき三点をここに要約しておこう。それは、第一に、生駒の寺社の指導者・教師（祈祷師、霊能者）などが高齢化しているという事実である。それは、「生駒の神々」として活躍した宗教者が、高齢化によって、その中小寺社を支えきれなくなったことを意味している。生駒には、八〇年代に、寺社を次第に整備した小さなカリスマたちが多く存在した。しかし、九〇年代後半にはすでに、教師または先達の高齢化は避けられなかったという側面が存在する。

カリスマの死は、教師の高齢化によって不可避的にもたらされるものである。中小寺社といえども、ある程度の組織をもつまでに成長を遂げた施設は、有力な信者が後継者として組織を存続させ運営することもできよう。ただし、官職カリスマとしての後継者が立てられるためには、組織的原理が整っている必要がある。中小の寺社にとって、後継者の問題は、最重要課題であろう。なかには、カリスマの妻や子息、また娘の夫が世襲する体制を整えて寺院をもりたて、後継者の心配をする必要もない寺社もある。

有力寺社は、後継者の問題で悩む必要もなかろう。後継者の神主が世襲カリスマとして立てられた石切神社のように、組織的基盤が整備されている寺社は後継者問題に悩む必要はない。ただし、有力寺社でも、住職が長年その職責を果たし、絶大なカリスマ性を誇る場合には、そのカリスマを直接継承することは困難である。とはいえ、明確な組織的構造をもつ寺社の場合には、後継はスムーズに行われる。信貴山朝護孫子寺の場合には、三塔頭寺院の住職が輪番で管長に就任する。カリスマをもたない後継者でも、管長としての官職カリスマを継承することができるのである。それは、組織的な基盤がすでに与えられていることによって初めて可能である。カリスマの日常化は避けられないとしても、組織的に成功しているかどうかが、今後の生駒の宗教の盛衰を決定していく重要な要因となろう。

三木が報告した注目すべき第二の論点は、生駒の滝に流れる水量が、宅地建設や生駒山系を縦貫する道路網の整備などによって減少していることである。この点は、生駒の民俗宗教の基本的土台の一つが弱化していることを物語っている。それは、大阪都市圏と生駒の東、奈良県を結ぶ阪奈道路の整備によって、地下水脈が寸断されていることに一つの原因があるとされている。さらに、生駒地区が、大阪ならびに奈良の著名な高級住宅地として宅地開発され、その結果、生駒の清い水脈が次第に汚染されてきているとされる。宝山寺付近の滝行場を見るだけでも、水量がやや減衰した状態を垣間見ることができる。八〇年代初めに生駒の調査を始めたとき、各滝にかなりの水量とともに多くの参詣者を見たものである。当時、どの滝行場にも、土曜日や休日には滝行者を見ることもできたのである。もちろん、二一世紀の今日においても、生駒宝山寺下の大聖院岩谷の瀧のように、土曜日曜日以外にも、滝行者を集めているところもある。

また、三木は、「朝鮮寺」の勢いが弱まってきていることを報告している。八〇年代の「宗教社会学の会」の生駒調査において、主導的役割を果たした西山俊彦は、『生駒の神々』に八〇年代初めに行った調査に基づいて、「朝鮮寺」について、次のように述べている。

辻子谷、額田谷、豊浦谷ほど宗教的フィーバーの高揚している場所は日本中にまたとないのではなかろうか。これら三つの谷筋に八尾市服部川流域を加えた地域では朝鮮寺の幟《のぼり》があざやかな色彩で異文化への感覚を呼び起こす。その数六〇に近い(26)。

二〇〇〇年代の今日、それぞれの谷筋を歩いても、幟がはためいているのをみることは少ないであろう。三木は、「朝鮮寺」の勢いが、八〇年代に比べ次第に弱まっていると報告した。その理由の一つとして、三木は、「民俗文化祭」のような民族的都市イベントが大々的に行われるようになったことを指摘している。それは、「朝鮮寺」に参拝しなくても、自らのアイデンティティを確認する機会が、大阪在住の韓国・朝鮮人の間に増えたことを意味している。「朝鮮寺」のクライエントであるそれらの人々にとって、アイデンティティを確認するために、民族文化祭が果たす役割は大きいであろう。他の理由としては、すでに述べたように、「朝鮮寺」の儀礼に携わるシャーマンの後継者不足の問題も考えられる。また、「クッ」の儀礼に対しては、何百万という大金が必要であるとも聞く。それは、信者にかなりの負担を強いるのである。とはいえ、生駒山系の大阪側谷筋を中心に、「朝鮮寺」がいきづいているのである(27)。

おわりに——宗教の原風景

生駒山系には、今もなお年間一〇〇〇万の参詣者があるといわれる。

そのなかには、石切神社社前の風景のように、一心不乱にお百度参りをする善男善女の姿がある。近鉄石切駅から石切神社への参道は客がへり、増えたのは占いの店ばかりだともいわれる。縁日などの参拝客の多い日には、一〇〇以上もの占い師がこの参道に集まると聞いた。しかし、参道の夕方の店じまいは早くなり、夕暮れとともに煌々と明かりがともるのは占いの店頭ばかりである。宝山寺に目を移せば、縁日には多くの参拝者で境内が埋まる。講

写真２−５　生駒山系石切から興法寺への道　弘法大師と四国八八カ所の本尊

員が集まり、その世話をする風景はかわらない。信貴山朝護孫子寺は、毘沙門天に静かにお参りする参詣者を見る。信貴山の各季節の美しい自然の散策をかねて参拝する多くの団体客を見る。境内は、聖徳太子（五七四―六二二）が毘沙門天を感得したという伝統のなかに、変わることのない古刹の風貌が漂っている。瀧谷不動明王寺には、縁日に眼病平癒を願う高齢者の群れが続く。修験行者によって護摩がたかれ、衆生の災厄を切って払う姿が印象的である。

　生駒山系のあちこちに存在する信者の祈願風景は、ここ二〇年以上変わることがない。それは、第一に、生駒の霊気に抱かれた「生駒の神々」が、人々に与え続ける「ご利益」の豊かさによるのであろう。第二に、生駒には、大阪という都市空間には存在しない宗教の故郷―原風景が存在するのではないであろうか。生駒には、目的合理的に動くシステムの世界には存在しない「安らぎの空間」、「逃れの場」が存在する。都市空間のみに生活する現代人が忘れている空間が、生駒にはなお各所に存在している。

　古代以来、「神さぶる生駒高嶺」[28]としてあがめられてきた生駒は、宗教改革者ジャン・カルヴァン（Jean Calvin, 1509–64）が述べたように、「宗教の種」を宿した存在としての人間に、もう一度、宗教心とそれを満たす豊かさを「実感」させてくれる空間なのであろう。これからも、春夏秋冬、生駒の山は、多くの善男善女を引き付けることであろう。

二節　「聖なる場」と「聖」性の検証[29]

――生駒山系宗教動態の変容過程を通して――

はじめに――「他者」性との文化接触

イギリスの文化人類学者、日本宗教史専攻のカーメン・ブラッカー（Carmen Blacker, 1924–2009）は、「日本人にとって『異人』とは何か[30]」において、日本社会の伝説や伝統的社会に着目しつつ、「異人」論を展開した。ブラッカーは、「未知の世界」すなわち「アウトサイド」の世界から来訪し、見慣れないものを持ち込む人々を「来訪者」または「異人」と呼び、「アウトサイド」の世界から来る「異人」と、「インサイド」の世界に住む人々との間に行われる文化浸透について検証している。その過程を通して、ブラッカーは、日本文化には、「異人」や「来訪者」を快く受け容れる土壌が伝統的に存在していたことを明らかにした。さらに、ブラッカーは、世界的にも、文化の違いを超えて、「異人」を受け容れる伝統があり、聖書のなかにも「旅人をもてなす」（「ヘブライ人への手紙」一三章二節）ための「場」が存在していたことを指摘している。

そのような「アウトサイド」の世界と「インサイド」の世界が接触する「場」は、人間が宗教的経験をする様々な「場」に共通にみられる。「アウトサイド」から訪れてくる「旅人」は、「インサイド」の人々にとって、「見知らぬ人（Stranger）」であり、排斥すべき存在であったかもしれない。ブラッカーが例示したように、弘法大師（七七四―八三五）伝説や、流罪の天皇、流動女人の例にみられるような、貧しい「旅人」に身をやつして訪れてくる「貴人」と地元の民衆との交流の「場」は、単に流動する「貴人」が旅の途中に通過する「場」であっただけではない。その地は、「神聖」な「場」として後世に伝えられることとなった。

それは、流動する「旅人」が、「インサイド」の世界とは異なる特性を有していたからである。この点については、ブラッカーが、イギリスの社会人類学者Ｊ・Ｇ・フレイザー（James George Frazer, 1854–1941）の『金枝篇』、なかでも彼の「タブー」を扱った章をもとに述べていることが参考になる。(31) フレイザーは、「アウトサイド」から訪れる「旅人」は、「インサイド」の人々には奇異な、「アウトサイド」の世界に存在する「怖るべき神聖性（the awful sanctity）」(32) をもっていたことを指摘している。ブラッカーによれば、「アウトサイド」への「神聖性」の意識は、「来訪者」が「未知の世界から見慣れない汚染や危険を持ち込む」(33) ことに対する「インサイド」の人々の「恐怖」感に起因しているという。これらの点から、「アウトサイド」と「インサイド」の文化接触または文化浸透の「場」は、人々に幸いをもたらす「場」として積極的・肯定的な意味で受け止められる場合があるとともに、人々にタブー視され、否定的な意味合いをもって受け止められる場合もあることが明らかとなる。

さらに、「聖」なる場に関連し、民衆思想史研究の安丸良夫（一九三四―）著『日本の近代化と民衆思想』(34) の視点を引用しておこう。安丸は、「民衆蜂起の意識過程」の分析を通し、「幕末維新の歴史過程」について考察し、「アウトサイド」から到来した人々に対する「日常的な生活者としての民衆」(35) 意識について論じている。(36) その過程において、安丸は、幕末維新期の社会や文化は、「『異人』『異国』によって外から強制されながら展開した」と同時に、また「維新政府が、当の『異人』に倣った諸政策を推進している」(37) という事実が存在していた、と指摘している。幕末維新期には、「異人」や「異国」は、「アウトサイド」からの流入者として、「民衆を脅かしている敵対的な〈他者〉についてのイメージ」(38) でとらえられていたのである。この場合、民衆の「他者」意識は、「悪意にみちた、えたいのしれない巨大な力」(39) として受け止められている。一方、維新政府は、和魂洋才を標榜しながら、「異人」から様々な技芸を学び取ろうとした。

これらブラッカーや安丸の文化論的視点によれば、「他者」との文化接触の「場」は、「異人」という概念を把握するための重要な手がかりを与えてくれる。と同時に、その接触の「場」において、「インサイド」の世界の人々は、「異人」に対する独特な感情を形成している。その「インサイド」の人々の感情とは、究極的には、第一に、「アウトサイド」の人々のもつ「他者」性から発する「驚異的な力《マハト》」に対する「畏れ」で、それは「インサイド」の社会や文化に大きなインパクトを与える。その驚異的な力は、「インサイド」の社会や文化には存在しない超越的な力である。第二に、その力は、一方では、「インサイド」の社会に、「よきもの」をもたらす場合もあれば、また「有害な力（the baneful influence）[40]」ともなるという両義性をもったものである。しかも、「インサイド」の人々は、安丸のいうように、その「他者」なるものに畏れを感じつつも、「インサイド」の側には存在しない恵み豊かな力を獲得しようと努めることになる。人々は、その力に、「インサイド」にはない驚異性を感じるとともに、両義的なその力のゆえに、合理的には説明できない「聖なる」特性を感じていたといえる。

一　「聖」性の混乱と再構築

「インサイド」と「アウトサイド」との文化接触の場は、それぞれの側に住む人間にとって、対峙するものの不可知性によって、驚異的な「畏れ」の場となり、また同時に、そこには、肯定的にも否定的にも隔絶された「見知らぬもの」に対する両義的な「畏れ」から発する「聖」性が存在するのである。

「聖」なるものについて定義付けようとするとき、それにかかわる「人間」、「場所」、「もの」について、いくつかの特性が存在するように思われる。「聖」性を明確に定義付けることは、おそらく不可能であろう。[41]「聖なる場」には、その特性として、「聖なるもの」が存在することは疑い得ない。すなわち、「聖」性の検証は、「他者」なるものとの文化接触に発現する「聖なる『場』」の検討と同時に、そこに存在する「聖」性の検討が必要となってくる。

宗教社会学的な見地からすると、「聖なるもの」についての代表的研究は、「聖」と「俗」について詳細に検証したフランスの社会学者エミール・デュルケム（Émile Durkheim, 1858–1917）の論点であろう。[42]また、ラテン語の *numen* から造語して、「ヌミノーゼ（das Numinose）という言葉のなかに、「宗教の領域にだけ現れてくる特異な価値判断」としての「聖」性を定義付けようとしたドイツの宗教学者ルドルフ・オットー（Rudolf Otto, 1869–1937）の視点も留意すべきである。[43]両者は、西洋の当時のキリスト教に影響を受けていることはいうまでもない。それはさておき、「聖」

性をめぐる混乱を避け、「聖」性についてその意味を再構築するために、ここで、第一に「人間」に関し、第二に「場所」に関し、第三に「もの」に関して、「聖」性の特性を再考しておきたい。

第一に、「人間」に関連した「聖」の意味についてである。キリスト教世界においては、「聖人」(der Heilige)という言葉が多用される。「聖ペトロ」「聖パウロ」などの呼称に通底している「聖」性は、神との関係において、浄められた者、自分自身を神にささげきった人間をさしている。キリスト教においては、究極的な「聖」性は、三位一体の神、父なる神、聖霊なる神とともに、人となって、十字架上の死を通して罪びとの贖いを完成した子なる神であるイエス・キリストのみに属するものである。なかでも、カトリック神学において、「殉教(martyrdom)」者は、「身を殺してキリスト教の真理を証した人」(44)をさして用いられる。「殉教者」は、自らを心身ともに神にささげきり、その信仰を貫いた存在で、そのような態度に信仰者としての「聖」性が浮かび上がってくる。そのような存在は、「聖人」として、後に「列聖」されることになる。「列聖」とは、ある人間が、「インサイド」の存在でありながら、「アウトサイド」の属性へと変貌を遂げたものとして、公的に認証されることを意味している。そして、「列聖者」は、今度は、世俗社会すなわち「インサイド」に生きる人間にとって、「聖」なる「アウトサイド」の存在として、畏敬の念をもって崇敬される対象となる。

『聖クラーン』にも、「神聖を汚し不義をもくろむ者」、「聖なる家」(45)というような表現がみられる。前者においては、「聖」性は、「不義をもくろむ者」との対比のうちにとらえられている。後者の「聖なる家」という表現は、以下に述べる「場所」に関する「聖」性の視点と関連している。

第二に、「場所」に関し、その「聖」性を検討する。聖書の世界に例を求めると、旧約聖書においては、「聖所」とされるところがいくつかある。そこには共通した特性がみられる。それは、主の顕現の場所であるということである。例えば、主すなわち神は、アブラムを召し出され、アブラムに現れて、「あなたの子孫にこの土地を与える」(「創世記」一二章七節)といわれた。そのシケムの地は、「聖所」とされる。アブラムは、その場所に祭壇を築く。また、イサクの子ヤコブは、ベエル・シェバから母リベカの故郷ハランへの途上において、一夜を過ごす（「創世記」二八章一〇―二二節）。ヤコブは、その地において、「先端が天まで達する階段が地に向かって伸び」（一二節）、神である主が、「あなたが今横たわっているこの土地を、あなたとあなたの子孫に与える」（一三節）といわれた夢をみる。ヤコブは、「眠りから覚めて」（一六節）、「ここは、なんと畏れ多い場所だろう。これはまさしく神の家である」（一七節）と述べている。ヤコブはまた、ヤボクの渡しにおいて何者かと格闘する（「創世記」三二章二三―三三節）。それらの場は、いずれも主の顕現の場面である。それらの場所は、「聖所」とされる。これらの例からも明らかなように、「聖なる場」は、聖書の世界においては、主が顕現された場所と深いつながりがある。

この点は、ルーマニア出身の宗教学者ミルチャ・エリアーデ（Mircea Eliade, 1907–86）が、『聖と俗――宗教的なるものの本質について――』(46)において、上記のヤコブに対する神の出現を提示しながら、「聖なるものの顕現」を意味する「聖体示現（*Hierophanie*）」、または「神体示現（*Theophanie*）」(47)という語を用いて説明していることに関連している。

第三は、「もの」に関する「聖」性についてである。エミール・デュルケムは、『宗教生活の原初形態』のなかで、「宗教的なものの特質とみなされているのは超自然の概念（celle de surnaturel）である」(48)と述べ、続いて、「超自然とは神秘・不可知・不可解の世界である。であるから、宗教とは科学あるいは全般的には明瞭な思惟を脱したものすべてに対する一種の思索であろう」(49)、と指摘している。デュルケムは、宗教とは、「明瞭な思惟」を超えたものであるということを了解したうえで、宗教思想の特徴としての「俗なるもの」（profane）と「聖なるもの」（sacré）の領域を区別した。さらに、彼は、社会のなかの「信念、神話、教義、伝説」などは、「岩・樹・泉・礫・木片・家、要するにどのような事物でも聖となりうる」(50)ような存在との関係において、「聖物の性質・聖物に帰せられている功徳や力能・聖物の歴史・聖物相互ならびにその平俗な事物との関係を表わす」ものとなっているということを述べている。(51)

デュルケムは、このように、表象また儀礼的行事などの源泉としての「聖なるもの」について検証した。デュルケムは、前掲書の全巻を通して、トーテミズム（Le totémisme）を考察の対象としながら、集団に様々な「力」（mana）を与える存在としての「トーテム」、その「聖」性について言及している。

これらの、「聖」なる人物、「聖」なる場、「聖」なる特質は、この世的な「インサイド」の世界の諸特質とは、性格を大きく異にする。

このように、「聖」性を規定することは、多義的なその本質のゆえに容易なことではない。[52]

これまで、聖性をその多様性のなかに位置付け、その意味を再構築しようとした。次の課題は、「聖」性を、具体的な事例によって検証することである。それは、聖なる「場」としての大阪近郊、生駒山系の「聖」性とその変容過程に注目することによって進められる。

二　「聖なる場」としての生駒の宗教性

ミルチャ・エリアーデは、前掲『聖と俗』の第三章「自然の神聖と宇宙的宗教（Naturheiligkeit und Kosmische Religion）」において、次のように述べている。

> 宗教的人間にとって、自然は決してただの〈自然〉ではない。それは常に宗教的意味に充ちている（Für den religiösen Menschen ist die Natur niemals nur》natürlich《: sie ist immer von religiöser Bedeutung erfüllt）。このことは容易に理解できる。なぜなら宇宙は神の創造であり、世界は神々の手に成ったものであり、それゆえ永久に浄められているからである。これはたとえば神の現在によって浄められる或る場所、或る事物に宿るような、直接神々によって与えられた神聖性だけのことではない。神々は更に多くのことを為した。彼らは世界の構造と宇宙の現象そのもののなかに、さまざまな形式の聖なるものを示現している。[53]

大阪近在の宗教的人間にとって、特に生駒山系は、エリアーデの指摘をまつまでもなく、「決してただの〈自然〉ではない」のである。生駒は、「神々の手に成った」ものであろう。その地は、「さまざまな形式の聖なるものを示現している」のである。生駒山系の宗教施設に参詣する善男善女の数は、年間約一〇〇〇万人と推定されている。その参詣者数一つを取り上げても、「聖なるもの」を示現する生駒が明確に示されているといえよう。(54)

聖天信仰のメッカとされる前掲宝山寺に例をとると、参詣者は、年間約三百万といわれる。(55) 生駒山系において、「集客」を誇る比較的有力な寺社は、他に毘沙門信仰の拠点信貴山朝護孫子寺、でんぼの神様としてガンをも治すとされる石切劔箭《つるぎや》神社である。他にも、生駒山系には、種種雑多な民間信仰や民族宗教の施設が蝟集している。

写真２−６　夕暮れ，生駒山中から大阪をのぞむ

この地は、北は京都府八幡市男山から南は大阪府柏原市の大和川流域にいたる南北約三五キロ、東西に約一〇キロの地を含めることができる。

地理的特性の第一は、この地が、大阪の都心から電車により約三〇分でアプローチ可能な距離にあり、近接性において大阪から遠からず近からずの格好の場となっていることである。第二は、生駒山系は、西側は総じて急峻な谷筋（黒谷、鳴川谷、豊浦谷、額田谷、辻子谷、車谷など）が走り、東は奈良盆地に向かってなだらかな斜面が一帯に広がっていることである。第三は、そこには、修験系寺院や滝行場が数多く存在し、付近に、修行者が感得した神々の碑が立てられ、霊魂の宿る対象としての水や岩にまつわる寺社が数多く存在していることである。さらには、霊魂、精霊、死霊、祖霊などの信仰にかかわるアニミズムの形態を各所に見ることができる。

これらの特性を巧みに利用しながら、生駒の地は、「聖なる場」そのものを示現し、多くの民衆を引き付けている。そこでは、アニミズムとのかかわりにおいて、宗教行動をする民衆を数多く見かける。これらの諸特性は、産業都市大阪にはみられない、生駒山系ならではの特性を提示している。生駒は、合理的には説明できない原初的な宗教フィールドでもあり、大阪の民衆にとって、「アウトサイド」の「超越的な力」を獲得することができる場となっている。

ところで、社会学者塩原勉（一九三一―）は、生駒の宗教性を要約して、「生駒が宗教的空間のなかで占める位置の特徴は、境界性《リミナリティ》にあるといえる。つまり、聖と俗との境界、他界としての深山幽谷と日常界としての都市との境界として生駒がある」(56)と述べている。塩原は、生駒が宗教的な「他界性」をもつことを提示しながら、それに大阪の「日常界」を対照させる論点において、生駒の宗教特性を要約している。要するに、大阪の人々にとって、生駒は「他者」なる存在なのである。(57)

わが国の民俗信仰に関連していえば、山には、「山の神」が住むものと考えられてきた。民俗学者の柳田國男（一八七五―一九六二）は、その点に関連し、山中に、「山の神」が住んでいると考えられていたことを指摘している。その点について、柳田は、「遠野物語」において、「遠野郷には山神塔多く立てり、その処はかつて山神に逢いまたは山神の祟りを受けたる場所にて神をなだむるために建てたる石なり」(58)、と述べている。柳田は、また「山の神」が、「遊べる」神であり、また、「他者」なる存在、すなわち「異人」としても認識されていたことを報告している。(59)このように、生駒に限らず、山は、わが国の民俗信仰においては、「山の神」が住む異界であったのである。

生駒が、「インサイド」の世界では考えられないような「深山幽谷」としての「聖なる場」を伝統的に形成していたことは、その地を歴史的に一瞥することを通しても明らかとなる。生駒は、古くから「日常界」を超えた世界として人口に膾炙されてきた。すでに、『日本書紀』巻第二十六には、「夏五月庚午朔、空中有乗竜者。貌似唐人。著青油笠、而自葛城嶺馳隠胆駒山」(60)とある。容貌が唐人に似た行者が、葛城嶺から到来し、生駒山へ隠れたことが示されている。『日本書紀』が舎人親王（六七六―七三五）らによって完成されたのが七二〇（養老四）年である。それは、伝説上の修験の祖とされる役小角（六三四？―七〇一？）の活躍した時代と近似している。

『萬葉集』巻二十、「防人の歌」のなかには、「難波津《なにわと》を漕《こ》ぎ出《で》て見れば神《かみ》さぶる生駒高嶺《いこまたかね》に雲《くも》そたなびく」[61]とある。他にも、『日本霊《りょう》異記』には、「河内国若江郡《かわちのくにわかえのこほり》遊《ゆ》宜《げ》村《むら》の中に、練行《れんぎょう》の沙弥尼《しゃみに》有り。其の姓《うぢ》名《な》詳《つばひらか》ならず。平群山《へぐりのやま》寺《でら》に住む」[62]とある。『日本霊異記』は、八世紀から九世紀の初めに成立したわが国最古の仏教説話集である。そこには、当時すでに、生駒山系の「平群山寺」が「練行」の場として認知されていたことが示されている。

生駒山系の主峰生駒山は、たかだか標高六四二メートルである。その南に位置している信貴山は、四三七メートルにすぎず、とうてい高山と呼ぶことはできない。しかし、「防人の歌」にもあるように、生駒山系は、古くから「神さぶる」山、神名備山として、神が鎮座する山として注目されてきたのである。[63]

密教研究者で、宝山寺の研究者でもある佐藤任（一九三二―）は、その著『湛海和尚と生駒宝山寺』において、宝山寺の中興開祖湛海律師（一六二九―一七一六）に関し、「湛海はなぜ生駒山の般若窟を信仰の拠点にしたのか」[64]、について詳細に検証している。湛海が般若屈の地に宝山寺を開いたのは、佐藤によれば、「いわくら」である般若窟が、古来「役小角居住の地」[65]であったことと密接に関係していると推測している。そのことは、地理的に生駒山系の宗教的中心地とも考えられる宝山寺が、修験の祖とされる役小角と深い関係の地であったことを物語っている。

さらに、生駒山頂から東南の地域に生駒市鬼取町がある。近鉄石切駅から石切劔箭《つるぎや》神社に向かう参道沿い、東大阪市東石切町に存する真言毘盧舎那宗千手寺《せんじゅうじ》住職木下密運（一九三九―）によれば、この地域では、生駒山のことを「鬼取山《おんとりやま》」と呼ぶという。その「鬼取」について、木下は、「鬼取の鬼とは祖先の霊魂、取とは集まるの義があり、死者の魂のより集う山との意味」と指摘している。[66]これは、生駒山が、祖霊の集まる聖地であったことを物語るものである。ちなみに、宝山寺般若窟は、「寺伝によれば、役行者が梵文般若経を書写して納め、弘法大師も若いころ修行された」[67]地である。また、千手寺にしても、近鉄石切から辻子谷をほぼ登り切った古刹興法寺でも、創建は役行者によるとされる。この地は、役行者と切り離すことのできない聖地であるといえる。

門前の商店が店じまいするとともに，数々の占いの店の明かりが人々の目を引き付ける．

写真2－7　石切神社の参道

生駒山系は、これらの点から、その自然のなかに、ただの自然とは異なる「聖」性を宿していたことが明らかとなる。それも、古い時代から今日にいたるまで、時代を超えて存在していたことを歴史が示している。

前掲、木下は、また、生駒の地が、「葛木北峯」と称されて、この生駒山系が修験者たちの修行の道、「転法輪山葛木の峯」に続く、修行の地であったことを報告している。[68]

木下は、「大峯、葛木に修行した修験者たちは高峯をきわめた後も、平坦地を楽して京に帰ることなく生駒の峯々をふみわけて霊所をめぐり最後に石清水八幡宮を拝して京に入る巡礼の旅を続けた」[69]と述べている。生駒には、山の霊力が宿っていると同時に、それゆえに古代以来、その地は、宗教者が、霊力を受けるために参集した「聖なる場」であったのである。宗教社会学者沼田健哉（一九四四―）が、「生駒の修験道」に関する報告に、「生駒は、ほぼ全山にわたり修験の影響がみられる」[70]と述べているとおりである。沼田は、続いて、「生駒のように、それほど広くない地域に、信者が一〇〇〇人もいる巨大寺院をふくめて、これだけ多くの修験寺院があるケースは珍しいといえる」[71]と総括している。

三　水脈の寸断と「聖なる場」の変容

「聖なる場」として生駒山系の「聖」性は、歴史的にも証明されている。しかし、その「聖」性は、それを取り巻く社会的な諸条件の変化に伴って大きな転換を迎えようとしている。宗教社会学者ブライアン・ウィルソン（Bryan

R. Wilson, 1926–2004）は、その著『現代宗教の変容』において、宗教の現代的状況を問題とし、「現代社会においては、超自然的な力に対する信念と宗教的コミットメントが衰退しつつある」[72]と指摘しながら、次のように述べている。

宗教の変化にも、信念、態度、行為、そして制度の変化という多くの種類の変化がある。その変化は伝統的な体制としての教会という境界や、因習的な宗教儀礼や宗教的信念を越えて広がっており、現代における宗教性の新しいパターンがさまざまな新しい運動の中に現われている。[73]

宗教の現代的な諸変容は、ウィルソンに従えば、「宗教的コミットメント」の変化という論点に収斂させることができる。もちろん、様々な要因が、宗教的コミットメントの変化に対し作用しているはずである。その要因について、ウィルソンは、「宗教の現代的変容を論ずる」にあたっては、「世俗化（secularization）および古い信仰の衰退（the decline of old faiths）という点と、セクタリアニズム（sectarianism）、つまり新しいカルトの勃興」[74]という二つの要因が重要であると述べている。この「宗教的コミットメント」の衰退は、宗教者が、宗教行動をする「場」の「聖」性が衰退していることと密接に関係している。

筆者は、生駒の「聖」性をめぐる変化についても、究極的には、ウィルソンのいう「宗教的コミットメント」の変化という点から考察することができると考えている。生駒の宗教を、ウィルソン流の西洋キリスト教の文化に焦点を当てた、セキュラリゼーションとセクタリアニズムの論点だけに基づいて分析することには問題がある、という批判もあろう。なぜなら、ウィルソンの分析手法は、生駒のようなわが国の民間信仰の分析にはそぐわないという見解も当然存在するからである。セクタリアニズムという論点は、多数の分派を擁するキリスト教に軸足を置いた議論であることはいうまでもない。しかし、セキュラリゼーションという視角は、生駒の「聖」性の衰退を問題にする場合にも、重要な分析枠組みを提供する。

沼田は、また、生駒の修験系寺院の族生状態を説明する過程で、「生駒を特色づけているものの一つとして、多くの滝と竜神信仰があげられる」(75)と述べている。沼田は、生駒には、「水や雨を支配する神が山にいるという信仰」(76)が存在すると指摘している。それは、竜神の信仰である。沼田は、『生駒市誌』によって、「かつて水源確保の目的から、谷頭に竜王社が各所に祀られ、生駒山上の八大龍王は、その顕著なものとされ、旱天には雨乞いの行事が明治年代までつづいた」(77)ことも報告している。

多くの滝行場は、生駒の竜神信仰と結び付いて、生駒の民俗信仰の中心点を形成しているといえる。その滝行場こそ、生駒の宗教風景にとって、最も生駒らしい宗教的原風景の一つということもできよう。

しかし、重要なポイントは、その原風景が醸し出す生駒の「聖」性が、九〇年代後半に入り大きく変化してきていることにある。それは、「生駒への宗教コミットメント」の衰退と言い換えることもできる。その第一の原因は、生駒山系谷筋の水量の減衰にあるとされる。生駒の山の神である竜神が、そのよって立つべき基盤でもある水量の減衰状況において、どのような「聖」性の変化を遂げたかは火を見るよりも明らかである。水量を統括するとされる竜神への信仰の衰退は、大阪府と奈良県の道路公社が東大阪と奈良北部地域を結ぶ第二阪奈有料道路を建設したことによっているとされる。この道路は、大阪と奈良を結ぶ阪奈道路の混雑を緩和するために計画され、生駒山系の地下にトンネルを貫通させる形で完成し、一九九七年四月に供用を開始した。この道路の開通によって、大阪と奈良の間の自動車交通は便利になった。しかし、この道路建設によって、生駒山系の地下水系が分断されたとされる。また、大阪のベッドタウンとしての生駒山系の宅地開発が、水質の汚染度を増加させたことはいうまでもない。これらのことは、生駒の「聖」性に対して、大きな変革を迫るものとなったとされる。

宗教社会学者飯田剛史（一九四九―）と、「韓寺を歩く会」を主催し、「朝鮮寺」の研究者でもある曺奎通（一九四〇―）は、その滝水の枯渇状況を、その論文「朝鮮寺（韓寺）の変貌」に報告している。

東大阪市上石切町の妙覚寺の聞き取りにおいては、「第二阪奈道の工事関係者が土地測量に来ていた。道路工事で涸れた滝に水を供給するための調査という（一九九七年三月）[78]」、と報告し、東大阪市山手町の不動寺に関して、「近年、第二阪奈トンネル工事で水脈に異常を来し、額田谷は水が涸れて滝当たりができなくなっている。滝場を持つ寺は、官庁に水脈の回復を申し出ている。上流にある修験行場長尾の滝では、公団による導水工事が行われたという（一九九六年三月）[79]」、と報告している。

沼田が、生駒における竜神信仰のもつ民俗信仰の豊かさと隆盛を指摘したが、一方また、同じ「宗教社会学の会[80]」会員である飯田や isbn たちが、皮肉にも、自動車道路の建設による水脈の寸断による「聖」性の変容を報告することになったのである。このことは、九〇年代後半の数年間のうちに、「聖なる場」生駒にも、大きな変化が生じてきていることを示す代表的な例ということができよう。

写真２－８　生駒宝山寺下　大聖院岩谷の瀧の一風景

おわりに――生駒盛衰

筆者は、第二章一節「生駒今昔――気の満ちた生活世界――[81]」において、八〇年代の初めから、生駒山系の宗教調査を行ってきたことを通して、「生駒の盛衰」について論じてきた。約二〇数年間の知見によると、時代の変化にかかわらず、多くの参詣者を集めるものもあれば、かなりの隆盛を誇っていたと解されたものが、今はその見る影もないものも存在する。小さな寺社でありながら、住職の指導によって、信徒数において発展を続けていると解されるものもある。

筆者は、前節拙稿において、ユルゲン・ハーバマスの「生活世界」論を参考にして、生駒の宗教の「聖なる場」には、商都大阪における管理社会が進展し、それに逆行する形で、生駒には、「言葉の通じ合う」世界、信者たちの濃密な社会的相互作用が存在していることを指摘した。それがまた、多くの善男善女が、生駒に集う理由になっていることを指摘した。その意味において、生駒は、今も、「聖なる場」であり続けている。

しかし、二一世紀を迎えた生駒山系の宗教動態をみるときに、歴史的に伝統のある「聖」地、生駒の「聖なる場」に、様々な変容が生じていることは否めない。すでに述べたように、生駒の「聖」性の象徴でもあった「滝水」の枯渇という「聖なる場」の生態学的な変容過程も起こっている。しかし、それ以上に、重要な変化は、その「聖なる場」に集う人々を取り巻く変化である。

その変化について、筆者は、すでに宝山寺の講集団「福寿会」に関連し、そこに集う人々の特質とその変化を提示した。(82)福寿会は、「生活世界」としての高齢者の「社交集団」の役割を果たしている。とはいえ、その諸活動を担う「講元」はじめ、福寿会に集う人々は、相対的に高齢化しているということである。信者の高齢化をめぐる論点は、生駒全体の宗教の「場」に共通している要因と考えられる。そこには、明らかに「聖」性の減衰を含む要因がある。

曺奎通は、生駒の「朝鮮寺（韓寺）」が、九〇年代にはいり、活動停止、消滅、廃寺となっている多くの事例を報告している。曺は、それらの理由について、「クッ」といわれる宗教活動を主催する女性霊能者（ポサル）の他界または体調不良などによることを報告している。「朝鮮寺」を取り巻くカリスマ的なポサルの死によって、「朝鮮寺」が、宗教活動そのものをやめ、単なる「貸会場」と変化したケースが出現してきているという。(83)生駒は、大阪近郊の「聖なる場」として、多くの人々の「安らぎの空間」、「逃れの場」(84)として、多くの民衆を集めていることも事実である。しかし、その内部においては、「聖」性が大きく揺らぎつつある。

生駒の山は、「神さぶる」山、「アウトサイド」の山として、「インサイド」の大阪近郊になお「聖なる場」を提供し続けている。しかし、その「聖」性も、滝に流れる水量が減少するという事態に、十分に対応できなかった。宝山寺元貫主で、長年真言律宗管長を務めた松本実道（一九〇四—九九）は、「人間というものは意識するとしないにかかわらず、みな〝祈る心〟〝祈りたい心〟を持っている。これは人間本来、神の子、すなわち大自然の子として生れてきているからである[85]」と述べている。人間が、「祈る心」をもっている限り、祈る対象、祈りの場が消滅することはないであろう。とはいえ、宗教活動の場において、宗教的人間を取り巻く状況の変化に応じて、「聖」なる宗教活動の場にも、変化が生じてきていることも事実である。大阪近在の人々にとって、生駒は、「日常性」の世界から離れた「聖」なる力を与えてくれる「魅力」ある場に違いない。「聖なる場」生駒は、今もなお、宗教的な「聖」地であるかもしれない。しかし、その細部に一歩足を踏み入れると、様々な変容過程が見えてくるのである。生駒は、将来的には、高齢者の隠居所となるのかもしれない[86]。

注

（1）近年、深夜のお参りが減退気味であるとされる。それは、道路交通法の改定による飲酒運転の厳罰化と、経済不況と連動した「水商売」経営の困難性に起因しているといわれる。

（2）栗本英世・森下伸也「生駒の宗教史」、宗教社会学の会『生駒の神々——現代都市の民俗宗教——』創元社、一九八五年、一三—二一頁。

（3）九〇年代後半。生駒宝山寺の下、生駒山大聖院岩屋の瀧、出世不動明王清涼の瀧などを見る限りにおいては、水量は、二〇〇〇年代の後半においても八〇年代からほとんど変わらない。

（4）西山茂「気枯れ社会の実感宗教」『東洋学術研究』三五巻一号、東洋学術研究所、一九九六年六月。本書、第五章、二節「現代社会と宗教的エートス(一)——『気枯れ社会』の人間像——」、一八〇頁以下、参照。

（5）ロバート・ベラー、平野秀秋訳「統合世界における文化多元主義」、『思想』一九九三年二月、八二四号、四—一六頁、七頁。

（6）同書、七頁。

（7）同書、八頁。

（8）Jürgen Habermas, translated by Ciaran P. Cronin, *Justification and Application: Remarks on Discourse Ethics*, The MIT Press,

Cambridge, 1993, p. 167.
（9） *Ibid.*, p. 170.
（10） *Ibid.*, p. 168.
（11） ベラー、前掲書、九頁。
（12） 同書、一三頁。
（13） 宗教社会学の会編『生駒の神々』、特に飯田「生駒における信仰の諸機能」（二二一―三六頁）および谷富夫「朝鮮寺と巫俗」（二三六―二七三頁）参照。飯田剛史・曺奎通「朝鮮寺（韓寺）の変貌」、宗教社会学の会編『神々宿りし都市――世俗都市の宗教社会学――』創元社、一九九九年、二七―五九頁。
（14） 例えば、米ドル紙幣には、IN GOD WE TRUST（われら神に信頼す）と印刷されている。米国が「核」としている宗教基盤が何であるかは、それだけで明らかであろう。これは、一八六五年議会の承認を得たことにさかのぼるとされる（エドウィン・S・ガウスタッド、大西直樹訳『アメリカの政教分離』みすず書房、二〇〇七年、七八頁）。また、同書には、「セオドア・ローズヴェルト大統領はこの句を一九〇五年に削除したが、その理由は教会と国家の分離のためではなく、この文句が宗教の崇高さを『安っぽく』しているという彼の意見によるものであった」（同書、七八頁）とあり、「議会は一九〇八年にこの問題をとりあげ、一定の金貨と銀貨にこのモットーを刻印することを義務化し」、それが今に続いていることが報告されている（同書、七八頁）。
（15） 野田宣雄「正統宗教なき日本の悲劇」、『中央公論』一九九五年八月、六七頁。
（16） 同書、六八頁。
（17） 同書、六八頁。
（18） 同書、六八頁。
（19） 拙稿「生駒詣で――歓喜天のまねき――」『季刊仏教　三一号、特集＝癒し』一九九五年四月、法藏館、一九八頁。拙著『コミューンと宗教――一燈園・生駒・講――』行路社、一九九九年、第四章「宝山寺と生駒の講」、一節「聖天さんと宝山寺――大聖歓喜自在天の癒し――」として再録。
（20） 宗教社会学の会編『生駒の神々』、二二四頁。

(21) 同書、二一四頁。
(22) 同書、二一二―二一六頁。
(23) NHK放送文化研究所編『日本人の生活時間・一九九五年――NHK国民生活時間調査――』NHK出版、一九九六年、一五一頁。
(24) 二〇〇九年十一月二六日、奈良交通(信貴山バス乗り場)関係者インタビューによる。
(25) 三木英「一〇年後の生駒の神々」関西社会学会報告、倉敷芸術科学大学、一九九六年五月。
(26) 宗教社会学の会編『生駒の神々』一一頁。
(27) 近鉄奈良線石切駅から生駒山上へ続く辻子谷を例に取るなら、飯田剛史・曺奎通「朝鮮寺(韓寺)の変貌」(宗教社会学の会編『神々宿りし都市――世俗都市の宗教社会学――』創元社、一九九九年、二七―五九頁)、に報告されている「白雲寺」、「真言宗一成寺」、「大韓仏教法華宗榮光寺」、「高野山支部教会慈雲寺」などの看板を見受けることができる。なかでも、榮光寺の場合には、盛んに先祖供養を行っている印象を得た(二〇〇九年十一月二三日)。
(28) ジャン・カルヴァン、渡辺信夫訳『キリスト教綱要』第I篇、第三章一節、新教出版社、一九六二年、五五頁。
(29) 本節は、二〇〇一年五月二五日、国際日本文化研究センター共同研究会「聖なるものの形と場」における報告を増補したものである。
(30) Carmen Blacker, The Stranger as Savior: an Archetype in Japanese Folklore and Elsewhere(国際日本文化研究センター主催第三回国際研究集会「世界の中の日本」公開講演会主題講演、一九九〇年三月五日、京都都ホテル)。日本語訳は、カーメン・ブラッカー、柏岡富英・村田充八訳「日本人にとって『異人』とは何か」、『中央公論』一九九〇年六月号。本節はまた、二〇〇〇(平成一二)年・二〇〇一(平成一三)年度科学研究費補助金(基盤研究〈C〉〈2〉)「民間信仰に見られる宗教行動及びそのエートスの社会学的研究」(研究代表者、村田充八)の成果の一部でもある。
(31) カーメン・ブラッカー、同書、一二五頁。J. G. Frazer, *The Golden Bough: A Study in Magic and Religion, Abridged Edition*, Papermac, 1995. ジェームズ・G・フレイザー、永橋卓介訳『金枝篇』(二)、岩波書店(岩波文庫)、一九五一年、第一九章「タブーとされる行動(Tabooed Acts)」、第二〇章「タブーとされる人物(Tabooed Persons)」、第二一章「タブーとされるもの(Tabooed Things)」、第二二章「タブーとされる言葉(Tabooed Words)」、参照。

（32）*Ibid.*, p. 222. 同書、一五三頁。

（33）カーメン・ブラッカー、前掲書、一二五頁。

（34）安丸良夫『日本の近代化と民衆思想』平凡社（平凡社ライブラリー）、一九九九年。

（35）同書、四二三頁。

（36）同書、四二七頁。この研究は、「幕藩体制という一つの社会秩序」（同書、四一四頁）が、「自明の正当性と絶対性とを失いつつあった」（同書、四一四頁）時代、また「世直し一揆を押えて豪農商層の利害につく絶対主義権力」（同書、四二六頁）としての維新政府が立ち上げられていく過程において、その民衆意識を明らかにすることに主眼が置かれている。

（37）同書、四二七頁。

（38）同書、四二七頁。

（39）同書、四二七頁。安丸は、「幕藩制下」においては、その「幕藩制」そのものが、「〈他者〉に向けて編成された強力《マハト》」（同書、四三五頁）と考えられ、また、明治維新期においては、特に、「維新政権とその諸政策とが全体として民衆の生きている〝世界〟を脅かす〈他者〉・〈敵対者〉・〈反価値〉とされた」（同書、四三四頁）ことを指摘している。彼は、また、そのような力を、「民衆の馴れ親しんだ共同性の世界に存在しないような怪異な魔術的威力と邪悪な意志とをもって、民衆の伝統的共同性の世界をうかがっている」（同書、四三四頁）存在としてとらえている。その意味で、「異人」とは、「たえず民衆を脅かしているえたいのしれない他所者《よそもの》として民衆の眼にうつっていた」（同書、四三八頁）のである。

（40）J. G. Frazer, *op. cit.*, p. 193. フレイザー、前掲書、一〇一頁。安丸は、前掲書で、明治政府が「『異人』を排除するところに民衆の幸福と安寧がある」（前掲書、四二八頁）と考えていたことを指摘している。

（41）生駒山系の主要な宗教事例の一つ、生駒山宝山寺の信仰対象大聖歓喜天、通称聖天さんは、畏るべき障りの神であり、また豊かな現世利益の神である。生駒聖天に集う善男善女にとって、その驚異的な利益的威力と障碍的威力を与える両義性は、聖天さんの「聖」性を強化する特性であることはいうまでもない。その事例一つを考慮しても、「聖」性には、両義的特質があるといえる。それだけに、「聖」性を的確に把握することは難しい。

（42）Émile Durkheim, *Les formes élémentaires de la vie religieuse : Le système totémique en Australie*, Quadrige / Presses Universitaires de France, 1998. エミール・デュルケム、古野清人訳『宗教生活の原初形態（上）（下）』岩波書店（岩波文庫）、一九四一年、一九四二年。

（43）Rudolf Otto, *Das Heilige: Über das Irrationale in der Idee des Göttlichen und sein Verhältnis zum Rationalen*, Verlag C.H. Beck, 1997, S. 5. ルドルフ・オットー、山谷省吾訳『聖なるもの』岩波書店（岩波文庫）、一九六八年、一四頁。オットーは、同じ箇所で、「聖なるもの」に関し、それは「合理性とは異なるもの」で、「かつ概念的把握が全く不可能なので、『言い難いもの』（arrēton）『述べ難いもの』（ineffabile）」、と指摘している（Ibid., S. 5. 同書、一四頁）。なお、オットーの論点は、訳者山谷省吾の解説に的確にまとめられている。そこでは、山谷は、オットーが、「ヌウメン的対象を、『戦慄すべき秘義（*Mysterium Tremendum*）』と名づけ」（*Ibid.*, 13. 同書、四二頁）、その分析を通して、「『接近不可能な（Die Unnahbarkeit）』『畏怖（Die religiöse Scheu, tremendum）』『優越（Das Übermächtigen, *'majestas'*）』『力（Die Energie）』『絶対他者（Das Ganz Andere）』などのヌミノーゼの諸要素を得て説明し、次に『魅するもの（Das Fascinans）』を加え、さらに『巨怪なもの（Das Ungeheuer）』『崇高なもの（Das Augustum）』などを追加している」（同書所収、「解説」、三二〇頁、原語は引用者が挿入した）、と要約している。

（44）拙稿「殉教」、森岡清美・塩原勉・本間康平編『新社会学辞典』有斐閣、一九九三年、七二二頁。

（45）三田了一訳・注解『日訳・注解　聖クラーン』世界イスラーム連盟日訳クラーン刊行会（三省堂販売発売）、一九七三年、第二二「巡礼（ハッジ）」、三五八頁。訳者・注解者の三田了一は、「虚言者」との対象のうちに「聖予言者」という言葉を用いている（一三四、一三五頁）。

（46）Mircea Eliade, *Das Heilige und das Profane, Vom Wesen des Religiösen*, Aus dem Französischen von Eva Moldenhauer, Ernste Auflage, Insel Verlag, 1998, S, 14. ミルチャ・エリアーデ、風間敏夫訳『聖と俗――宗教的なるものの本質について――』法政大学出版部、一九六九年、三頁。エリアーデは、その後に続けて、「およそ宗教の歴史は――最も原始的なものから高度に発達したものまで――多数の聖体示現、すなわち聖なる諸実在の顕現から成り立っているといってもよかろう」（*Ibid.*, S. 14. 同書、三頁）と述べている。

（47）*Ibid.*, S. 27. 同書、一八―一九頁。

（48）Émile Durkheim, *op. cit.*, p.33. エミール・デュルケム、前掲書（上）、五一頁。

(49) *Ibid.*, p.33. 同書、五一―五二頁。

(50) *Ibid.*, p.51. 同書、七二頁。

(51) *Ibid.*, p.51. 同書、七二頁。

(52) その「聖」性の意味を整理するにあたっては、著名な『宗教学辞典』(Kurt Galling, herausgegeben von, *Die Religion in Geschichte und Gegenwart*, 3 Auflage. J.C.B.Mohr, Tübingen, 1959.)の"heilig, I. Heilig und profan, religionsgeschtlich"(von G. Lanczkowski, S. 146-148)が参考となる。そこでは、ルドルフ・オットー、エミール・デュルケム、ミルチャ・エリアーデの所説をもとに解説されている。すなわち、宗教的な土台としての「聖」性は、「俗なるものと完全に異なるもの(Der Gegensatz zum Profanen)」であって、「超感覚的な力(Die übersinnlichen Macht)」を特性にもっている。*RGG* によれば、「聖」なるものの体系は、「現実世界の脱聖化とは完全に背反する宗教の中心的価値」で、「宗教行為」は、「聖なるものを顕在化しようとする営みを根底」としているのである。「聖」性とは、「俗なるものの領域が拡大することを防御」しようとする特性のすべてでもある。

(53) M. Eliade, *op.cit.*, S. 103. 同書、一〇七頁。

(54) 宗教社会学の会『生駒の神々――現代都市の民俗宗教――』創元社、一九八五年、参照。塩原勉「はじめに」、vi頁。

(55) 同書、六九頁。

(56) 同書、vii頁。

(57) 生駒は、明らかに、大阪という「インサイド」の世界に対する「アウトサイド」の世界であり、生駒には、大阪には存在しない「聖」なる特性が宿っている。近年、関西の宗教社会学研究者の共同研究が、「私たちの身のまわりの宗教多様性」に着目する研究を発表し、大阪のような大都市、すなわち「インサイド」の世界にも、民俗信仰が営々と営まれていることを報告している(宗教社会学の会編『神々宿りし都市――世俗都市の宗教社会学――』創元社、一九九九年、参照)。とはいえ、生駒は、このあとに述べる「宗教的な変容」を経験しながらも、大阪という「インサイド」、すなわち「俗」の世界からきわめて近いところに位置し、今なお「聖なる場」として、リミナルな世界であり続けているといえる。

(58) 柳田國男『柳田國男全集4』筑摩書房(ちくま文庫)、一九八九年、五二頁。

(59) 同書、五三、五九、六〇、六一頁、参照。柳田は、「山の神」が乗り移って、「占い」をなす人があったことも報告している(同書、六一頁）。柳田は、「山の神」が「遠野物語」においては、「見馴れぬ男」の風体をしたものであったこと（同書、六〇頁）、また「山の人生」においては、「山の神を女性とする例多き事」（同書、一六二頁以下）について、述べている。

(60)『新編日本古典文学全集　日本書記③』小学館、一九九六年、二〇二頁。

(61)『新編日本古典文学全集　萬葉集④』小学館、一九九六年、四〇五頁。

(62)『日本霊異記』上巻、第三十五縁、岩波書店、新古典文学大系、一九九六年、五二頁。同書、中巻、第八縁には、「……大徳生馬《いこまの》山寺《やまでら》に住《す》在みたまひて、……」（七四頁）とある。大徳、すなわち行基菩薩が生馬山生馬院で修行していたことが示されている。

(63)生駒山系の北の端、大阪府枚方市に接する京都府京田辺市薪甘南備山の地には、神名備山の一つとして著名な「甘南備山」がある。

(64)佐藤任『湛海和尚と生駒宝山寺』東方出版、一九八八年、六六頁。『生駒山宝山寺縁起』よりの引用である。

(65)同書、六六頁。佐藤は、この点について、「湛海は、生馬山般若窟が古仏の浄土で、数百年来、人が住んだことがない神仏の窟で、役行者が作ったと伝えられる不動尊と弁才天の古像があり、役小角が開基し、弘法大師が修営した所で、絶頂には五輪塔があり、希有の勝嶺と聞いて、（中略）生駒山般若窟へ登った」（同書、五七頁）と述べている。修験道、陰陽道の研究者村山修一は、その論考「熊野修験と大峯奥駈け」において、「聖地熊野の発祥」に関し、熊野が、「地形としても山が海や川に迫っているところが多く、起伏が複雑で奇岩怪石に滝や洞窟がみられ、様々な自然に対する信仰の成立する条件が豊かであった」（宮家準編『熊野信仰』雄山閣、一九九〇年、二五八頁）、と述べている。生駒は、熊野ほど、自然に対する信仰の成立条件が整っているとはいえないが、宝山寺の「般若窟」などは、信仰の対象として、その趣を強くもつものであることには変わりない。

(66)木下密運「生駒山の宗教文化」『大阪春秋』第八一号、特集「生駒（西麓）・信貴山・東大阪」大阪春秋社、一九九五年、二九頁。

(67)森下等「中興開山湛海律師と宝山寺」、森下等（文と編集）『生駒山宝山寺』、年代不詳、二頁。

(68)木下、前掲書、二七—三一頁、参照。前掲の宗教社会学の会『生駒の神々』には、生駒の霊力と密接に関連した修験系寺社が多数見られる。宗教社会学の会『生駒の神々——現代都市の民俗宗教——』創元社、一九八五年、参照。

(69)同書、二七頁。

(70)宗教社会学の会編、前掲書、一三八頁。それについては、沼田健哉が「生駒の修験道」において詳細に報告している。なかでも、東大阪市豊浦町髪切《こぎり》の役行者開基の真言宗慈光寺、近鉄石切駅から「辻子谷をほぼ上りきった山中」（同書、一五六頁）にある役行者開基の真言宗醍醐派興法寺、平群町鳴川、「役行者が大峰山へ行く以前に修行した地」（同書、一七一頁）として「元山上」と称される千光寺などが、その代表である。

(71) 同書、一五三頁。

(72) Bryan Wilson, *Contemporary Transformations of Religion*, Clarendon Press, 1976, p. vii. 邦訳、井門富二夫・中野毅訳『現代宗教の変容』ヨルダン社、一九七九年、一〇頁。

(73) *Ibid.*, pp. 3-4. 同書、二二―二三頁。

(74) *Ibid.*, p. 84. 同書、一三一頁。

(75) 宗教社会学の会編、前掲書、一五四頁。生駒が、大阪側に急峻な谷筋を形成していることについては、すでに述べた。実際、近鉄石切駅から生駒山への谷筋を興法寺の方向へ登っていく途中、現在も生薬を製造している薬品会社が存在している。その作業場に近付くにつれて、独特な薬品の臭いが鼻をつく場合がある。この谷筋に水車がまわり、生薬の生産が盛んに行われていたといわれ、その面影は今も残っている。宗教社会学の会は、それぞれの谷筋が、大方は八〇年代の初め頃まで、豊かな水量を誇っていたことを調査によって確認している。NPO法人によって水車が復活され、公園として整備されている。

(76) 同書、一五四頁。

(77) 同書、一五四頁。

(78) 飯田剛史、曺奎通「朝鮮寺（韓寺）の変貌」、宗教社会学の会編『神々宿りし都市』、三四頁。

(79) 同書、三六頁。

(80) 関西の宗教社会学研究者の集まり。

(81) 拙稿「生駒今昔――気の満ちた生活世界――」、宗教社会学の会編『神々宿りし都市』本書、前節、参照。

(82) 拙稿「宝山寺福寿会――構成員と活動――」、拙著『コミューンと宗教――一燈園・生駒・講――』行路社、一九九九年、二一二―二二八頁、参照。

(83) 飯田剛史・曺奎通「朝鮮寺（韓寺）の変貌」、三九頁。

(84) 拙稿「生駒今昔——気の満ちた生活世界——」、二四頁、本書、四〇頁。
(85) 松本実道『佛とともに——祈りのこころ、幸せへの道標——』朱鷺書房、一九八三年、一七頁。
(86) 第四章、注(130)、参照、本書、一六九頁。

第三章　日本社会とキリスト教の影響力

一節　日本社会における宗教動向とキリスト教伝道の可能性
――宗教忌避傾向と「思考の枠組み」から――

はじめに

本節は、日本人の「宗教感覚[1]」あるいは、宗教的特性を問題にしつつ、キリスト教世界からみると、「異教」社会とされる日本社会に、キリスト教が浸透する可能性について考察したものである。

筆者は、以前より、日本人の「宗教感覚」を問題にする場合、その対極的関係にあると思われるキリスト教の「思考の枠組み[2]」を理解することが重要であると考えてきた。日本社会に存在する宗教的性向、あるいは日本人の「思考の枠組み」は、キリスト教におけるそれとは大きな違いがあると考えたからである。その点において、本節は、キリスト教とわが国の宗教的特性の相違に焦点を当て、キリスト教が日本社会に受け容れられない理由について説明している。

わが国におけるキリスト教伝道をめぐっては、しばしば、その可能性はないといわれる。しかし、わが国においても、一般に、キリスト教以外の宗教においては、多くの宗教集団が善男善女を引き付けている。それらの宗教集団も、もとはといえば、小さな同信の徒の集まりであったはずである。そのことを一つ想起しても、日本社会におけるキリスト教の発展の可能性を否定することはできないであろう[3]。

以上のような問題意識に立って、まず、二十世紀末から二一世紀初頭の日本社会の宗教的特性に焦点を絞り、その宗教忌避傾向について一瞥する。次に、日本人の「思考の枠組み」に言及し、日本社会におけるキリスト教伝道の可能性について探求する。

一　宗教忌避傾向と経済不況

日本社会における各宗教団体の教化活動は、一九九五年のオウム真理教事件以後[4]、困難をきわめているとされる。それは、基本的に、オウム真理教のように、社会的に批判された宗教団体が起こした一連の事件と、その評価によるところが大きいとされる[5]。

特に、一九九五年のオウム真理教事件以降、日本社会における宗教布教の困難性が指摘されている。その点については、三つの理由を考えることができると思われる。第一は、その事件以後、宗教を「邪教視」する意識が蔓延していること、第二は、戦後のわが国における宗教教育の結果であるということ、第三は、社会全体を取り巻く「世俗化」が伸展していること、の三点である。それらは、日本社会の宗教的側面にみられる「宗教忌避傾向」という視点でまとめることができるであろう。

第一の理由、日本社会における宗教「邪教視」の蔓延とは、わが国に、「宗教は何をするか分からない」、「宗教は邪《よこしま》な教えである」、というような宗教に対する嫌悪感が、オウム真理教事件以後、民衆の心に刷り込まれているということである。

実際、近年の宗教調査データによれば、一九九五年のオウム真理教事件以後、人々が宗教行動する割合は、初詣や民間信仰などの場合を除いて明らかに減少している。一九九八年に実施されたNHK放送文化研究所の調査データからも、オウム真理教事件以後の日本社会における宗教伝道または布教の困難性を読み取ることができる。上記調査報告には、「信仰・信心」に関する調査結果に関し、「七〇年代後半、若者を中心に急増した『信仰・信心』は、九〇年代後半、すべての年層で急減した[6]」、と報告されている。また、その「信仰・信心」が「急減」した原因について、「オウム真理教事件によってもたらされた一種の宗教アレルギーによる可能性が強い[7]」、と要約されている。その意味では、わが国において、宗教行動をする人々の割合が低下した状況は、特定の宗教に限られたものではない。一般的に、九〇年代後半には、宗教一般を危険視するような「社会的雰囲気」、すなわち宗教的エートスが、わが国の宗教的な「執拗低音」となっているとみることができる[8]。

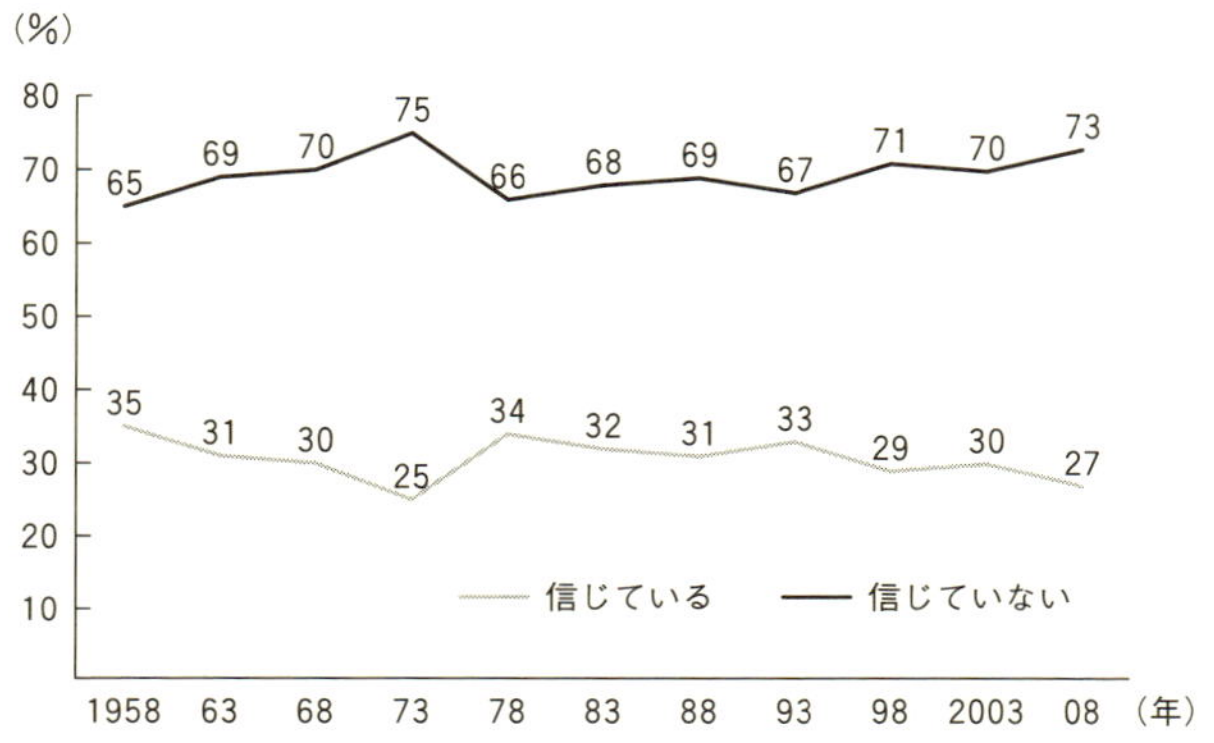

図3－1　宗教を信じるか

（出典）　統計数理研究所『国民性の研究　第12次全国調査――2008年全国調査――』（統計数理研究所　研究リポート99）2009年8月，65頁より作成．

ただし、統計数理研究所による「日本人の国民性」の調査によると、「宗教についておききしたいのですが、例えば、あなたは、何か信仰とか信心を持っていますか？」、という質問に対し、「信じている」と答えた割合は、一九五八年（三五パーセント）→一九六三年（三一パーセント）→一九六八年（三〇パーセント）→一九七三年（二五パーセント）→一九七八年（三四パーセント）→一九八三年（三二パーセント）→一九八八年（三一パーセント）→一九九三年（三三パーセント）→一九九八年（二九パーセント）→二〇〇三年（三〇パーセント）→二〇〇八年（二七パーセント）となっている（図3-1、「宗教を信じるか」、参照[9]）。一九五八年から二〇〇八年にかけて実施された五〇年間の調査データをみる限り、信仰や信心をもっていると答えた人の比率は、二五パーセントから三五パーセントの範囲内であり、実質的には、大きな増減の幅はないといえよう[10]。

今日の宗教布教の困難性を説明する第二の理由は、戦後日本の教育政策から推測可能であるとされる。わが国においては、戦後、教育界において、児童・生徒各個人の宗教には寛容であるべきで、宗教的・政治的側面に対し、できる限り中立的でなければならないという方針が打ち出されてきた。その意味で、わが国の公教育においては、第二次世界大戦後、宗教教育を意図的に避けようとする教育方針が堅持されてきたといえる。(11)このような宗教や政治に対する態度は、戦後、程度の差はあれ、一貫して日本社会の基層に存在し続けてきたのである。一般的にいえば、戦後、教育現場において、特定の宗教が話題として取り上げられることなどありえなかったといえよう。(12)

「信仰・信心」の割合が低下した第三の理由は、社会全体の「世俗化」の伸展と関連していると思われる。(13)

宗教集団は、IT社会における今日、情報戦略を積極的に用いて、布教を試みようとしている。近年、「インターネット宗教」が盛んになってきた様相は、宗教の「非聖化」の特性を示すものといえる。(14)インターネット宗教の研究者、黒崎浩行(一九六七―)は、「現代のメディア・コミュニケーションにおける宗教的共同性」の研究において、インターネットの伸展によって、宗教における社会関係が大きく変化していることを指摘している。(15)

宗教忌避傾向について理解するためには、上記、三点のみを考慮しても、今以上に、新しい宗教が日本社会に受け容れられる可能性は、かなり少ないと思われる。

さらに、一つ、宗教衰退の理由について付言しておこう。例えば、九〇年代の後半から二一世紀初頭、わが国においては、デフレ圧力による経済不況によって、失業率の増大が問題となった。通常、経済不況にみられるような社会経済的側面における後退期は、宗教行動をする人々が増加するとされる。(16)それは、宗教社会学者の西山茂(一九四二―)が、社会経済的状況と宗教の盛衰について言及する過程で、「わが国の近代化には、大別して、明治初年に始まって明治末・大正期に一段落した『第一の近代化』と、第二次世界大戦後に始まり高度経済成長後の一九七〇年代初頭に一段落した『第二の近代化』とがあり、その『二つの近代化』の一段落期に、不思議に、神秘・呪術ブームと〈霊＝術〉系新宗教の流行が起こっている」と指摘しているとおりである。(17)

なかでも、西山の指摘する「第一の近代化」が始まる直前、江戸時代後半、日本社会に様々な創唱宗教が成立する。その時代的特質として、研究者たちは、そこに社会的な閉塞状況が存在したことを報告している。日本民衆思想史の研究者である安丸良夫（一九三四―）は、その著『出口なお』において、「貧しいなおたちの生活ぶり」を検証しながら、なおが、子どもたちの「発狂」を契機として、「神がかりへとすすんでゆく」状態、大本教を立教していく過程を、江戸末期の社会・経済的な閉塞状態のなかに位置付けている。(18) 出口なお（一八三六―一九一八）は、貧しさのなかで、神がかりとなっていく。天理教教祖となる中山みき（一七九八―一八八七）は、同じような苦難をともなう社会状況のなかで、親神天理王命《おやがみてんりおうのみこと》の召しに従って立教している。(19)

通常、人間にとって、貧しさや苦難のなかで、純粋に宗教活動のみに生きることは困難である。出口や中山のように苦難のなかからの立教の例は例外であり、むしろ極貧の状況においては、人間は、苦境から脱却する行動、例えば日ごとの食料を手に入れるような行為を優先させるであろう。(20) 極貧状態のなかで、宗教的精神性を高めるような、宗教的な、いわば高度な価値合理的・精神的営みを選択し優先させることはきわめて難しいといえよう。

経済的不況下においても、純粋に宗教活動に専念できる人々は、存在するのであろうか。確かに、経済不況の社会においては、剝奪された社会的な諸条件の回復や獲得のために、宗教に帰依しようとする人も増えるであろう。人間は、経済的困窮にあるとき、宗教に帰依する以前に、生計のために働かざるを得ないであろう。要するに、経済的な閉塞状況においても、宗教運動が活性化する側面を否定することはできない。とはいえ、二一世紀初頭に限っていえば、日本社会における経済不況は、一般に、宗教運動を抑制する方向に働いていると思われる。

二　キリスト教のエートスと日本人の「宗教感覚」

二十世紀末から二一世紀にかけての民衆の宗教忌避傾向と、経済不況状況における宗教動向から、日本社会における宗教布教の困難性について一瞥した。このあとは、このような宗教的状況におけるキリスト教に焦点を当て、わが国におけるキリスト教伝道の可能性をめぐって理解を深めていきたい。

キリスト教は、一神教であり、この世に、唯一の神しか存在しないということを強く主張する。そのような一神教的特性は、わが国の多神教的風土の宗教性・宗教的エートス（精神的雰囲気）とは根本的に異なる。[21] 聖書には、「あなたがたは食べるにしろ飲むにしろ、何をするにしても、すべて神の栄光を現すためにしなさい」（「コリントの信徒への手紙　一」一〇章三一節）とある。キリスト教は、人間生活の全領域において、神に栄光を帰すことを要求する。すなわち、キリスト教は、有神論的世界観を根底にもっている。キリスト教においては、聖書の神の主権性が、人々の全生活領域を通して打ち立てられるべきであるとする。言い換えると、キリスト教は、信徒に対し、神のみを信仰の対象とする世界観と、それに基づく態度・行動を要求する。いうまでもなく、それがキリスト教のエートスを形成しているのである。キリスト教は、日本社会の多神教的な宗教性とは、宗教的エートスにおいて明らかに異なる。したがって、キリスト者の思考は、唯一の神と人間の間の徹底的な差異を前提として構成される。一神教的なエートスの根底には、人間や自然を超越した神が厳然と存在しているのである。

キリスト者といえども、一神教的「神観」[22]をどのように強く所持しているかについては、人によって、またその人が住む地域によって強さは異なる。しかし、一神教的な風土における人間の営みは、聖書に示されているように、「何をするにしても」、唯一の神との関係のなかで進められる。周知のとおり、一神教のエートスは、キリスト教世界の他にも、ユダヤ教社会やイスラーム社会に存在する。[23] 一方、わが国の宗教においては、人間が神になることもできる。その宗教的特性は、様々なものが、神として、〈ホトケ〉として、絶対者となり、まつり上げられるという多神教的世界観を基調としている。[24] 一神教の世界においては、被造物である人間が神になることはない。そこでは、創造者と創造された被造物の間に大きな差異が存在する。このような単純な宗教比較を通しても、多神教の世界と一神教の世界は、宗教的特性において異なる。その意味において、一神教としてのキリスト教は、日本社会における宗教とはその特性において根本的に異なるのである。わが国においては、人々は、人生の各段階に応じて、自らの要求を満たしてくれる多様な宗教に帰依してきた。多くのキリスト教研究者・実践者が、伝道の困難性を問題にするとき、そこには、「神観」の違いが存在していることを繰り返し述べている。「神観」の違いとは、唯一の神の存在を前提とし、唯一の生ける神のみを信仰の対象とする一神教と、あらゆる神的なものを崇拝の対象とする多神教の違いに発するものなのである。

総人口の約九割がイスラーム教を信仰するとされるインドネシアにおいて、一〇年間、キリスト教の宣教師、神学校の教師として働いた入船尊（一九三四―二〇〇一）は、その経験を通して、「福音は人間を幸福にすると、どんなに強調しても、聖書的神観の確立をめざさないなら、イエス・キリストの福音が、日本人の精神に深く根づき、変革するにいたらないでしょう(25)」、と述べている。入船は、インドネシアには、「生ける神」であるアッラーを絶対として、偶像崇拝を徹底的に排斥するイスラームの一神教的世界が存在するのに対し、日本社会にはそれがないということを彼の著作の各所で指摘している(26)。それは、入船が、日本宣教に取り組む過程において、「福音は、生ける神との関係の中で成り立ち、神をいよいよ明確に知ることによって理解されるべきものです」（傍点、引用者(27)）、と語っているとおりである。入船は、この意味で、インドネシアと比較しながら、わが国の多神教的な土壌に聖書の唯一の神を根付かせることの困難性について述べたのである。そのために、入船は、インドネシアにおける宣教師を経験して、多神教的風土の日本にキリスト教の「福音」を伝えるためには、何よりも一神教の「神観」を確立させることが肝要であると指摘したのである(28)。

日本社会の多神教性に由来する「神観」の理解に関連して考察すべき論点は、また、宗教生活全般に関連した思考のレベルの問題でもある。宗教学者山折哲雄（一九三一―）は、その著『日本人の宗教感覚(29)』において、「日本人の宗教(30)」や「日本人の信仰」ではなくて、「日本人の宗教感覚」という言葉を用い、日本社会の宗教的特性を問題としている。山折は、日本の多くの研究者たちが、日本社会の宗教を、「論理の次元で整理したり分析したりしようとしてきた(31)」と述べ、その反省のうえに、「『宗教』や『信仰』の領域を占めるものの大半が、そもそも感性のレベルで発芽し成長していくものである(32)」と指摘している。つまり、山折によれば、日本人の宗教は、その「論理」の構造からとらえられるべきものではなく、日本人特有の「宗教感覚」から理解されるべきであるとする。山折にとって、日本人の宗教性は、「論理」ではなく、「感性」のレベルに、「こびりついている」ものなのである。この点について、山折は、次のように述べている。

> もっとも、一口に日本人の他界観や神観念とはいっても、複雑な要素がからまり合っている。しかしながらそこに一貫して流れている共通の観念は、人間が死ねばその霊魂は肉体から分離して他界に再生するということであった。すなわち霊魂はやがて先祖神となって、現世の子孫を守護し幸福を見守ってくれるという祖先崇拝がそれである。また、（中略）、他界と現世は断絶しているのではなく、祭りや神行事を通して往き来が可能な一続きの関係にあると認識されてきた（傍点、引用者）[33]。

この山折の視点は、「なぜキリスト教は日本に根づかなかったか」[34]、という山折自身の問に対する答にもなっている。

それは、山折が要約しているように、日本の宗教は、祖先崇拝を重んじる霊魂観、祖先観などの、人間の「感性」の問題に強く関連しているからである。日本人の宗教は、一神教的世界において、正典が指し示す「言葉」によって、「論理」的に定義されたようなものではない。それは、日本人が、先祖代々、身につけてきた祖先敬慕の「感性」であるともいえる。それは、入船が指摘した「神観」とはまったく異なる。その「感性」は、山折の指摘する、キリスト教の「論理」のレベルではとらえきれないものなのである[35]。日本の宗教性は、特に、民間において行われている宗教一般の特性に限っていえば、いわば、感性を通して理解することができるのである。

それに対し、キリスト教はじめ一神教は、「論理」のレベルの宗教である。キリスト教においては、聖書の文言や意味を厳密に解釈する釈義によって、その内容が吟味される。そのことによって、神とは、子なる神であるイエス・

キリストとは、聖霊なる神とは、人間とは、人間の罪とはどのようなものかについて、聖書の「論理」に基づいて教えられる。キリスト教は、その「教理」、すなわち宗教的論理を、「信仰問答」を通して、子女に幼いときから論理的に叩き込む。一方、日本社会においては、人々は、信仰する宗教の対象が何であるかなど問題にはしないのである。むしろ、単純に、祖先の霊〈ホトケ〉を含め、神的な存在に対して、感性的に「手を合わせる」ことから教えられる。しかし、キリスト教は、新旧両約聖書六六巻に代表される論理的な宗教であり、聖書に啓示された内容については、言語を通して理解するという論理的な宗教であることを否定することはできない。

三　「思考の枠組み」としての「心」と、キリスト者と非キリスト者の「共通領域」

世界的なキリスト教宣教学者ルドルフ・ボーレン（Rudolf Bohren, 1920–）は、ある神学講演会の後、「日本の教会について、感想を述べていただきたい」という筆者の問に、「日本の教会については、十分なことは分からないが、「義」に対する飢え渇きがなく、自己満足している」、と指摘した。[36] ボーレンの忌憚のない応答は、聴衆全体に衝撃を与えた。聴衆は、わが国における「義への飢え渇き」の欠如という指摘に対し、同意せざるを得ない状況を嘆いていた。それは、わが国のキリスト教信仰者たちが、日本の多神教的また汎神論的な「宗教感覚」にさらされつつ、「義への飢え渇き」もなく、キリスト者として生きていることを指弾するものであった。しかし、神の「義」とは何かというような論理的な視点は、日本社会においては、キリスト者といえども容易に理解できるとは思われない。なぜなら、おそらく、日本的宗教風土においては、神の「義」という「論理」は存在しないと思われるからである。[37] また、それは、日本的な「宗教感覚」から理解することは困難と思われるからである。

このキリスト教の社会と、日本的「宗教感覚」の相違については、キリスト教哲学の春名純人（一九三五—）が、キリスト者と非キリスト者の「思考の枠組み」を決定する「心」に関連し、考察している論点が示唆を与えてくれる。具体的には、キリスト教入信に関して例示すれば、それは、受洗または信仰告白した「再生者」と入信していない

「非再生者」の間には、「心」という点において相違があるという視点である。[38]

春名は、キリスト教においては、「再生者」と「非再生者」の間には、イエス・キリストにおける贖いの業にあずかっているかどうか、すなわち、「思考の枠組み」として最も根底にある人間の「心」という点において、決定的な相違が存在することを指摘している。人間に関連するすべての行為や構築物が、人間の「心」に起源をもつとするなら、「再生者」と「非再生者」の間には、決定的な「心」の部分における「相違」、あるいは「対立」が存在することになる。しかし、春名が指摘した点において注目すべきは、キリスト者と非キリスト者との関係は、「心」（すなわち「思考の枠組み」の原点）に関する「対立」という点のみにおいてとらえるべきではない、という点にある。それは、言い換えると、キリスト者と非キリスト者の間に共通する部分にも着目すべきであるという点にある。両者の「相違」、すなわち「対立」のみを強調する視点においては、おそらく日本社会におけるキリスト教伝道の可能性は出てこないであろう。しかし、春名は、両者の間の共通する「関係」に着目する必要があることを指摘した。その「関係」とは、神はすべての人々の上に「一般恩寵」[39]を与えられているという視点である。それは、日本人の感性と聖書の論理をつなぐものであるということができるかもしれない。

キリスト者であろうと非キリスト者であろうと、世界には、神学の分野で「一般恩寵」といわれる「共通領域」があり、その点において、両者には「共生」[40]の可能性が存在する。確かに、キリスト者と非キリスト者の間には、「思考の枠組み」において決定的な「対立」がある。その隔絶した世界を埋めることは、おそらく人間にはできないのかもしれない。しかし、非キリスト者も、「宗教の種子」[41]をもつものとして、聖書を読み、聖書にとらえられることもあろう。現に、わが国のような異教的な社会においても、多くのキリスト者が、イエス・キリストの復活を信じ、信仰生活をおくっている。それは、明確な思考のレベルの「対立」のなかにも、「共通領域」が存在することによって可能となったといえる。例えば、キリスト者であろうと非キリスト者であろうと、全ての人々の上に雨は降る。日本社会における宗教性とキリスト教の間には、「思考の枠組み」に関連し徹底的に隔絶した関係があるとしても、そこには、「共通領域」がある。それこそが、わが国のように、キリスト教的には異教的とされる社会に生きる人々にも、キリスト教を伝えることができる根拠である。

キリスト教結婚式のブームやクリスマス行事は、戦後のわが国には、どこにでも見ることのできるものとなっている。日本人の三分の一は、何らかの形でキリスト教学校と関係があるともいわれる。そのような、社会状況を想起するとき、「共通領域」という視点から、日本社会にも、全く異質なキリスト教を根付かせていく可能性を考えることができる。キリスト者は、非キリスト者の神的な感覚や、彼らと共通する社会状況を確認させることを通して、人々を救いという「特別恩寵」の世界に導き入れることが要請されている。また、非キリスト者の「法の種子」に訴えることを通して、「市民的正義や諸学の建設の可能性」[42]をもとに、神の栄光のために働く人々を一人でも増やすことが求められているのである。

このように、キリスト者の視点と、わが国の宗教のもつ特性の間に、「思考の枠組み」に関連して、厳然とした「対立」を認めるとしても、両者には、多方面において「共通領域」があることを忘れるべきではない。キリスト者が非キリスト者のなかに埋没してしまうなら、そこには、「伝道」の可能性は出てこない。それは、キリスト者が、この世に同調してしまうことを意味している。この世に同調しつつ伝道を進めるために、キリスト教の立場をあえて明確にしないという伝道方法もある。しかし、使徒パウロは、また、「わたしたちは理屈を打ち破り、神の知識に逆らうあらゆる高慢を打ち倒し、あらゆる思惑をとりこにしてキリストに従わせ」（「コリントの信徒への手紙　二」一〇章四―五節）ることの大切さについて言及している。[43]

まず、キリスト者は、非キリスト者との相違点、すなわち、「思考の枠組み」の「対立」を理解する必要がある。しかし、次には、キリスト者の視点へと一方的な変容を迫るのではなく、また非キリスト者の立場に同調するのでもなく、非キリスト者の立場を理解しながら、「共生」しつつ、福音宣教の業を組み立てていくことが求められている。

おわりに――日本人の「精神風土」と伝道の困難性

最後に、キリスト教哲学・社会倫理学者、山中良知（一九一六―七七）の福音宣教の課題に関する視点を引用しておこう。山中の論点を理解することは、キリスト者と非キリスト者の間に存在する、「共通領域」をもとにしたキリスト教伝道の可能性に関し、一つの視点を提示してくれる。山中の視点は、福音宣教の将来的可能性について示唆に富む。

日本カルヴィニスト協会会長、日本福音主義神学会理事長を務めた山中は、その論文「日本人の思惟構造と福音宣教の伝道方法」(44)において、日本人の精神風土に二つの視点があることを指摘している。一つは、「日本人の汎神論的精神風土」と、他の一つは、「『恥の文化』的精神風土」の二点である。(45)

山中は、「汎神論的精神風土」の特性について、三点指摘している。第一は、日本人が、「すべての異質の思考と生活様式を容易に受け入れる」(46)特性があること、第二は、異質のものを「すべてを断片化して摂取する傾向」(47)があること、第三は汎神論的風土が「集団の中心的位置を規定する」(48)傾向が強いことである。

この山中の指摘に従えば、キリスト教有神論の特質は、日本の社会的風土とはなじまないという結論に達する。それは、すでに述べたキリスト者と非キリスト者の「対立」を意識した論点に基づく結論である。ただし、山中は、日本人が、異質の思考を容易に受容することに関連し、日本人は諸外国のものを広く受け容れるが、また一方で、「自分の理解の範囲外のことをすべて切りすて」(49)、聖書のような体系の理解には至らないと指摘している。言い換えると、日本人は、理解できるものは容易に取り入れるが、理解困難な事柄には心を開こうとしない傾向があるといえる。(50)この意味において、一般に、日本人は、キリスト教に接することはできても、その真髄を理解することは容易ではないということができよう。また、文化を「断片化」して受容することに関連し、山中は、日本人が、キリスト教教理などを体系的に理解すること、すなわち聖書を、その全体像から把握することは不得意であることを指摘している。(51)

山中は、また、日本社会における「汎神論的精神構造は無神論的精神構造に直結する」[52]可能性があることも指摘している。この無神論性については、擬似宗教的な事柄に熱中する日本人の「汎神論から移行した無神論の擬似宗教化」[53]の現実をみれば明らかである。

山中は、さらに、「『恥の文化』的精神風土」[54]について、日本人が「倫理の『かたち』を尊ぶ特色」[55]があると述べている。山中は、「『かた』『かたち』を尊ぶことと、神の前で人がどうであるかを、自らの魂のなかに深く反省することは、全くことなる」[56]、と指摘している。これは、アメリカの社会学者デービッド・リースマン（David Riesman, 1909–2002）が、『孤独な群衆』[57]において述べているように、山中のいう「『かた』『かたち』を尊ぶ」ことは、「他人指向型の人生（The Other-directed Round of Life）」の特性でもある。そのような社会は、周りの人々の「かた」に自分の行動を同調させようとする行動規範が優先される社会でもある。[58]それは、日本人全体を通してみることのできる宗教的な「同質性」を要求することにつながる。そのような社会は、日本人が、一神教の神のような存在にとらえられるよりも、むしろ隣人との関係のなかで、同質的な「宗教感覚」のなかに生きていくことを望んでいる、と結論できる。しかし、また、逆にいえば、他者を意識する傾向が強い日本人に対し、キリスト者による教会への誘いの言葉には、誘われた者にとって無視できない力が働くことにもなる。キリスト者のなかには、おそらく、そのような人間関係にとらわれてキリスト教へと回心した者も多数あるであろう。

これらの山中の論点は、日本における「福音宣教の伝道」の困難性を要約的に示すものである。しかし、すでに問題にしたが、キリスト者と非キリスト者の差異を明らかにするだけでは、福音宣教の可能性は出てこない。必要なことは、キリスト者は、その存立の基盤を明確に理解し、福音宣教の対象としての日本社会の特性を知り尽くし、伝道の困難性の現実を認識しつつ、福音を伝えることに努める必要がある。その際に、まず、わが国における厳しい宗教忌避傾向をも理解するとともに、日本社会の「思考の枠組み」の特性を明確に理解する必要がある。要するに、キリスト教と日本社会の「共通領域」をにらみながら、伝道の可能性を探る努力が必要とされているのである。

二節　阪神・淡路大震災と聖書
――震災後の光と「底力」――

はじめに(59)

一九九五年一月十七日、早朝五時四六分。神戸・阪神地区を中心に、死者六四三四人、全半壊の住宅戸数二五万棟という甚大な被害、それにともなうトラウマ（精神的外傷）を多くの被災者に残した阪神・淡路大震災が起こった。「聖書愛読こよみ」（日本聖書協会発行）のその日の箇所を読み終えて、短い祈りをささげた後、ある宗教雑誌のための原稿に向かっていた。それは、宗教的「癒し」を特集として編まれるものであった。(60)「あっ、地震か、ゆれているなあ」、と思った瞬間に、電燈が消えて真っ暗闇となった。地震による揺れの時間の長さを感じながら、部屋から出ようとした。窓ガラスを叩き割らねばと思ったが、窓が開いた。その瞬間に、多くの方々が倒壊した家屋や土砂の下敷きとなられた。

「災害が過ぎ去ったあと(61)」、あっという間に時間が経過した。あの日のことを忘れない。愛する家族や隣人、住居をなくされた方々、その「喪失感と悲嘆(62)」、深い心の傷を誰が癒すことができようか。

朝、反射的に、教会に行く。会堂は、壁の漆喰が一部はがれている程度で大きな被害は受けていなかった。すでに牧師夫妻が片付けをされていた。全壊に近い被害を受けながらも駆けつけている医者の会員夫妻がいた。ひとまず教会が倒壊しなかったという「安堵感」をもって、今度は妻の祖母を訪ねた。半壊居住不能で、祖母は近隣の小学校に避難する直前であった。祖母を、わが家までどのようにして連れてくるかを考えた。タクシー探しに走ったが、停まってくれる車はなかった。あきらめ半分のとき、自家用車に荷物を積み込み、被災した家から引っ越ししようとされていた隣家のご主人が、積み込まれていた荷物をわざわざ下ろして、祖母をわが家まで乗せて来てくださった。晩年に洗礼を受けた祖母は、友と語らい、聖書を学ぶことと俳句をつくることが楽しみであった。所属教会の牧師と教友の手厚いお世話をいただきながら、百一歳にもかかわらず自分のことはすべて自分で行うことのできる気丈の祖母であった。わが家でのなれない生活とストレスのためか、二月二十日早朝、地震から約一カ月後に、脳梗塞で天の御国へと旅立っていった。

その朝、祖母の母教会の牧師、教会の親しき友が来て下さった。大地震後の混乱さめやらぬ神戸の地で、教会に属していた祖母は、敬愛する牧師と教会の支援を受けて葬られた。まだ多くの行方不明の方々がおられたときであった。

あのときの日々を想う。飲み水が出るという情報をつかんで、無我夢中、水汲みに走ったこと。入手可能数制限つきの食料をもとめて、スーパーに走ったこと。世界各地の友人から、励ましの電話をいただいたことなど。しかし、何よりも、今もなお、深い心の傷から癒されることもなく、悲しみとともに生きておられる多くの方々がおられることを。

一　所属教会の被災

わが家の周りの家々も、多くは半壊状態であった。所属教派日本基督改革派教会の各教会も被害を受けた(63)。所属教派の「阪神大震災対策拡大委員会報告(64)」、および「阪神大震災対策拡大委員会・会計報告(65)」には、大地震の被災状況とともに、改革派教会が「大会」（包括団体）としてどのような対策に動いたかが詳細に報告されている。

上記記録によれば、改革派教会全体（ほぼ一一〇の教会・伝道所）において、一〇教会、二伝道所、神学校が被災した。「日本基督改革派　阪神大震災被災調査　集計表（一九九五年五月十五日現在(66)）」は、その内訳として、「持ち家全壊」四〇棟、「持ち家半壊・居住不能」三棟、「借家全壊」一五棟、「借家半壊・居住不能」七棟、合計六五棟が居住不能状態となったことを報告している。「持ち家一部損壊」で修理必要と認められる件数は、七九にのぼっている。家財損失については、「全部失われた」という一〇件を含めて、合計一三九件となっている。

筆者の所属教会は、神戸市東部の阪急神戸線六甲駅の北に位置する神港教会である。(67) 一九九五年一月当時、神港教会は、教会の近隣に居住する「現住会員」総数二一六（陪餐一六九、未陪餐四七）、「他住会員」総数四七（陪餐二七、未陪餐二〇）、「現住会員」総世帯数一二一の教勢であった。筆者は、日本基督改革派「阪神大震災被災対策委員会」の求めに応じ、教会役員会（「小会」という）の書記として、教会内の「阪神大震災被災調査書」（一九九五年三月五日付）を作成した。その資料において、神港教会現住会員世帯数一二一のうちの四二世帯（約三八パーセント、他住一世帯含む）が甚大な被害を受けたことを報告した。その四二世帯は、神港教会現住陪餐会員総数二一六名のうちの七〇名（約三二パーセント）に相当し、うち全壊三三、半壊居住可能八、半壊居住不能二一、一部損壊九であった。後に、時間の経過とともに、阪神地区に居住する教会員のほとんどが、多かれ少なかれ被害を受けたことが明らかになっていった。神戸における教会のシンボル的存在、神戸栄光教会が倒壊しているというニュースも伝わり、被害の大きさを実感したのであった。

改革派教会全体ならびに神港教会の被災数値をどう読むかは、分析の視点の違いにもよるであろう。軒並み住居が倒壊し、震災後の火災で何もかもが焼失した地域に比べると、被災状況は軽微であったといえるかもしれない。しかし、上記のような簡単な資料によっても明らかなように、阪神地区のキリスト者の半数近くが、何らかの被害を受けたと結論できるであろう。ライフラインの完全回復まで相当な月日を必要としたのである。

このような未曾有の大災害に対して、改革派教会は組織をあげて支援に動いた。(68) 一九九五年一月十七日（火）の地震発生以後、ただちに十九日（木）には、有志の「被災教会対策委員会」が発足している。二十日（金）には、改革派教会の「大会執事活動委員会」によって地震関連の「ニュース一号」が発行され、「教会の被災状況報告、緊急募金の訴え」が行われ、同日「緊急災害援助金より三四〇万円」が被災教会に送られている。一月二四日（火）には、「大会執事活動委員会」と「西部中会執事活動委員会」が中心となって、神戸改革派神学校に「阪神大震災被災対策委員会」が設置され、三十日（月）には、同所に「現地対策本部」が設置されている。地震関連のニュースも、一月二六日、二月四日、八日と、次々と発行された。地震発生からわずか一週間のうちに、準備のまったくない状況から立ち上げられた被災者支援の組織とその営みは、背後の教会と牧師の祈りに支えられていた。

二　組織的な復興支援

二月二日には、北米改革派教会（ＣＲＣＮＡ）視察団が現地対策本部を訪問している。対策本部は、ＣＲＣＮＡから震災に対応するための「具体的救済計画立案の提言」を受け、これに基づき、大会議長は対策本部に「国内外に対して大会レベルで一本化した対策を講ずべく、阪神大震災の被災救済の原理と会堂再建も含めた募金目標額の設定とを盛り込んだ『阪神大震災被災救済計画』」を立案するように要請している。

二月六日には、日本基督改革派教会大会議長、常任書記長、西部中会議長、「阪神大震災被災対策委員会」委員長、「阪神大震災被災対策委員会現地本部」委員などによって構成される「阪神大震災拡大委員会」の第一回会議が開催された。そこで、現地対策本部によって起草された「阪神大震災被災救済計画」が決定されている。

改革派教会の「阪神大震災被災救済計画」[69]は、「前文」「（Ⅰ）救済理念」「（Ⅱ）救済対象教会・信徒の確定」「（Ⅲ）募金目標総額」からなる。

「（Ⅰ）救済理念」においては、「１．被災の大きかった教会堂修復を支援する」「２．被災信徒の生活環境の回復に向けて救済する」「３．上記１．２．とは別に教会員あるいは教会堂が何らかの形で被災した教会（友好教派・教会を含む）にお見舞い金を届け、主にある教会の祈りと励ましを伝える」「４．被害の大きな被災地域・並びに救援活動に、教会としても参与し援助する」とある。

「（Ⅱ）救済対象教会・信徒の確定」は、「１．会堂再建支援教会の確定」「２．被災信徒の確定」「３．見舞い金、支給対象教会」、以下略。

「（Ⅲ）募金目標総額」は、「1．会堂再建支援総額　二五〇〇万」「2．信徒救済総額　二五〇〇万」「3．見舞い金総額　八六〇万」「4．社会的援助総額　五五〇万」、他に「5．現地本部事務費」の、合計六四六〇万円と定められた。

この「阪神大震災被災救済計画」に従って進められた支援募金は、「阪神大震災対策拡大委員会・会計報告」[70]に明らかなように、九五年七月末、改革派教会一三六教会（三九二口）、個人九三名（一〇一口）、他教会・団体四四（四八口）、合計一億三三八八万三〇九〇円にのぼった。その後も追加分として多額の献金が寄せられ、翌年の四月には、献金入金総額が一億五〇八二万五七六八円となったことが報告されている。[71]これだけの短期間に、募金目標額の倍以上の一億五〇〇〇万という貴い献金が寄せられたことは、キリスト者の祈りなしには不可能であった。スリランカやミャンマーの小さなキリスト者の群れからも、多額の献金が送られてきたことが報告されている。

このような教会の震災復興にかける取り組みは、教派を超え、教会を超えて行われた。その祈りの支援は、どれほどの励ましを各個教会に与えたことであろう。被災者の支援の業に参画された世界中の兄弟姉妹は、「仕える者」（「マタイによる福音書」二〇章二六節）、「奉仕者」（「ローマの信徒への手紙」一六章一節）であったといえよう。

三　震災後の光と「底力」

地震後の一年を振り返り、ある牧師は、次のように感想を述べている。

人間がいかに独りよがりの根拠のない安心感の上に生きているか、そのことを見せつけられたことの衝撃です。そのような人間の愚かさを、聖書は至るところで警告しているのですが、改めてそのことを聴かねばならなかった、人間というものの愚かさの確認です。これ以上安全で、美しい街はないと思っていた、実にそこが、一瞬にして変わり果てたのです。(72)

震災は、「個人や社会の対応能力を超えた不可抗的な出来事や状況(73)」となって現れたが、震災後、内外の教会の支援を通して被災者は徐々に「光」を見出し始めた。

信徒は、試練のなかにも神のご恩寵に感謝した。教師は、冷静に教会と信徒の状況を判断しながら、悲しむものを慰めつつ信徒への悔い改めのメッセージを語り、教会の復興に力を尽くした。信徒と教師が一丸となった教会全体の復興にかける祈りは、次の四つの論点を基礎にもっていたと考える。それは、震災後、教会に大きな「光」となった。

その第一は、教会員全体が、「聖書が至るところで警告している」という視点への思いに導かれたことである。言い換えると、それは、「人間というものの愚かさ」と弱さの確認であった。それは、生まれて初めて経験した大地震の大きな力に対する畏れに発する祈りではなかったであろうか。人々は、高速道路や新幹線軌道さえ押しつぶされるような、圧倒的な力の前に茫然と立ちつくした。人間は、創造されたすべてのものを「良しとされた」(「創世記」一章)神の意志に反し、自らの力を信じ、思いどおりに工作物を作り上げてきた。大地震がもたらした多くの犠牲者と悲しみを忘れることはできない。しかし、その悲しみを思いつつも、キリスト者は、人間の本質的な愚かさと自らが救いの必要な存在であることに再び目覚めさせられる思いであったのではなかろうか。

第二は、震災の試練のなかにも、キリスト者には支えられているという日々への感謝があった。現実は、余震の恐怖のなかで睡眠をとることもできなかった。「メディアが伝えるべきものを伝えきっていない(74)」状況のなかで、避難所生活を経験した人々は、困難な生活を余儀なくされ、今後の生活を思いやりながら悲嘆にくれた。人は、絶望の淵に立たされるときに何を考えるのであろうか。詩編の詩人は、「わたしの魂は恐れおののいています。主よ、いつまでなのでしょう」（「詩編」六編四節）と、神への思いを叫んでいる。しかし、震災後、そのような窮地にあっても、人々の心には、少なくとも今も生かされているという感謝の念があったのではないであろうか。特に、キリスト者の思いは、神への常に変わらない感謝であったと思う。それは、ひたすら地震からの復興を願って、素直に神に仕えようとする思いへと昇華されたのであろう。

震災前年に、大手術も経験したキリスト者の兄弟は、自宅全壊状況のなかで打ち砕かれてしまいそうな思いのなかにも、イエス・キリストによって慰めと励ましを受けたとしばしば語った。そのたびごとに引用した聖書は、きまって二つの箇所からであった。一つは、「あなたがたを襲った試練で、人間として耐えられないようなものはなかったはずです。神は真実な方です。あなたがたを耐えられないような試練に遭わせることはなさらず、試練と共に、それに耐えられるよう、逃れる道をも備えていてくださいます」（「コリントの信徒への手紙　一」一〇章一三節）。また一つは、「ヘブライ人への手紙」一二章一―一三節から、特に五節「わが子よ、主の鍛錬を軽んじてはいけない」であった。

第三は、様々な場面で語られ、語り尽くされた論点である。それは、「共生」の視点である。被災者同士には、「共」に被災者となったという思いに発する「われら感情（our-feeling）」があった。さらに、「共」に悲しみを乗り越えていこうという思いをもっていた(75)。一方、被災をしなかった世界中の人々は、「共」に被災者を支援しようとした。それは、悲しみを分かち合い、被災者を助けたいとの思いから発する祈りとなった。そのために、自ら休暇をとり、生活も独自に整えながら、ボランティア活動に励む多くの人々が群れとなって神戸に参集された。それは、多かれ少なかれ自己犠牲をともなうものであったであろう。震災の年は、「ボランティア元年」と呼ばれた。全国からの救援ボランティアの姉妹たちが、母教会の聖書学校教室に寝泊りされながら活動を続けられていたことを思い出す。「共」に生きようとする思いは、震災後の復興のために大きな力のうねりとなった。

キリスト者にとって、震災後の「光」の最大のポイントは、次の第四の論点かもしれない。それは、第三の論点にも関連する「共」にあるという視点である。それは、神と「共」にあるということである。神が、復興へと押し出してくださり、神が「共」に歩んでくださるという確信である。それは、神が、「共に苦しんでくださる」という視点かもしれない。それは、使徒パウロが、「同様に、〝霊〟も弱いわたしたちを助けてくださいます。わたしたちはどう祈るべきかを知りませんが、〝霊〟自らが、言葉に表せないうめきをもって執り成してくださるからです」（「ローマの信徒への手紙」八章二六節）とあるように。

おわりに――「宗教の持つ底力」

震災後を振り返り、キリスト教会が復興に果たした役割は、キリスト教信仰の「底力」の表出であったという気がする。日本全国に八〇〇〇以上のキリスト教会があるとされるが、その結集された数々の祈りは、被災教会に、またそのなかで神の栄光を讃える人々に力強い「光」となって届いた。いまだ心の傷は癒し得ないかもしれないが、被災したキリスト者は、神に願い、神から多くの慰めを与えられたに違いない。それは、日々、聖書を読むことを通して与えられる賜物であった。聖書を通して得た慰めは、震災後のキリスト者の「光」そのものであった。それは、何ものにも代えがたい「支え」であった。聖書を読むことを通して、「あなたがわたしと共にいてくださる」（「詩編」二三編四節）という確信が与えられ、慰め励まし続けられたのである。どのような喪失感や悲嘆、ストレスのなかにあろうとも、神が「共」におられるという思いのほかに強い支えがあるだろうか。

震災後の復興状況を宗教社会学的視点から丹念に分析した三木英は、「多くの宗教団体」が行った震災復興支援活動に関し、「宗教の持つ底力を感ぜずにはおれない」[76]（傍点、引用者）と述べた。キリスト教の「底力」は、「命のある限り」（「詩編」二三編六節）、神が「共」におられるという聖書の信仰にあった。それこそが、震災後の「光」であった。その「光」のうちに、キリスト者は再臨のイエス・キリストが来られることを思いつつ、どのような試練のなかにも復活の信仰をもって歩んでいくのである。

注

（1） 本節は、「日本証券奨学財団二〇〇〇（平成一二）年度研究調査助成金」による研究調査「神頼みに関する宗教社会学的研究」の一つの成果報告でもある。山折哲雄『日本人の宗教感覚』NHKライブラリー、一九九七年、参照。山折は、日本人の宗教性を問題にするとき、「宗教感覚」という用語を用いてアプローチしている。その理由として、彼は、日本人の宗教を「論理」の次元では分析できないからであると述べている（同書、二八六頁）。筆者は、これまで、「宗教性」という用語を用いて、日本の民間信仰について問題としてきた。その際、その「宗教性」という語を定義して用いてきたのではない。しかし、日本人の宗教的特性を説明しようとする場合、山折の指摘しているように、「宗教感覚」という用語の方が「宗教性」という用語より相応しいのではないかと考えるようになった。それは、わが国の宗教に関して、論理的に説明できないような宗教特性を説明するには、「宗教感覚」という用語の方が相応しいと考えるようになったからである。わが国の宗教的特性は、論理的に説明することのできないエートスに裏打ちされていると考えている。本章、注、(35)、参照。

（2） 拙稿「『思考の枠組み』の検証――宗教的エートス・規範・暗黙の了解――」、拙著『民間信仰に見られる宗教行動及びそのエートスの社会学的研究』（二〇〇〇年〜二〇〇一年度科学研究費補助金〈基盤研究（C）（2）〉研究成果報告書）、阪南大学、二〇〇二年、二〇―三五頁、参照。拙著『社会的エートスと社会倫理』晃洋書房、二〇〇五年、所収。本節の内容は、上記拙稿と重複する部分があることを断っておく。

（3） 世界的にみれば、地域全体が、キリスト教に改宗したというような例も存在する。

（4） オウム真理教は、後に「アレフ」、「アーレフ」、「Aleph」などと名前を変えながら、活動を続けているとされる。そこから枝分かれし、一人の幹部によって結成された「ひかりの輪」という団体も存在している。二〇〇九年十二月十日正午の「NHKニュース」報道によれば、その時点で、公安調査庁の発表データとして、一五都道府県に三〇活動拠点があるとのことである。

（5） オウム真理教事件以後、筆者の所属するキリスト教会においても、伝道に関連し、宗教を危険視する社会的風潮が日本社会に蔓延しているということがしばしば話題になった。

（6）　NHK放送文化研究所編『現代日本人の意識構造［第五版］』日本放送出版協会、二〇〇〇年二月、一三三頁。警察庁発表のデータによれば、全国の神社や仏閣への初詣客は、二一世紀に入っても、確実に増加傾向にある。二〇〇〇年八八一一万、二〇〇一年八八七五万、二〇〇二年八四九一万、二〇〇三年八六二二万、二〇〇四年八八八九万、二〇〇五年八九六六万である。二〇〇六年、九三七三万人である。二〇〇一年は、「過去最多だった昨年を約六四万人上回った」（『朝日新聞』二〇〇一年一月五日、夕刊）、二〇〇四年は、「統計の残る七四年以降、最多だった。天候に恵まれたためとみている」（『朝日新聞』二〇〇四年一月六日、夕刊）、二〇〇五年には、「神社・仏閣を訪れたのは八九六六万人で、統計の残っている七四年以降で最も多かった。景気低迷で神頼みの参拝客が増えたらしい」（『朝日新聞』二〇〇五年一月五日、夕刊）、と報道された。ちなみに、二〇〇七年は、「今年も昨年を四二二万人上回る九七九五万人だった」（『朝日新聞』二〇〇七年一月五日、夕刊）、とされる。二〇〇八年は、九八一八万人とされる（『毎日新聞』二〇〇八年一月八日、夕刊、「初詣過去最多の人出」）。この年も、「統計の残る七四年以降で最も多かった」（同書、『毎日新聞』記事）と報道されている。同じく、「警察庁」のまとめで、二〇〇九年は九九三九万人に上ったとされ（『読売新聞』二〇〇九年一月九日、夕刊、「『今年こそ……』神頼み最多」）、警察庁は、「好天が続いたことに加え、不況の影響で神頼みという人も多かったのではないか」と分析している（同書、『読売新聞』記事）。初詣客は、行楽地へ物見遊山に出かける人と同様であるととらえることもできる。しかし、その行動は、神仏への祈願を伴っていることにおいて、明らかに宗教行動である（表5–1、図5–1「正月三が日の初詣客の推移」、本書、一七三―一七四頁、参照）。

（7）　同書、一三六頁。ここでは、オウム真理教の影響と推測される宗教行動の減少は、「すべての年層に、そして〈お守り・おふだの力〉〈あの世〉のほか、〈神〉や〈仏〉にも及ぶなど、範囲の広いものであった」（同書、一三六頁）と、要約されている。その影響は、「すべての年層」に及び、「範囲の広い」宗教行動に影響を与えた。ちなみに、NHK放送文化研究所の調査（一九九八年実施）によれば、「『宗教とか信仰とかに関係していると思われることがらは、何も信じていない』という人が、突然、今回の調査で増えた」（同書、一三一頁）とされ、その「何も信じていない」値は、一九九三年（二四パーセント）→一九九八年（三〇パーセント）となったのである。この六パーセントという数値の変化は、オウム真理教事件以後の宗教忌避傾向を示すよき例であるかもしれない。同じく、NHK放送文化研究所の調査（二〇〇三年実施）では、「何も信じていない」値は二六パーセントとなっている。九八年の調査に比し、「何も信じていない」ものの比率はかなり減少しているといえる。なお、九八年の三〇パーセントについては、

「九五年のオウム真理教事件によってもたらされた一種の宗教アレルギーによる可能性が高い」、と説明されている。NHK放送文化研究所編『現代人の意識構造［第六版］』日本放送出版協会、二〇〇四年十二月、一三六頁、参照。

(8) オウム真理教事件以来、社会に強い宗教嫌悪の意識が広がっていることは、衆目の一致するところであろう。特に、九五年以降の宗教的状況には、宗教を危険視する「社会的エートス（精神的雰囲気）」が、マスコミによる報道などを介して醸成されてきていることは明らかである。「執拗低音」については、丸山真男「原型・古層・執拗低音——日本思想史方法論についての私の歩み——」、加藤周一・木下順二・丸山真男・武田清子『日本文化のかくれた形』岩波書店（岩波現代文庫）、二〇〇四年、参照。

(9) 統計数理研究所国民性調査委員会『第五　日本人の国民性——戦後昭和期総集——』出光書店、一九九二年、三二六頁。統計数理研究所『統計数理研究所レポート　八三　国民性の研究　第一〇次全国調査——一九九八年全国調査——』（第三刷）、一九九九年三月、七三頁。上記調査報告書には、「過去を振り返ってみると、第Ⅱ次（一九五八年）から第Ⅷ次（一九八八年）までの間で、この割合は二五％から三五％の間を推移する程度であまり変化はみられない」（統計数理研究所国民性調査委員会、八八頁）、と述べられている。その後に、「より詳しくいうと、第Ⅴ次（一九七三年）に二五％である以外は、一九五八年から一九八八年までずっと三〇％台前半であまり大きな変化はない」（同書、八八頁）、と指摘されている。九三年から九八年の変化は四パーセント減で、比較的大きな減少かもしれない。「第Ⅱ次」とは、「第Ⅱ次調査」のこと。他も同じ。二〇〇三年については、統計数理研究所『国民性の研究　第Ⅺ次全国調査——二〇〇三年全国調査——』（統計数理研究所　研究レポート　九二）、二〇〇四年、五一頁。

(10) 上記、統計数理研究所データの解釈について、筆者が、「宗教社会学の会」において、本節の内容を報告した際、統計データを用いた解析や分析に詳しい大阪大学大学院川端亮教授は、「一九七三年を無視すると、三二パーセント±三パーセントに入っているといえる。二～三パーセント程度の差は、サンプル誤差と考えることもできるであろう」、とコメントされた。

(11) 「教育基本法」（一九四七年三月三一日施行）には、「第九条（宗教教育）①宗教に関する寛容の態度及び宗教の社会生活における地位は、教育上これを尊重しなければならない。②国及び地方公共団体が設置する学校は、特定の宗教のための宗教教育その他宗教的活動をしてはならない」とある。

(12) 「国民の歴史」を問い返そうとする動きのなかで、日本の「民族」や「神話」を、『古事記』などを通して積極的に教育しようとする動きがある。

(13)「世俗化」は、社会の急速な情報化とも連動している。上記二つの理由は、かなりの確率で検証可能と思われる。第三の理由は推論にすぎない、ということもできよう。

(14) インターネットを用いて、宗教布教や宣伝を行っている宗教集団を想起せよ。宗教の「非聖化」とは、お経がテープで流されるような、宗教の「現代化」としてとらえられる。

(15) 黒崎は、「現代のメディア・コミュニケーションにおける宗教的共同性」について、次のように述べている。「メディアを介した日常的な社会関係の変化は、宗教にも新しい事態をもたらさずにはおかない。なぜなら、結びつくこと、集まることを自己充足的な目的とした活動が、メディア・コミュニケーションを通じてでも可能になり、ひとびとがそのために場所と時を同じくすることの特権的な意義が失われていくからである」(大谷栄一・川又俊則・菊池裕生編著『構築される信念――宗教社会学のアクチュアリティを求めて――』ハーベスト社、二〇〇〇年、八七頁)、と。インターネット宗教の現在的状況については、深水顕信「インターネット時代の宗教」、宗教社会学の会編『新世紀の宗教――「聖なるもの」の現代的諸相――』創元社、二〇〇二年、一〇〇―一三九頁、参照。

(16) 大村英昭・西山茂編著『現代人の宗教』有斐閣、一九八八年。特に、同書、西山茂「現代の宗教運動――〈霊=術〉系新宗教の流行と『二つの近代化』」(一六九―二一〇頁)、参照。

(17) 同書、一七六頁。西山は、また、「近代化の一段落期に特徴的な『非合理の復権』現象(神秘・呪術ブーム)に促されて」(同書、一七六頁)、新宗教が台頭してくることを述べている。西山は、また、「『二つの近代化』の開始期や推進期」(同書、一七六頁)に「流行《はや》った」宗教について考察し、開創年、発会年を提示しながら、その特徴的な教団として、天理教(一八三八[天保九]年開創)、金光教(一八五九[安政六]年開創)、創価学会(一九三七[昭和一二]年正式発会)、立正佼成会(一九三八[昭和一三]年開創)をあげている(同書、一七六―一七七頁)。

(18) 安丸良夫『出口なお』朝日新聞社、一九八七年、七四頁以下、「内なる声」、八〇―八一頁他、参照。

(19) 天理教については、『本稿　天理教教祖伝』の「第三章　みちすがら」において、教祖中山みきが、「貧」に落ちきる姿が、次のように記されている。「月日のやしろとなられた教祖《おやさま》は、親神《おやがみ》の思召《おぼしめし》のまにまに、『貧《ひん》に落《お》ち切《き》れ。』と、急込《せきこ》まれると共《とも》に、嫁入《よめい》りの時《とき》の荷物《にもつ》を初《はじ》め、食物《たべもの》、着物《きもの》、金銭《きんせん》に到《いた》るまで、次々《つぎつぎ》と、困《こま》って居《い》る人々《ひとびと》に施《ほどこ》された」(天理教教会本部『本稿　天理教教祖伝』天理教道友社、一九九八年、第二七版、二三頁。一部、現代表記に引用者訂正）と。この箇所においては、教祖中山みきが、自らのことは一切顧みず、次々と貧しい人々に施しをする過程が示されている。民衆は施しによって生活の糧を得ることはできたが、教祖自身は極貧の状態へと移行した。中山みきの徹底した施しは、「家財道具に至るまで施し盡されて」（同書、二五頁）、と述べられているとおりである。それは、以前は、「庄屋まで勤めた」（同書、二七頁）中山家が、完全に没落していったことを示している。その過程において、中山みきは、「親神の思召」のままに天理教を立教していく。これら大本教や天理教の立教の事例は、貧しさのなかにおける宗教の活性化、急激に進展する「生命の飛躍」を示すよき例であろう。

(20) A・H・マズロー、小口忠彦訳『[改訂新版] 人間性の心理学――モチベーションとパーソナリティ――』産業能率大学出版部、一九八七年、参照。いわゆる「欲求階層説」、参照。マズローは、「人間の基本的欲求はその相対的優勢さによりその階層を構成している」（同書、六〇頁）と述べている。民衆の最も基本的な欲求は、飢えを回避することなどの「生理的欲求」である（同書、五六頁以下、参照）。

(21) 拙稿「日本社会の宗教性――『生命主義的救済観』とカルヴィニズムの視点から――」、『阪南論集　人文・自然科学編』第三五巻　第四号、二〇〇〇年三月、一九九―二一一頁、参照。この拙稿は、拙著『社会的エートスと社会倫理』（晃洋書房、二〇〇五年）に加筆修正の上、再掲。拙稿「宗教ブームと宗教加入」、拙著『コミューンと宗教――一燈園・生駒・講――』行路社、一九九九年、参照。

(22) 「神観」とは、神をどう認識するかということを意味している。主に、キリスト教からの神観の研究については、酒枝義旗・野呂芳男編『神観の研究』創文社、一九七八年、が参考になる。

(23) ユダヤ教、キリスト教、イスラーム世界の神は、厳密には、それぞれ区別しなければならないであろう。とはいえ、同一の神を神とするということもできる。ユダヤ教世界で用いられる旧約聖書は、キリスト教においても正典（カノーン）である。また、イスラームの人々は、旧約聖書のなかのモーセ五書や、詩編を同一のものではないにしても、啓典として崇敬している。そのような啓典のなかで崇められるべき神は、同じ神であるということも可能である。尊崇されるべき預言者についても、モーセ、アブラハムなど、ユダヤ教、キリスト教、イスラームの世界において共通したものである。そのような社会で繰り広げられる信仰の営みは、明らかに唯一神を神とする有神論的なエートスの影響下にある。そこには、神が人間に求められた規範が強く生きている。神によって示された人間の行動規範は、永遠普遍のものとして、人間の全生活領域における思考と行動に対し決定的な影響を与える。

(24) 儒教研究の加地伸行（一九三六―）は、「日本人のいう〈ホトケ〉とは、儒教における〈死者の魂〉すなわち霊のことである」（『沈黙の宗教――儒教――』筑摩書房、一九九四年、二一頁）、と述べている。彼は、また、日本人の仏教観の根底について、「本尊の仏の他に、位牌すなわち死者のシンボルに対して〈ホトケ〉という気持で接している」（同書、二〇頁）、と述べている。このように、「死者の魂」は、日本人にとって崇敬の対象となっているのである。なお、加地は、「シャマニズムに溢れた東北アジア」の人々を、宗教的に納得させるには、「お墓」、「祖先祭祀」、「葬儀」が必要であること、また、「日本においてキリスト教の教勢が伸びないのは、こうした三者、とりわけ前二者を認めないのが大きな理由の一つである」（同書、五〇頁）、と述べている。多神教的世界にどっぷりと浸かっている日本人に、キリスト教教理が浸透していかない理由は、この加地の指摘からも導かれると思われる。

(25) 入船尊『新　この大いなる福音のために』いのちのことば社、一九八三年、四三頁。

(26) 入船尊『この大いなる福音のために』いのちのことば社、一九八一年、入船尊『続　この大いなる福音のために』いのちのことば社、一九八一年、入船尊『この豊かな福音に生きる』いのちのことば社、一九八八年、参照。

(27) 入船尊、前掲『新　この大いなる福音のために』、四二頁。

(28) 前節における四項目にわたる宗教布教の困難性に加えて、キリスト教伝道の可能性は、この「神観」の問題において、決定的に困難な壁に直面すると思われる。

(29) 山折、前掲書。

(30) 同書、「あとがき」、参照。

(31) 同書、二八六頁。

(32) 同書、二八六頁。

(33) 同書、二三七頁。

(34) 同書、六六頁。

(35) 哲学者中村雄二郎（一九二五―）は、「〈日本の仏教〉とくに〈仏教的な日本人の宗教心〉は、実はなによりも儒教とのシンクレティズム〈折衷主義〉のうちに成立している」（『宗教とは何か――とくに日本人にとって――』岩波書店（岩波現代文庫）、二〇〇三年、五四頁)、と述べている。中村は、前掲、儒教研究者加地伸行の『沈黙の宗教――儒教――』(筑摩書房、一九九四年)をもとに、「墓参りや祖先祭祀は、本来的には仏教的なものでも、民俗信仰によるものでもない。そのような風習の根底にあるのは、原儒教に由来するシャーマニズム的な〈招魂再生〉である」(中村、五九頁)と指摘している。加地は、「既成仏教の中に、儒教の教義や儀礼がずいぶん多く取りこまれている」(加地、一二頁)ことを指摘している。加地は、また、儒教に発する「招魂再生すなわち先祖供養」は、「キリスト教の教義から言えば宗教の名に値しない」(加地、二三三頁)ものであると、その違いについての感想を述べている。山折の指摘する日本社会に存在する「宗教感覚」は、キリスト教の「論理」ではとらえられないものである。また、それは、キリスト教が、あえて捨象しようとしたものであるかもしれない。

(36) 二〇〇一年十月二八日、日本基督改革派神港教会宗教改革記念日、神港教会創立九五周年記念講演会。通訳加藤常昭。主題「待ちつつ、早めつつ――忘れられたみ言葉――」。主題は、「ペトロの手紙 二」三章一二節、「神の日の来るのを待ち望み、また、それが来るのを早めるようにすべきです」をめぐって、展開された。

(37) いうまでもなく、キリスト者に限らず、人間はすべて、特定の社会状況のもとで拘束を受けつつ生きている。わが国のキリスト者は、キリスト教社会からすれば明らかに異教的な、わが国特有の宗教感覚が息づいている社会の拘束を受けている。

(38) この「再生者」と「非再生者」の関係性については、春名は、その論文「キリスト者と非キリスト者の学的思惟における『対立の原理』」及び「キリスト者と非キリスト者の『関係の原理』」において詳細に論じている(春名純人『哲学と神学』法律文化社、一九八四年、二八三―三七八頁)。

(39) 神が与えられる「恩寵」については、救いにかかわる「特別恩寵」と、キリスト者であれ非キリスト者であれすべての人に平等に与えられている「一般恩寵」を区別する。

(40) それは、日本の社会におけるキリスト教伝道の困難性を指摘する理由となろう。キリスト者は、「再生者」と「非再生者」との間の関係を成り立たせるのは、聖書の神以外には不可能であるというであろう。そのような指摘を受け容れるなら、わが国のような多神教的な社会においては、キリスト教の進展は望めないということを意味しているのかもしれない。

(41) 春名は、「非再生者」、すなわち、非キリスト者にも、「神の像の残滓 residuum が存在的形而上的意味において残存し、一般恩恵が心とその諸機能を保持し、罪を抑制し」ており、そのためにまた「全的に堕落したまま残存する人間の心にも『宗教の種子』

『神聖感覚』と『法の種子』『法感覚』が生まれつき植えつけられている」（同書、三七七頁）、と指摘している。「宗教の種子」とは、宗教的感性、「法の種子」とは、法の意義、その遵法精神などということができる。この「宗教の種子」については、ジャン・カルヴァン、渡辺信夫訳『キリスト教綱要　Ⅰ』新教出版社、一九六二年、五五頁、第三章、参照。カルヴァンは、人は、「つねに宗教の何らかの種を宿しているのである」と述べ、これが「万人共通の観念」となって、「すべての人のたましいのうちを占領」していることを指摘している（同書、五五頁）。また、同じ箇所で、「神聖感覚」について、「すべての人の心には神についての感覚がきざみつけられている」、と述べている（同書、五五頁）。

(42) 春名、前掲書、三七七頁。

(43) その意味で、伝道は、「神の知識に逆らうあらゆる高慢」を打ち倒すことにあるとされる。そのような主張は、伝道という点において、わが国のような「宗教感覚」が存在する社会においては有効なものではない。それはいわば、文化帝国主義的な視点、すなわち自らを絶対とする押し付けの伝道となる。それを避けるためには、キリスト者は、非キリスト者との間に「共生」できる分野で「共生」しつつ、伝道を開始する必要がある。

(44) 山中良知「日本人の思惟構造と福音宣教の伝道方法」『福音主義神学　六』日本福音主義神学会、一九七五年。

(45) 同書、四一—四四頁。

(46) 同書、四一頁。

(47) 同書、四一頁。

(48) 同書、四二頁。

(49) 同書、四一頁。

(50) とはいえ、現実に、キリスト教式の結婚式が行われ、クリスマス・パーティが多くの家庭で開かれている。しかし、それらのキリスト教的な意味付けは、おそらく理解されていないであろう。

(51) 山中が指摘するように、日本人キリスト者は、聖書の断片的な聖句や言葉のみを抜き出して、聖書を理解したような思いに立たされることがしばしばある。聖書の構造は、六六巻全体を理解して初めて可能となる。しかし、山中が指摘するように、日本人が「断片的」事柄の理解にたけていることを逆手にとって、聖句を断片的に引用しつつ、伝道の可能性をさぐることも可能なのである。

(52) 同書、四二頁。

(53) 同書、四二頁。日本人は、八百万の神々を崇拝する。人々は、何ものでも神とすることもできる。しかし、それは、山中が指摘しているように、一方において、有神論的な視点の理解からは遠ざかり、無神論的な視点への傾向を強めることにつながる。

(54) 同書、四四頁。

(55) 同書、四四頁。

(56) 同書、四四頁。

(57) David Riesman with Nathan Glazer and Reuel Denney, *The Lonely Crowd: A study of the changing American character*, abridged edition with a new foreword. Yale University Press, 1961. デービッド・リースマン、加藤秀俊訳『孤独な群衆』みすず書房、一九六四年。

(58) リースマンは、前掲訳書の「日本語版への序文」のなかで、「アメリカにくらべれば、(中略)、宗派がいろいろあるにもかかわらず、日本は宗教的にも同質的だ」(同書、i頁、傍点、引用者)と述べている。山中が指摘しているように、日本社会の「他人指向」的な特性によって、日本人はその内面的な本質を問う傾向は弱く、自らの行動を他者に合わせることに忠実であろうとする。

(59) 本節は、神戸聖書展(二〇〇〇年五月)のために記念出版された、神戸と聖書編集委員会編『神戸と聖書――神戸・阪神間の四五〇年の歩み――』神戸新聞総合出版センター、二〇〇〇年四月二十日、に寄稿したものである。筆者は、編集委員会委員でもあった。

(60) 拙稿「生駒詣で――歓喜天のまねき――」『季刊仏教 三一号、特集=癒し』一九九五年四月、法藏館、一九八頁。拙著『コミューンと宗教――一燈園・生駒・講――』行路社、一九九六年、同書に、第四章「宝山寺と生駒の講」、一節「聖天さんと宝山寺――大聖歓喜自在天の癒し――」として再掲。

(61) B・ラフェル、石丸正訳『災害の襲うとき』みすず書房、一九八九年、一五九頁。

(62) 同書、参照。

(63) 「日本基督改革派」は、一九九九年十月開催の第五四回大会時に、「日本キリスト改革派」と、名称変更された。

(64) 日本基督改革派教会大会事務所発行『日本基督改革派教会 第五〇回定期大会記録』〈一九九四年十月~一九九五年十月までの

記録〉、一一―一三三頁。
(65) 同書、二四六―二五一頁。
(66) 同書、二八頁。
(67) 本書、第四章、二節「宗教的人間としてのキリスト者――改革派教会と信徒――」、本書、一三四頁以下、参照。
(68) 日本基督改革派教会大会事務所発行、前掲書、参照。
(69) 同書、一二頁以下。
(70) 同書、二四六―二五一頁。
(71) 西部中会阪神大震災被災対策委員会編・発行『日本基督改革派教会　阪神大震災文集――一年を経過して――』一九九六年六月。
(72) 入船尊「激動の時から一年たって」、西部中会阪神大震災被災対策委員会編・発行、同書、一六頁。
(73) B・ラフェル、前掲書、一六頁。
(74) 津金澤聰廣「流言飛語とメディア」、黒田展之・津金澤聰廣編著『震災の社会学』世界思想社、一九九九年、一八〇頁。
(75) 高橋卓志『寺よ、変われ』岩波書店（岩波新書）、二〇〇九年、一一頁、において、「共苦」という視点があることを教えられた。それは、「共生」における重要な側面であると思われる。
(76) 三木英「地域の復興と宗教の力――阪神大震災被災地における祭りとイベント――」、宗教社会学の会編『神々宿りし都市』創元社、一九九九年、一三八頁。

第四章　カルヴィニストの信仰と日本社会

一節　カルヴィニストの幸福と不幸[1]
——改革派信仰と「拡散宗教」性に関連して——

はじめに

「復活信仰を本当に信じているの?」、「イエス・キリストは本当に罪の贖いのために死んだの?」、「キリスト者は、死んで本当に天国に行くの?」、「死後のことについては、すべて神に委ねられているというけれど、キリスト者にも墓はあるし、イースターに墓前には出向いているけれど、あれはどういう意味なの?」、とキリスト教に造詣の深い先学、宗教学者、宗教社会学者たちに尋ねられる。筆者は、洗礼を受けたカルヴァン派のキリスト者だからである。

「葬式に行って、焼香はしないというけど、あれはどうなの?」、「葬式では『献花』をしないというし、ご遺体を丁重に葬るためにお棺のなかに花を入れてご遺体を飾るというけど、『献花』と『飾花』とかいうものはどう違うの?」、「職場を代表して、仏式の葬式に行くとき、『代表焼香』はしないの?[2]」。「アメリカの広大な『ペット霊園』を調査したことがあるけど、それはキリスト教の教義とどう関係しているの?」。

組織神学を専門に学んだこともない筆者にとっては、矢継ぎ早にこのような質問を受けると、正直、返答に窮してしまう。キリスト教の重要な教義学的な論点だけでなく、キリスト教の本質にかかわる問を投げ掛けられると、キリスト教は、はたしてそれらに誠実に答えてきたのだろうかとの思いがよぎる。キリスト教神学の専門家たちに同類の質問をぶつけてみたら、おそらく、それは宗教社会学専攻のあなたたちが答えたらどう、と笑いながら切り捨てられるであろう。

筆者は、これらの問は、今日のキリスト教を取り巻く社会的状況に密接に関連していると考える。これらの問に的確に答えることができるとするなら、今日のキリスト教の周辺に「拡散」している、キリスト教信仰の「現場」(3)の特性が明確に浮かび上がってくるに違いない。

わが国の非キリスト者が、キリスト教に対して抱く上記のような問いかけは、おそらくきわめて素直なものであろう。なぜなら、彼らの問は、彼らが、日常の生活のなかで営む宗教行動や身近に感じている宗教的感性(「現場」)から発せられるものだからである。とはいえ、非キリスト者である隣人の問いに、正鵠を得た回答をすることは非常に難しい。

本節は、カルヴァン派のキリスト者を自認する一人の信徒が、マックス・ヴェーバー(Max Weber, 1864–1920)他、宗教社会学研究の先達、特に大村英昭(一九四二—)の知見を参照しながら、自らのキリスト教信仰の「基底」をありていに問い返そうとしたものである。その過程において、筆者は、キリスト教の本質やカルヴァン派のデノミネーションの特性を再考している。

さらに、プロテスタント・キリスト教の「基底」にも、合理的にはとらえきれない非合理的な宗教性が存在していることを説明している。それは、また、筆者の所属する教派の信徒に与えられる「慰め」や、様々なこの世における願いを祈り求めながら生きているキリスト者の内的葛藤をも示すことにある。

本節は、その意味で、自らのキリスト教信仰の論理とは相容れない社会の宗教的「現場」で、苦労しながらも、恵みを受けながら信仰生活を送っているキリスト者の宗教的実感を提示している。それはまた、先学に学びつつ、キリスト者の喜びと葛藤を披瀝することにある。(4) そのことを通して、キリスト教を理解する場合にも、キリスト者の「現場」に立ち返ること、すなわち、どのような宗教においても、信徒たちが何を考えどのように行動しようとしているのかについて、その宗教的「基底」を問い返す必要があることを指摘する。

一　大村英昭の「拡散宗教」論と現代人の宗教行動

宗教社会学者の大村英昭は、「『脱ヒューマニズム』時代のスピリチュアリティ(5)」において、今日の宗教社会をとらえるための重要な論点を指摘している。それは、筆者の理解によれば、二つの点に要約できる。(6)

二つの論点とは、第一は、宗教の本質は、当該の特定の宗教の「基底部」、すなわち目視できない部分にこそ示されていること、第二は、一見区別される諸宗教も、その「基底部」に肉薄すれば、共通する「スピリチュアリティ(spirituality, 霊性)」がみえてくるということである。

第一に、大村は、宗教を食い物にして荒稼ぎする「職業宗教家」が吹聴するような、特定の宗教の‘visible’‘vocal’‘rational’‘intellectual’‘dogmatic’‘formal’な部分のみを問題にしていては、各宗教の本質、「基底」は把握できないという。それは、大村が、各宗教の、形には表れない、‘invisible’‘silent’‘emotional’‘spiritual’で、民衆の心情に深く食い込んだ「基底部」にこそ、諸宗教の本質が隠されていると考えているからである。(7) 例えば、大村は、「普遍宗教」といわれるようなキリスト教の各デノミネーションや、また仏教の各宗派のような「特定宗教」について注目したとしても、「ドグマ」的な表面的部分のみを問題にしても、その宗教を根底から支えている部分、すなわちその宗教の周辺に「拡散」する特性を十二分に把握したことにはならないという。(8) この点に関連して、大村は、「氷山(iceberg)のメタファー(9)」を提示し、宗教社会をとらえるには、「『達人宗教性』そのものの解明ではなく、もっと大衆レベルにまで拡散した地平で、集合意識としてのスピリチュアリティが変化しつつある」(傍点、引用者)(10) ことに注目すべきであると指摘している。「特定宗教」においても、その「基底部」に広がる「拡散宗教」の側面を問題にしない限り、宗教の本質は把握できないとする。それは、換言するなら、宗教を理解するには、その「現場」に肉薄することなしには不可能ということなのである。

大村によれば、「氷山のメタファー」とは、海に浮かぶ「氷山」によって提示されるものである。[11] 大村は、その「氷山」のたとえにおいて、宗教においては、'invisible' な部分（例えば、「民俗宗教」のような「言語的な表象のレベル」とは異なる「言語化されない諸感情」の世界）、「拡散宗教」の部分を無視するなら、その「氷山」全体（「特定宗教」とその周辺に広がる全体）をとらえきれないとする。このように、大村は、一貫して、「特定宗教」の周辺に拡散する一般の宗教者たちの 'spirituality' を把握することの大切さを指摘している。[12] すなわち、大村は、宗教社会をとらえるには、「深いところに潜在している（紛れもない）宗教意識（religious consciousness）」をとらえることが重要であり、'religiosity' とは異なる 'consciousness' をこそ、問題とすべきであるとする。[13]

大村の前掲論文における、第二の注目すべき論点とは何か。

それは、各「特定宗教」の「基底部」に目を向けると、そこには共通している部分が多くみられるということである。大村は、共通項を把握することによって、現代人の「特定宗教」に対する宗教的ニーズが明らかになるとともに、現代社会に生きる一般大衆の宗教的 'spirituality' が明らかになるとする。

大村は、この点について、「日本の浄土真宗」（A）と「USAのプロテスタンティズム教派」（B）を例示し、「A・Bの一見の相違は、かりにアンケート調査の上には 'visible' に映し出されたとしても、それは 'invisible' に潜在している（→感情レベルの）類似性を、むしろおおい隠すものでしかあるまい」[14] と述べて、以下、その理由については、次のように説明している。

> だからさらに、こう言ってもよかろう。さすがに現代都市社会に住む、〝すすんだ〟人たち、それが日本国では「無宗教」と表現され、USAでは「特定宗教」の信仰有りと意識されてはいる。だが一度《ひとたび》、かけがえのな

い人と死別し、あるいは大切に飼っていたペットを失う、などの場面に遭遇すれば、常には意識してもいなかったような宗教感情にとらわれ、（それを表現する用語こそ違え）実は同質の宗教行動にはしるのである。(15)

この大村の指摘は、「特定宗教（A）」であろうと「特定宗教（B）」であろうと、‘visible’な部分においては、表面的に見え方は異なっていても、近親者の死に遭遇したような場合、人々は「同質」の共通した宗教行動をとるとする。すなわち、「日本の浄土真宗」（A）と「USAのプロテスタンティズム教派」（B）のように、表面的には明らかに異なる各宗教の「氷山の基底」の部分においては、共通したものがみられるということなのである。それは、また、大村が、「〝すすんだ〟特定宗教からは旧態依然の民俗宗教のように見えるとしても、現代人の宗教的ニーズは、やはり現代社会の生活様式に由来するものであることを見逃してはなるまい」(16)、と指摘しているように、「現代人の宗教的ニーズ」は、共通している部分が多く存在するのである。そのあと続けて、大村は、「職業宗教家」は、このような「現代人の宗教的ニーズ」を捉え切れていないことを指摘し、以下のように、宗教を食い物にするような「職業宗教家」の欠点について要約している。

> 顧客の側に芽生えつつある新たな（それこそreligiosityとは区別される）spiritualityを偏見抜きに正しく見据えることができないのである。古い類型論では「民俗宗教」と呼ばざるを得ないところを、筆者は、あえて「拡散宗教」と名付けたはず。これも、いま言った新たなspiritualityの芽ばえ、もしくは、なお意識はされていない深層部で、一般大衆の宗教感情が（なるほど緩慢な動きのために見えにくいけれども）、確実に変化しつつある、その点を把握したいための類型設定であったのだ。(17)

この第二番目に要約した視点は、要するに、「特定宗教」の「A」、「B」、「C」、「D」……において、その‘visible’

な側面、すなわち海面上に顔を出している目視できる「氷山」の部分には、それぞれ違いがあるとしても、海面下に沈んでいる'spiritual'な「氷山」の部分は共通しているのではないかという視点なのである。以上のような大村の指摘に従えば、キリスト教の場合にも、海に浮かぶ「氷山」にたとえられるように、海面上に浮上している部分と海面下に水没している部分（宗教の「現場」）の両者を把握しない限り、「特定宗教」としてのキリスト教の全体をみたことにはならないということがいえるのではなかろうか。

二　キリスト教と「現場」の宗教的ニーズ

筆者は、大村の視点をもとに、キリスト教の各デノミネーションの海面上にある部分を、「キリスト教のドグマ的部分」、キリスト教の海面下の部分を、「キリスト教の人間的部分」とでも区別するのが可能かと考えている。前者は、キリスト教神学と密接に関わる部分で、論理的に説明可能となる側面であり、後者は、キリスト者としての人間の現代的、「宗教的ニーズ」にかかわる、キリスト教の「現場」の側面と説明できるかもしれない。もちろん、後者は、'invisible'な特性をもつのである。

プロテスタントというキリスト教も、キリスト教に属する「特定宗教」の一つとするなら、それは、大村が提起する'vocal'な側面、聖書に提示された言葉で理詰めに説明されたドグマ的な内容をもっているに違いない。歴史を通して、神学者や神父や牧師などの聖職者たちは、そのドグマの解釈に全力を傾倒してきたのである。それだけに、キリスト教の教義学的伝統からすれば、海面下のキリスト教的な神秘主義的な部分、'spiritual'な部分は、「創唱宗教」としてのキリスト教理解には役に立たず、あえて無視されてきたのかもしれない。しかし、「職業宗教家」や、キリスト教神学において洗練された達人的キリスト者たちといえども、彼らなりの「宗教的ニーズ」からは逃れきれないのではないであろうか。その意味では、筆者の知人のなかにも、キリスト者の霊的な側面、感情的な部分にも注目しなければならないと主張する神学者たちが増えてきていることも事実である。

ここに至っては、宗教を十分に理解するためには、宗教を職業としてきた「職業宗教家」的な手法、すなわち、宗教という「氷山」の目視できる部分のみを問題にするだけでは十分でないことは明らかである。大村の指摘するように、宗教的達人も、目視できる部分以外に広がる'invisible'な宗教性を問題にすべきである。しかし、そのような宗教性は、'invisible'であるがゆえに、その解釈は、非常に困難であるということができよう。とはいえ、それに真剣に立ち向かおうとするとき、ドグマ的な事柄に中心的にかかわらねばならない使命を帯びている聖職者たちも、真実の救いの言葉を求めて、日常生活で苦労している「一般大衆」のレベルのキリスト者の「宗教的ニーズ」、宗教の「現場」から発するニーズに答えることができると考える。あえていえば、机上で聖書のみを学んで満足しているキリスト者があるとすれば、それはきわめて幸福なキリスト者のように思われる(18)。キリスト者でありながら、もっと深い人間の悩みのなかで、社会の「現場」で苦しんでいるものが現実に多数存在している。その意味では、「特定宗教」の最大の欠点は、「現代人の宗教的ニーズ」の現実を把握していないこと、それに答えていないということなのかもしれない。

ところで、大村は、前掲論文において、「特定宗教の例としては同じキリスト教でも、あえてカトリックは除外(19)」していると述べている。この点は、プロテスタントに属する筆者として大いに気になるところである。カトリック教徒であろうとプロテスタントの信者であろうと、キリスト教徒であることには違いないし、「現代人の宗教的ニーズ」にも違いがあるわけではないであろう。

そこで、今度は、大村の指摘したカトリックとプロテスタントの相違に着目しつつ、キリスト教全体の「拡散宗教」的特性に焦点を当ててみよう。それは、結局、キリスト教が、「現代人の宗教的ニーズ」、キリスト者の「現場」の宗教的ニーズに答えて来たかどうかを問うことでもある。

大村は、前掲論文において、プロテスタントと比較して、カトリックの特性について、次のように述べている。

少なくとも、大衆レベルで見られる具体的な宗教行動において、カトリックでは創唱宗教と民俗宗教の二つがほとんど対立することなく、仲良く同居しているといって大過はあるまい[20]。

この指摘において、大村は、一つの「創唱宗教」としてのカトリックが、'visible'な側面と、その「基底部」に存在する'invisible'な民俗宗教的な部分、すなわち「拡散宗教」をあわせもつ存在ととらえている。大村は、カトリックが、「民俗宗教」の側面をもっているがゆえに、「特定宗教」としてのプロテスタントとの大きな違いがあるとみる。確かに、「特定宗教」としてのプロテスタント各教派は、限りなく、カトリックのもつ「呪術的」、「神秘主義的」、「伝承的」な「民俗宗教」的な側面を排除してきた[21]。しかし、おそらく、近親者の死に遭遇したようなときには、大村も指摘しているように、カトリックであろうとプロテスタントであろうと、信徒からは、共通の態度、それに派生する類似した行動をとる可能性が高いことはいうまでもない。

大村がカトリックとプロテスタントを峻別しようとした理由は、カトリックが、'vocal'な部分と'spiritual'な部分を融合した特性をもつのに対し、プロテスタントが'vocal'な部分と'spiritual'な部分を峻別し、表面的には、'spiritual'な部分をできる限りそぎ落とそうとしてきたことを指摘しようとしたからに違いない[22]。

三　プロテスタントの呪術性と「呪術からの解放」

しかし、キリスト教に関連して、カトリックのみが、「拡散宗教」としての部分を濃厚にもち、プロテスタントは、その「拡散宗教」の部分を排除しようとしてきたとしても、本質的には、カトリックもプロテスタントも、信徒は共通した行動を取る可能性が高いという視点に耳を傾けたい。それは、プロテスタントも、カトリック同様、その大衆レベルの宗教的特性として、宗教の「現場」に立ち返って分析すれば、「拡散宗教」的特性を本質的にもっていると考えるからである。カトリックとプロテスタントが、ともに「拡散宗教」的特性をもっていることについては、一つの例として、マックス・ヴェーバーが、その「宗教社会学」において要約してくれていることによっても明らかである。

ヴェーバーは、その著、「宗教社会学」において、「呪術師（Zauberer）」と「祭司（Priester）」の職能の違いについて比較し考察している。「呪術師」とは、非合理的な、人間の感性に強く関連した職能をもつ存在であり、また奇跡的な事象をつかさどる「宗教職能者」であることはいうまでもない。「呪術師」は、上記のように、奇跡的な視点に関わるという点において、「拡散宗教」に密接に関連した職能をもつ。一方、「祭司」はといえば、聖職者として、キリスト教においては、明文化された律法の儀式を遂行する専門職と考えてよかろう。ヴェーバーは、この両者を比較しながら、「職業的機能者」としての「祭司」が、「呪術的資質」を内包しているという興味深い視点を紹介している。

> われわれはいちおう「祭儀（Kultus）」と「呪術（Zauberei）」という区別に対応して、崇拝を手段として「神々」に働きかける職業的機能者を「祭司」と名づけ、これを、呪術的な手段によって「デーモン」を強制しようとする呪術師に対比させることができる。ところが、実はキリスト教をも含めた数多くの大宗教において、祭司の概念は、まさに「呪術的資質（die magische Qualifikation）」を含んでいるのである。[23]

ここで注目すべきは、ヴェーバーが、宗教の「現場」からは隔絶した宗教的達人としての「祭司」が、明らかに「呪術的資質」をもっていると述べていることである。

ヴェーバーが指摘しているように、プロテスタントは、明らかに、「世界の『呪術からの解放』（Die》Entzauberung《der Welt）」を進め、「救いの手段としての呪術を排除」しようとしてきたことは疑い得ない[24]。ヴェーバーに従えば、プロテスタントは、表面的には、呪術的、神秘主義的な、「拡散宗教」的側面を排除しようとしてきたのである。キリスト教においては、「呪術からの解放」は、「正典文書および教義（kanonische Schriften und Dogmen）」[25]を整備することによって、すなわちドグマの整備の営みのなかで推進されてきたのである。[26] しかし、その「正典文書」や「教義」も、ヴェーバーが指摘しているように、「正典文書にはもろもろの啓示や聖なる伝承そのものが含まれ、また教義とは、これらの双方のものが意味するところについての祭司の教説」（傍点、引用者）[27]であるということを記憶にとどめるべきである。

重要なのは、ヴェーバーの指摘によれば、カトリックにおいても、プロテスタントにおいても、共通して、「啓示」や「聖なる伝承」、あるいはそれらの「教説」に関連した呪術的要素を本質的に内包しているということなのである。ヴェーバーも述べているように、世界の宗教を比較して、特にキリスト教の場合には、確かに、「広い範囲に及ぶきわめて拘束力のある、しかも体系的に合理化された理論的教義学（eine umfangreiche, streng bindende und systematisch rationalisierte Dogmatik）」[28]が存在する。とはいえ、大村の指摘をまつまでもなく、プロテスタントを教義学に関連した"vocal"な宗教特性だけからとらえようとすることは、プロテスタントの本質（「現場」）を見落とすことにもなる。ヴェーバーが述べているように、キリスト教において、"vocal"な特性を代表すると考えられる「説教（Die Predigt）」や、「司牧（Die Seelsorge）」という概念に示されているように、「呪術師」（「現場」）の行う活動と異なった、「宗教的教説の体系化における祭司の活動」が推進され、特にプロテスタントにおいて、「説教」が大きな意義をもつようになったとしても、[29]聖書の各所に、呪術的要素や数々の奇跡物語が散りばめられていることはいうまでもない。その意味で、社会の近代化とともに進展した「呪術からの解放」が推進された宗教形態をもつプロテスタントといえども、それが、非合理的な「呪術的」要素を本質的に保持していることを再認識すべきである。ヴェーバーは、啓示や伝承とのかかわりと関連して教義を問題にしたのであり、その意味で、宗教の「現場」にも焦点を当てようとしたということができるのである。また、「特定宗教」としてのプロテスタント・デノミネーションを海面に浮かぶ氷塊とするなら、プロテスタント各教派は、その周辺に「拡散」する側面、海面下に漂う氷塊の部分を検証することもなく、信者がその生活の本音の部分において求めてきたものに答えようとしなかったということも率直に認めるべきであろう。すなわち、キリスト教の「現場」における宗教的感性を問題にしてこなかったということなのである。

おそらく、プロテスタント各教派が、海面下の氷塊を見ようとしなかったのは、カトリックに対抗するために、宗教改革を行ったということに最大の理由があろう。宗教改革は、使徒パウロ（［ギリシア語］Paulos,［英語］Paul, 紀元前後―六〇頃）の主張である信仰義認の教説を徹底的に再確認しようとする運動であった。その際に、聖書の言葉を基礎とする「救い」の精神が前面に押し出されてきたのである。それは、聖書に書かれていることに信仰のよりどころを求めようとした十六世紀の宗教改革の運動を境として、カトリックとプロテスタントの教義における特性が二分化されたからである。

ヴェーバーが指摘したように、プロテスタントは、その本質に、「呪術的」なものをもっていながらも、宗教改革を経て、実際、カトリックの「呪術的」、「神秘主義的」、「伝承的」な部分を可能な限り排除しようとしたことは歴史的事実である。しかし、カトリックの「拡散宗教」の部分を徹底して排除しようとした教派で、多くのプロテスタント諸教派のなかでも特筆に価するのは、筆者の所属するカルヴァン派のプロテスタント教会（以後、「改革派教会」と呼称）であったのである。ヴェーバーの「呪術からの解放」論が強調されることによって、その「拡散宗教」的特性が、改革派教会はじめ一般的にプロテスタント諸教派においては、捨象されてしまうことにもなったといえるのである。

改革派教会は、典型的な「特定宗教」としてのプロテスタント教派である。この教派は、そのドグマ的な部分をかなりの程度において重視し、信徒たちが、日常生活のなかで格闘している生活の本音の部分（「基底部」、宗教の「現場」の感性）に目を注ぐことが少なく、その海面下に存在する氷塊の部分、民衆が実際に行っている「拡散宗教」としてのキリスト教についてはあえて問題にしようとしなかったといえるかもしれない。それだけに、本節の冒頭に示したような、人々がキリスト教について素直に抱くような「現場」の問を提起されると、戸惑って返答に窮してしまうことが多くある。おそらく、牧師の資格をもつ聖職者たちも、人々が日常の生活のなかで抱く素朴な、「現場」に存在する本音の問題については、わが教派の教理とは関係ない、と答える他なかったのであろう。プロテスタント全体にいえることであるが、牧師たちといえども、苦悩に満ち溢れた現実の社会に生きている民衆のレベルのプロテスタント・キリスト者の本音について、十分に応えているとはいえないのではなかろうか。

四　改革派教会の"visible"な側面と「他力」の教えの類似性

ここで、筆者が属する「改革派教会」の"vocal"な特質について簡単に整理し、その教理と既成宗教の代表的仏教教派と考えられる、浄土真宗の「他力」の教えについての類似性について指摘しておこう。「改革派教会」も浄土真宗も、両者とも、「特定宗教」であることにはかわりないが、両者を比較する理由は、改革派キリスト教の教理が、宗教的にみてどこまでも独自なもので、他に類するものをもたないという頑迷な批評を論駁するためである。ここで、改革派教会の伝統が、部分的には、わが国の仏教的伝統の核心的教えとも類似する側面をもっていることを提示してみたい。

筆者は、わが国のカルヴァン派の代表的教会、「日本キリスト改革派教会（Reformed Church in Japan）」（略称、包括団体名称、ＲＣＪ）に属している。この教派は、ヴェーバーが、「プロテスタンティズムの禁欲的諸流派」[30]のなかに位置付けたデノミネーションである。この「日本キリスト改革派」の最たる教理的特徴について、以下、二点、簡単に要約しておこう[31]。

第一の特徴は、改革派教派は、「ウェストミンスター信条」（「ウェストミンスター大教理問答」「ウェストミンスター小教理問答」「ウェストミンスター信仰告白」）を、公的に教理の中心として採用している。なかでも、改革派教会は、「ウェストミンスター信仰告白（Westminster Confession）」を、最も重要な教理体系として保持している[32]。おそらく、この信条を教派として採用していなかったなら、改革派教会は、戦後、六〇年以上も続くことはなく、分裂の可能性もあったのではないかと思われる。それほど、この信条が、改革派教会の教理的一致に対して果たしている影響は大きいといえる。

改革派教会の第二の特徴は、「二重予定」説で知られている教理をもつことにある。ジャン・カルヴァン（Jean Calvin, 1509–64）が強調した「二重予定」説とは、周知のように、ある者は救いに、ある者は滅びにとあらかじめ定められているという説である[33]。筆者は、カルヴィニストの一人として、その「二重予定」の教説は、精神分析学者のエーリッヒ・フロム（Erich Fromm, 1900–80）が述べているような、「個人の無力と無意味の感情を表現」[34]するものでも、「救われる人間と永劫の罰にさだめられている人間」を区別する、「人間の根本的な不平等という原理」を立てる教えでもないと考えている[35]。フロムは、カルヴィニストの「二重予定」を、カルヴァン派のキリスト者を脅迫する概念としてとらえているが、カルヴィニストにとっては、それが、神の一方的な「恩恵による選びの教説」[36]として理解されていることを忘れるべきではない。フロムは、この神の信徒一人ひとりに対する一方的な「恩恵」という側面を無視しているといえよう。

これらの改革派教会の特性について、今日の改革派教会の代表的組織神学者牧田吉和（一九四四―）は、その著『改革派信仰とは何か』において、「改革派信仰とは聖書的神礼拝を徹底的に展開する信仰である」（傍点、引用者）と指摘し[37]、また、同書で、世界的なカルヴァン研究者として著名な米国のI・ジョン・ヘッセリンク（I. John Hesselink, 1928–）の「改革派の伝統について言い得ることの中でも、最も基本的かつ包括的なのが神中心ということである」（傍点、引用者）を引用し、「改革派信仰とは神中心主義を徹底的に主張する信仰である」、と述べている[38]。牧田は、カルヴァン派の代表的教理とされる予定論については、「改革派信仰とは予定論において救いにおける恩恵性を徹底的に保持する信仰である」[39]、と説明している。筆者は、ある意味で、篤信（stalwart）のキリスト者として、牧田やヘッセリンクの視点に十分に同意していることを付け加えておく。しかし、はたして、これらの二点の特徴的な教義のみで、改革派のキリスト教を説明したことになるかどうかははなはだ疑問である。

この牧田の視点は、作家の五木寛之（一九三二―）が、その著『他力』の冒頭で述べている視点からも説明できるかもしれないと考えている。もちろん、その指摘は、キリスト教教理を厳密に解釈すれば、明確に異なると主張できるかもしれない。しかし、改革派教会の信仰も、すでに多くの先学によって各所でしばしば語られているように、一〇〇パーセント類例をもたないものである、とは言い切れないことを以下指摘しておこう。

五木は、その著『他力』の冒頭で、自らの来し方を振り返り、「次から次へと際限なく襲ってくる日常のトラブル[40]」のなかでも、生かされてきたのは、「〈他力〉、という不思議な感覚[41]」によるところが大きかったことを悟り、次のように述べている。

「結局、最後のところは、やはり〈他力《たりき》〉ということなんだろう」

と、最近、深夜に目覚めて、しばしばそう思うことがあります。眠れないままにあれこれと考えるのですが、やはりいきつくところはこの、他力《たりき》、というその一点なのです。

もちろん以前から漠然《ばくぜん》とした感じはありました。今日まで、この自分を支え、生かしてくれたものは何か。この明日をも知れない時代に、信じうるものははたしてあるのか[42]。

おそらく、改革派の「普通」の信徒も、五木と共通した宗教的感性に生きている部分が多いのではないであろうか。ちなみに、仏教思想家の鈴木大拙（一八七〇―一九六六）は、「自力と他力」に関連して、次のように説明している。

ジリキ（自力）は自己の力であり、タリキ（他力）は他者の力であります。浄土教は他力教として知られています。なぜなら、浄土教は浄土往生を達成するには他力が最も重要であると教えるからです。浄土往生、新生、さとり、あるいは救済――われわれがわれわれの宗教的努力の目標をどう名づけようとも、それは他力によって得られるのであって、自力からではありません。これが真宗信者の主張です。
他力は神学で言うシナージズム（神人協働説）の反対です。シナージズムというのは、救済の仕事において人間が神と同じく自分の量を分担しなければならないという説です。これはキリスト教の用語です。真宗はしたがってシナージズムの反対のモナージズム（聖霊単働説）だと言えましょう。（中略）。他力教はシナージズムでなくモナージズムです。一切がアミダの働きであって、われわれ凡夫の相対的存在は、自らの浄土往生に関しては何もしないのです。われわれの浄土往生というのは、換言すればさとりを得ることなのです(43)。

（中略）

真宗の教えでは、アミダが唯一の重要な働く力だといってもいいと思います。われわれはただアミダの働くにまかせるだけです。アミダの働きに自分自身のものは何も付け加えません(44)。

鈴木によれば、人間の救いの真髄は、この「他力」にあるとする。五木もまた、前掲書で、「最後のところは」と述べて、「〈他力〉、という不思議な感覚」によって、支えられてきたことを指摘している。また、鈴木は、「アミダとわれわれの間には深くて超え難い隔絶があり、われわれは自分の力では振り払うことができないほど重々しく業障の荷を負わされています。アミダが来てわれわれを助けるのでなければなりません。アミダは彼岸から救いの手を差し伸ばすのです(45)」、と指摘している。要するに、「他力」の教えにおいては、救いは、一方的に、アミダから来るのである。

また、救いは、アミダの一方的な働きであるとしても、鈴木は、また、「別な観点からすれば、どれほど愚かであろうとも、いかに無能無力であろうとも、彼の岸に到るための努力のすべてを尽くしてしまわねば、われわれは決してアミダの手に縋《すが》りはしないでしょう(46)」と、衆生の側にも、その責任があることを指摘している(47)。

一方、改革派教会の宗教的伝統は、第一に「神中心主義」、第二に「聖書的神礼拝」を生活の中心においていること、第三に神の「救いの恩恵性」のなかに生きること、と要約できよう。[48] といえば、この「神」と人間の関係は、五木が指摘した、「自分を支え生かしてくれたもの」、「明日をも知れない時代に、信じうるもの」と述べたものと人間との関係、また、鈴木が指摘した「モナージズム」（聖霊単働説）としての「他力教」のなかに厳然と存在する「アミダ」と衆生との関係性に類似するものではないか。[49] しかし、改革派教会の宗教的伝統は、改革派独自のもので、それは一切の他者を寄せ付けない、他者とは隔絶した宗教性であるなどと主張し始めると、おそらく、そこには民衆の「現場」の宗教的感性のニーズなどまったく問題にしない信念体系のみが存在する、ということになるのかもしれない。

キリスト教の伝統において、教義学的にのみ、「神中心主義」、「聖書的神礼拝」、「救いの恩恵性」などといえば、それは、「現場」の民衆のキリスト教の視点からみれば、改革派信仰の‘visible’な部分に偏った特性であるといえるかもしれない。要するに、宗教改革の純粋な伝統に立つ改革派信仰についても、それらの教義学的な論点の周辺に広がる「拡散宗教」的な部分が問題とされねばならないということを、筆者は、日本社会の宗教的現実を少しではあるが調査しながら、指摘したいのである。[50]

もちろん、カルヴァン主義は、フロムの論点に代表されるように、「救いの確証」を得るために、人々を労働に駆り立て、あとは神のご意志のままに……、というような簡便な教説であろうはずがない。なぜなら、鈴木が述べているように、「彼の岸に到るための努力のすべてを尽くしてしまわねば、われわれは決してアミダの手に縋りはしない」、からである。すなわち、「彼の岸」とは、救いの状態のことであろうが、そこに至るには、「努力のすべて」が尽くされることが求められている。救いは、神の一方的な御業ではあるが、またそこに至るには、人間の側に一切の責任がないのではない。

改革派教会の信仰は、鈴木の指摘したモナージズム（聖霊単働説）に位置付けられるといえるであろうが、シナージズム（神人協働説）的な側面が信仰生活のなかで求められていることはいうまでもない。シナージズムの視点からは、明らかに、「人間」というものの存在がみえてくる。宗教とは、神と人の関係のなかに存在するものだからである。神に対する人間の側の側面を無視して、宗教は存立し得ないであろう。その時にまた、人間の感性や感情、「現場」の宗教的ニーズなどの問題が検討されなければならないことはいうまでもない。改革派信仰であろうが、浄土教であろうが、共通している部分が数多くみえてくるものである。また、その共通している部分には、宗教の「現場」に生きている衆生の感性が深く関わっているのである。ある者は、徹底して、神やアミダにすがるであろう。また神やアミダとの関係において、自らの行うべき「責任」を感じているであろう。いずれにしても、神やアミダとの関係において、宗教の「現場」で生きる人々の感性、あるいは実感が問われなければ、その宗教の本質を明確に理解したということにはならないであろう。

五　ラベリングされた改革派キリスト者と「拡散宗教」的側面排除の論理

ここでまた、マックス・ヴェーバーの論点から、カルヴァン派における「拡散宗教」的側面排除の論理について述べておこう。[51] それは、キリスト教が、キリスト者の「現場」の感性を排除する論理を本質的にもっていることを示すことでもある。

ヴェーバーは、カルヴァン派には、「世俗内的禁欲の宗教的諸基盤」があり、その伝統のなかから、「禁欲的」に職業労働に動機付けられた人々が育っていったことを、教派の特徴として指摘している。[52] そのヴェーバーの理解は、誤っているとは考えていない。なぜなら、カルヴァン派のキリスト者は、「召命（Beruf）」、すなわち神のこの世的な職業活動への「召し（calling）」を重んじるからである。それは単に、職業だけにとどまらず、あらゆる生活の領域において、神の「召し」を少なくとも意識する。現実に、自覚的なカルヴァン派のキリスト者は、神に召された「職業（Beruf）」に誠心誠意生きようとする。与えられた富を、「献身と感謝」のしるしとして、「献金」という形で教会に返そうとするかもしれない。そのような点において、ヴェーバーの「こうした禁欲的宗教意識の精神（der Geist dieser asketischen Religiosität)」が、「経済的合理主義（der ökonomische Rationalismus）」の「合理的起動力（die rationalen Antriebe）」となったという指摘は、もちろん間違いではないであろう[53]。ヴェーバーは、カルヴィニストとは、「カルヴィニズムで決定的な意味をもつ[54]」、「救いの確証（die Bewährung des eigenen Heils）」を得るため、「禁欲（die Askese）」的生活によって、「職業労働」に専心した人々のことであると述べたのである[55]。

われわれが、カルヴィニズムについて（少し宣伝の意味も含めて）説明しようとするなら、人々を職業労働に駆り立てる、いわば「禁欲的」精神のみを強調して、神の一方的な「救いの恩寵性」について言及しないなら、それはカルヴィニズムを‘visible’な側面において十分に説明したことにはならない。

なぜなら、カルヴァン派は、第一に、「呪術からの解放」を推し進めながらも、なお、その根底においては、宗教の「現場」にみられる呪術的な側面を脱しきれない部分を数多く内包している。第二に、顕在的な部分においては、改革派は、「予定説」と「禁欲説」の教派とラベリングされているが、それだけではなく、第三に、「神の救いの恩恵性」を重視する教理を堅持する教派であることをその特徴としてもっている[56]。

なかでも、第一の呪術的な部分から脱しきれない部分の存在、これが‘vocal’な予定論の側面のみからラベリングされているカルヴァン派を理解するためのキーポイントとなる。

改革派キリスト者は、確かに、‘visible’な側面においては、「拡散宗教」性からいかに解放されるかを課題とする生活、‘vocal’な聖書に立つ生活を推進しようとする。とはいえ、彼らは、宗教の「現場」に生きるプロテスタントの信徒として、「呪術からの解放」を願いつつも、大村の指摘した、‘silent’な、‘emotional’な、‘spiritual’な「拡散宗教」的特性や、日本の宗教の「現場」、その社会の「基底」に底在している「拡散宗教」的風土の影響下に生きている。それは、プロテスタントといえども、大衆レベルの信徒においては、特に、民俗宗教的土壌が厳然と存在している日本社会の「現場」に埋没しながら生きているということなのである。したがって、ラベリングされた改革派キリスト者としての生涯を貫くこと、すなわち、キリスト者として‘vocal’な側面を追求しようとすればするほど、改革派キリスト者は、自らの宗教の「現場」から乖離し、それだけ一層、多くの苦労を経験することになる。なぜなら、彼らも、一般の日本で暮らしている人々と同じように、実際には、'emotional' な、'spiritual' なものを、その生活の基盤としてもっているからである。

このような社会のなかで、改革派キリスト者は、この 'emotional' で 'spiritual' な宗教「現場」の側面と、周囲からラベリングされた自らの信仰の 'visible' で 'vocal' な側面との葛藤を常に意識した信仰生活を送らねばならない。そこに、改革派キリスト者としての数々の信仰的葛藤が生起してくるのである。わが国のキリスト教界においても、「改革派」キリスト者といわれると、「頭」でっかちで、頑迷きわまりないファンダメンタリストであるとのイメージがついて回る。また、できる限り、感性的なものを排除しようとする典型的キリスト者と考えられている。しかし、はたしてそうであろうか。「改革派」教会は、確かに、意図的に「拡散宗教」的側面をその信仰生活において排除しようとしてきたといえる。が、「現場」に生きる改革派キリスト者も、わが国で生活する一般の人々と共通した宗教的感性を保持しながら、自らの信仰のなかで葛藤しながら生きているのである。

そこで、改革派キリスト者の葛藤の一事例を垣間見るために、カルヴァン派キリスト者の埋葬時に関連した行動に焦点を当ててみよう。それは、冒頭に掲げた素直な「問」に関連した事例でもある。

改革派キリスト者は、仏式の葬式などに参列したときに戸惑うことが多くある。それは、第一に、改革派キリスト者が、死者のことは、教理的には、「すべては神に委ねられている」と教えられていることに発する。

わが国の改革派教会においては、人間の死後の状態については、『ウェストミンスター信仰告白』の第三二章「人間の死後の状態について、また死人の復活について」において、具体的に教えられている。そこには、「人間のからだは、死後、ちりに帰り、朽ち果てる。しかし彼の霊魂は（死にもせず、眠りもせず）不死の本質をもっているので、直ちにそれを与えられた神に帰る。義人の霊魂は、その時に完全にきよくされ、最高の天に受け入れられ、そこで、彼らのからだの全きあがないを待ちながら、光と栄光のうちに神のみ顔を見る。また、悪人の霊魂は、地獄に投げこまれ、大いなる日のさばきまで閉じこめられ、そこで苦悩と徹底的暗黒のうちにあり続ける」(57)（傍点、引用者）、とある。

ちなみに、この「直ちにそれを与えられた神に帰る」という教理は、「阿弥陀教」のなかにみられる「即得往生《そくとくおうじょう》」という概念と類似したものであるとされる。(58)『浄土真宗聖典』の「浄土真要鈔　本」には、「即得往生」に関連しては、「平生《へいぜい》をいはず、臨終《りんじゅう》をいはず、ただ信心《しんじん》をうるとき往生《おうじょう》すなはち定《さだ》まるとなり」(59)、といわれている。これは、信心を得た者には、仮にこの世の生を終えたときにも、浄土に往って、仏の世界に生まれ変わるということを意味するとされる。この点においても、おそらく『ウェストミンスター信仰告白』第三二章が、キリスト者の死後について述べる論点は、先述の「即得往生」の思想を一つ提示して比較するだけにおいても、そのなかで述べられていることが、キリスト教の教えと類似していることはいうまでもない。

しかし、改革派信仰において教えられている、‘visible’な信仰における重要なポイントは、人間の死後は「神に帰る」ということにある。(60)『ウェストミンスター信仰告白』は、人間の死後については、神の専権事項であるということを宣言している。もちろん、改革派キリスト者は、死者を、仏（ホトケ）や神（カミ）とすることなどあり得ないし、そういう「特定宗教」から離れて脱‘emotional’な社会に生きようとしているといえる。とはいえ、一般信徒にとって、親しいものの生涯を見送った後に取る行動については、死はすべて「神の専権事項」という教理的解釈だけで片付けられるかどうか疑問である。人間の死とは、まさにわれわれの日常生活の「現場」とは切り離すことのできない、人間の生涯にとって重大事件だからである。

改革派キリスト者が、仏式の葬式に参列する場合、「焼香」をしないのが普通である。神道の葬式である「神葬祭《しんそうさい》」の「葬場祭の儀」に一度参列したことがあるが、彼らは、「玉串奉奠」をしないであろう。彼らの多くは、キリスト教式の葬式において行われる「献花」にも参加しないであろう。それは、要するに、‘visible’な側面においては、死者は神に委ねられたものであり、死者のために祈る‘emotional’な側面が排除されているからである。また、‘visible’な側面においては、聖書の神以外を神としてはならないという教えが聖書に示されているからである。改革派教会においては、死者を追悼することはあっても、死者のために祈る、いわば‘emotional’な行動は取るべきではないと教えられている。[61] カトリック教会の「葬儀ミサ・告別式」の場合には、通常、「献香」や「献花」の時がある。カトリックの場合には、「日々の祈り」のなかに、「死者のための祈り」がおさめられている。その祈りは、「主よ、みもとに召された人びとに永遠の安らぎを与え、あなたの光のなかで憩わせてください。アーメン」[62]（傍点、引用者）という言葉からなっている。カトリックの場合、‘emotional’な宗教行動としての死者のための祈りが当然のように含まれている。それに対し、プロテスタントの場合には、おそらく、教義的には死者のために祈るということはないであろう。

　第二に、キリスト者は、‘vocal’な規範の中心、すなわち「出エジプト記」二〇章一―一七節に示されているような規範、「十戒《じっかい》」を生活のなかで実践しようとする。おそらく、キリスト者は、程度の差はあれ、第一戒「あなたには、わたしをおいてほかに神があってはならない」（二〇章三節）という規範を、生活の根本に据えている。第二戒「あなたはいかなる像も造ってはならない」（二〇章四節）という戒めの規範を、心に刻みつけようとしている。この点が、死者の埋葬に関連して、改革派キリスト者が、教理的にみて、「焼香」を避けようとする最大の理由かもしれない。

　改革派キリスト者に、上記のような埋葬時の態度を取らせる理由は、キリスト者が、できるなら現実の社会（宗教の「現場」）のなかでも、聖書の示す視点に立って、呪術から解放された状態において、信仰生活（「現場」）を全うしたいと考えているからであろう。すなわち、少なくとも、「食べるにしろ飲むにしろ、何をするにしても」（「コリントの信徒への手紙　一」一〇章三一節）、あらゆる点において、聖書のみ言葉に従って生活したいと考えているからである。しかし、このような「十戒」が提示するような規範や倫理、改革派教会で教えられている埋葬の形が、カルヴィニズムの‘vocal’で‘visible’な生活規範の源泉となっているとしても、それらの倫理や規範が、カルヴィニストとして、‘emotional’な側面（「現場」）に生きている信徒に、どの程度まで通じるかは、明確に答えることはできない

であろう。(63)

「焼香」は、福音派と称されるプロテスタントの信徒や、改革派キリスト者たちが、自らの周りの人間関係のなかで、悩まざるを得ない重大な信仰的葛藤の一つである。(64) 改革派信徒のなかには、自らの葬式において、遺影を置くことも花を飾ることもしないように、と遺言を残す者もある。筆者の属する教会の葬式においては、「献花」はしないことになっている。棺をあけて、遺体を丁重に葬るために花で飾ることはある。あえて、「飾花」と称したりする場合がある。遺体を拝むことはしない。しかし、このような葬りの形について、改革派キリスト者のなかにも、多くの「現場」から発する違和感を覚えているものも確かにあるはずである。それは、改革派キリスト者が教えられている教理は、人間が自然にもつ'emotional'な部分〔「現場」〕をできる限り排除しようとした論理に発するからである。

おそらく、改革派キリスト者は、このような点において、世間一般の人々との隔たりを感じつつ生きているのであろう。ここに、改革派教会が伝統的に保持し継承しようとしている規範と、この世の「現場」の霊的な規範との間に、「規範の葛藤」、隔たりが存在する。その規範の葛藤は、改革派教会が、人々が素直に感じている人間的な性質、いわば、大村のいう、'human nature'とでもいいうるものを排除しようとした論理に発すると思われる。おそらく、大衆レベルの信徒においては、近親者はもちろん参列者も、死者に対して手を合わせ、また切花を一本でも手向けたいと考えるのが普通の宗教「現場」かもしれない。また、改革派キリスト者でも、そのデノミネーションが戦後成立して六〇周年を経過した今日においては、こだわりなく花を手向けようとするものもあろう。しかし、また、カルヴィニストと自認するものたちは、意図的に、'human nature'の側面に関連した行為を排除しようとする論理に立った行動をしようとするのも事実である。(65)

このような宗教行動に関連し、ヴェーバーは、特にカルヴィニズムにおける「呪術からの解放」を問題にする過程において、カトリシズムとカルヴァン派に由来するピューリタンの相違について、次頁のように説明している。

そこでは、プロテスタントの「呪術からの解放」の論点と、ピューリタンの埋葬（「現場」）とのかかわりが述べられている。その箇所で、ヴェーバーは、人間の「救済」は、カトリックにおけるサクラメント（聖礼典）や教皇権能などの「拡散宗教」的な、呪術的な要素に依存するのではなく、聖書のみ言葉によって実現されることを指摘し、いかにプロテスタントたちが、神秘主義的、感情的な側面を排除しようとしたかについて説明している。このような論点のみが、多くの社会科学者の目に留まり、ラベリングされ、カルヴァン派の冷徹な信仰のみが強調され一人歩きを始めたのであろう。

ヴェーバーは、埋葬行動に関連し、次のように指摘している。

> ［プロテスタントが、］教会や聖礼典による救済を完全に廃棄したということ（Fortfall kirchlich-sakramentalen Heils）（ルッタートゥムではこれはまだ十分に徹底されていない）こそが、カトリシズムと比較して、無条件に異なる決定的な点だ。世界を呪術から解放するという宗教史上のあの偉大な過程、すなわち、古代ユダヤの預言者とともにはじまり、ギリシャの科学的思考と結合しつつ、救いのためのあらゆる呪術的方法を迷信とし邪悪として排斥したあの呪術からの解放の過程は、ここに完結をみたのだった。真のピュウリタンは埋葬にさいしても一切の宗教的儀式を排し、歌も音楽もなしに近親者を葬ったが、これは心にいかなる》superstition《「迷信」をも、つまり呪術的聖礼典的なものが何らか救いをもたらしうるというような信頼の心を、生ぜしめないためだった。神が拒否しようと定め給うた者に神の恩恵を与えうるような呪術的な方法など存在しないばかりか、およそどんな方法も存在しない(66)（［　］内引用者注記、、、点は訳書にあり、・・点、引用者）。

ヴェーバーは、このあとに続け、カルヴィニズムに思想的基盤を置く人間が「内面的孤立化（innere Isolierung des Menschen）」(67)の過程をへて進められた宗教的態度について、次のように述べている。

一切の被造物は神から完全に隔絶した無価値であるとの峻厳な教説に結びついて、一面で、文化と信仰における感覚的・感情的な要素へのピュウリタニズムの絶対的否定的な立場――そうした諸要素は救いに無益であるばかりか感覚的迷妄と被造物神化の迷信を刺激するからだ――の、さらに、彼らのあらゆる感覚的文化への原理的な嫌悪の根拠を包含することになる。(68)

ヴェーバーは、上記のように、「真のピュウリタンは埋葬にさいしても一切の宗教的儀式を排し、歌も音楽もなしに近親者を葬った」こと、また、ピュウリタンたちが、「文化や信仰における感覚的・感情的な要素」の「絶対的な否定」を志向していたことを指摘している。わが国の改革派教会は、ヴェーバーが、指摘したような伝統と同じ形式を、そのままの形で受け継ごうとしたのかもしれない。しかし、はたして、そのようなヴェーバーの「拡散宗教」性排除の論理だけから、改革派キリスト者の埋葬儀礼が説明できるかどうかは、はなはだ疑問である。

このような埋葬に関する論点は、ヴェーバーが、カルヴァン派の「拡散宗教」性排除の論理について指摘した注目すべき点である。カルヴァン派が、あらゆる点において、一切の「》superstition《迷信」と指摘した'emotional'な側面を排除しようとしたことは、すでに述べたように、カルヴァン派の'vocal'な聖書主義的な視点において、教理的にみれば当然のことなのかもしれない。実際、改革派キリスト者は、埋葬に際しても、できる限り簡素に、しかも「感覚的・感情的な要素」を排除しようとする。それは、彼らが、「神に栄光を帰す」ことを最も重要な視点として教えられているからである。埋葬においても、彼らは、「拡散宗教」と密接に関連した、宗教「現場」における「迷信」的なものを排除しようとしたのである。カルヴァン派は、その意味で、ヴェーバーの指摘に従えば、他の「特定宗教」がもつような葬送行動を取らないことを通して、その独自性を発揮しようとしたのかもしれない。他宗教とエキュメニカルな関係をもつことを警戒し、「内面的孤立化」を深めようとしたのかもしれない。

それは、すでに、「四　改革派教会の'visible'な側面と『他力』の教えの類似性」において、鈴木大拙の「モナージズム」の指摘を引用して述べたように、カルヴァン派キリスト者たちが、自らの信仰は宗教改革の精神を最も純粋に体現したものとして、神と被造物との徹底的に隔絶した関係を意識しつつ、「救済」という事柄については、神の一方的な恩恵によることを告白しようとしたからであろう。(69) とはいえ、繰り返すが、改革派キリスト者も、そのような'vocal'な教理的な論理だけで生きているのではない。宗教の「現場」に生きているのである。

このように、ヴェーバー的な「呪術からの解放」の論点が、余りにも強調されることによって、カルヴァン派のデノミネーションは、呪術から解放された教派であるとラベリングされ、そこに数々の誤解が生じ、それらが検証されることもなく、そのままの形で受け入れられてしまったのである。(70) しかし、焼香の事例を一つ取り上げても、大衆のレベルのキリスト者たちが「現場」で抱いている感性は、単純にヴェーバーがカルヴァン派の葬送儀礼に関して指摘したものとは大いに異なる。少なくとも、'vocal'な視点で生きようとする改革派キリスト者も、その宗教の「現場」で様々な葛藤を経験しながら生きているのである。

六　「職業宗教家」と「一般大衆信徒」の温度差

さらに、もう少し、カルヴァン派の「見える宗教」の部分、その教理的な部分に目を向けてみようと考える。それは、教理的なものにとらえられて生きることは、現実には、様々な葛藤を経験しながら生きることになる、ということを再確認することでもある。

カルヴァン派のキリスト者は、その信仰の生涯を通して、'vocal'な「十戒」の第四戒、「安息日を心に留め、これを聖別せよ」(「出エジプト記」二〇章八節)を、重要な規範として教え込まれる。まず、キリスト者は、洗礼を受け、教会に加入するとき、神礼拝のために、日曜日、すなわち、'formal'な「安息日」を守ることを誓約する。しかし、教会の礼拝に出席し続けることは、キリスト教の伝統が存在しない日本の「現場」の社会においては、困難がつきまとう。(71)

以前、西欧キリスト教諸国のキリスト教研究者から、わが国のキリスト教は、きわめて純粋な聖書中心の信仰を堅持していると聞いたことがある。おそらく、その意味は、ヴェーバー流の「呪術からの解放」の過程を徹底しようとして、感情的・情緒的なものを「必死」に排除しようとしたことを評価したものであろう。それは、また、日本社会においても、宗教改革の伝統を模範的に維持しようとしているキリスト者が、このように世俗化した今の時代の日本社会に存在しているのかという驚きをもった批評でもあった。わが国において、一般に、「福音派」と称されるキリスト者は、「十戒」に示されたような‘formal’な倫理的規範に、「自覚的」に生きようとする群れである。しかし、それだけに、「五　ラベリングされた改革派キリスト者と『拡散宗教』的側面排除の論理」でも指摘したように、「自覚的」なキリスト者は、社会の様々な規範との葛藤に絶えずさらされて生きることになる。それは、改革派キリスト者も、改革派信仰が教える教理とは異なる「現場」の宗教性のなかで生活しているからである。

ところで、これまで述べてきたような改革派教会のもつ、宗教を生業とする「職業宗教家」が巧みに操る論理、つまり教理的な視点が、どこまで、一般の改革派キリスト者、一般大衆のレベルの信徒に通じるのかを考察することが、次の問題である。(72) そこには、キリスト教の教理に対しても、理解の仕方に、信徒による温度差があることを示すことにある。

それは、「特定宗教」としての改革派キリスト者にとって、上記のような‘vocal’な、‘formal’な「予定説」や「禁欲説」が、また「召命観」が、さらには、「十戒」や現実の信仰生活における教理的な奨めが、どれほど‘emotional’で、‘spiritual’な真実として、一般大衆のレベルの信徒にまで受け止められているのかについて問い直すことでもある。それは、大村の視点における最も重視すべき「氷山」の「基底部」、平信徒の「現場」の信仰の問題でもある。

一般に、改革派キリスト者の場合、先述したように、‘formal’な論点において（「頭」において）、「焼香」（「現場」）を避けようとするであろう。(73) しかし、今日の一般の改革派キリスト者にとっても、現実の社会のなかには、‘visible’な、いわば「頭」だけの論理では通用しない部分がある。それは、現実の社会において、本質的に、改革派キリスト者といえども、'visible' な部分だけでは勝負できない社会的な側面、生活の「現場」が存在するからである。世俗化が進展した社会において、改革派に属する信徒のなかでも、その宗教的感性に関連して、自らは、「改革派」の信徒であるという自覚など、持ち合わせていないと思われる者たちも多く存在する。彼らは、改革派キリスト者としての 'formal' な側面をすでに捨ててしまって、宗教の「現場」においてのみ、自らの信仰においてのみ生きているということかもしれない。改革派の一般大衆のレベルの信徒においては、改革派キリスト者であるという意識はほとんどないともいえる。信徒は、日々の現実の生活に埋没し、聖書を読むこともなく祈ることも少ない場合が普通である。もちろん、教理を学ぼうとすることもない(74)。今日の改革派教会の若者は、教会が提示する教理教育などにはついていけないし、それを若者に強行すると、彼らは教会から離れてしまう可能性さえある。専門的職能者である「牧師」に関しても、改革派信仰を堅持することが任職の条件であるが、現実にそれを保持しているかどうか疑わざるを得ない場合がある。つまり、改革派の教理が、大衆レベルの信徒にまで浸透しているかどうかとなると、はなはだ疑問であるといわざるを得ない(75)。

それだけに、今日の改革派信仰を理解しようとするとき、改革派教会が、宗教改革の精神を文字どおり体現する教派として、ヴェーバーのいうような「呪術からの解放」を徹底して志向しようとしても、実際には、日本社会に存在する「拡散宗教」の重圧から逃れられないデノミネーションなのである。葬りの儀式に参列したとき、「死者のための祈り」が定められているカトリック信徒はさておき、筆者は、キリスト者の一般大衆向けに、キリスト教においては、「死者のための祈りは禁じられている」と、『新キリスト教辞典』(76)に書いたことがある。しかし、その内容は大衆の「現場」に生きるキリスト者のレベルには通用するものではないのかもしれない。筆者の記した内容は、単に辞書に書かれただけの意味付けをもつに過ぎないかもしれない、という不安が残っている。カトリックの場合には、各種の諸宗教にも通じる「共通の儀式」として、「焼香・献花」などが行われる。改革派は、それをも拒否しようとするのである。それは、十戒の第一戒「あなたには、わたしをおいてほかに神があってはならない」を、厳格に解釈しようとするからである[77]。

しかし、冒頭の問に示したように、改革派のキリスト者も、近親者の遺骨をキリスト教墓地に埋葬し、特にイースターのときなどにその場所で墓前祈祷会を開催する。ただし、それは、'formal' には、信徒を生前導かれた神の栄光をたたえるための祈祷会である。とはいえ、それらの一般大衆レベルの信徒たちの宗教「現場」の心性について考えるなら、インタビュー調査したことはないが、死者に対する弔いに関連した感性がそのような墓前祈祷という行動を動機付けると推測できる。改革派キリスト者といえども、育った環境の「基底部」には、明らかに日本的な宗教的感性（「現場」）が存在している。それは、また、「日本的」なというより、「世界的」にみても、大衆の共通した宗教的な「感覚的・感情的な要素」に関連したものであるというべきかもしれない。

実際、筆者の経験的知見によれば、繰り返しになるが、カルヴィニズムの教理的特質を十分に理解し、信仰実践している「改革派」信徒はきわめて少ないといえる。確かに、'vocal' な改革派の教理に生きるためには、わが国の 'emotional' な宗教的社会通念とはかけ離れた生き方が要求される。したがって、改革派平信徒のなかに、わが国の仏教的な宗教的伝統、あるいは民俗宗教的古層としての宗教の「現場」に埋没している信徒が多く存在するのも無理のないことなのである。

すなわち、キリスト者にとって、「したたかに」、しかも日本的な「拡散宗教」に裏打ちされた宗教的風土のなかで、「特定宗教」としての 'vocal' な改革派信仰を全うすることは容易なことではない。「自覚的」なカルヴィニストとして、わが国の「現場」の宗教的風土に「対抗的」に生きようとしても、日本社会のコンテキストやコミュニティは、その「拡散宗教」としての民俗宗教性を根底にもっているのである。そこに、日本社会において、改革派キリスト者が、純粋で、'vocal' な「聖書信仰」を貫くことの困難性（苦悩）が存在している[78]。それは、多くの研究者が語ってきたように、日本の宗教的土壌（「現場」）と改革派信仰とは、その特性や論理構造において、大きな違いがあるからである[79]。

七　改革派キリスト者の「慰め」――剥奪理論と神義論

改革派キリスト者として生きることは、多くの宗教的葛藤の連続のなかに生きることである。その葛藤のなかに、改革派キリスト者は生きている。なぜなら、職業宗教家が提示する‘visible’な聖書の御言葉と、大衆宗教家としての‘emotional’な宗教的感性との間の葛藤を経験しながら生きざるを得ないからである。‘visible’なキリスト教信仰に生きることは、信者がこの世の宗教的感性（「現場」）に対抗して生きなければならないからである。しかし、教理的な‘vocal’な側面からも、宗教の「現場」に生きる彼らに、また大きな宗教的な「慰め」が示されている。

そこで、ここでは、改革派キリスト者の「慰め」、すなわちその「幸福」について教えている『ハイデルベルク信仰問答』[80]の第一問を取り上げておこう。この『信仰問答』は、キリスト者の心情に最も強く訴えかける問答書として著名とされる。これは、教理というドグマ的な側面において、現実の生活（「現場」）のなかで苦悩するキリスト者の「慰め」について示されたものである。それは、また、この「現実」の宗教の「現場」に生きるキリスト者の心情に強く訴えかける問答集である[81]。

おそらく、日本の社会においても、この『信仰問答』の「問」と「答」にとらえられた者たちは、それが単に言葉の上のもの、‘visible’なものであっても、そこに、キリスト者としての大きな「慰め」を実感しているに違いない。

第一問　生きるにも死ぬにも、あなたの唯一の慰め（Trost）は、何ですか。

答　わたしの唯一の慰めは、生きるにも死ぬにも、わたしの体も魂も、わたしのものではなく、わたしの真実の救い主イエス・キリストの所有《もの》であるということです[82]。

この教えは、改革派教会の信徒にとって、イエス・キリストとともにある「慰め（幸福）」を要約したものである。

生きるにも死ぬにも、キリスト者の最大の「慰め」は、イエス・キリストとともにあるとする。この『信仰問答』の'visible'な言葉は、改革派キリスト者の'emotional'な心情に焼き付けられたものでもある。それは、カルヴァン研究者で、『ハイデルベルク信仰問答』の研究者として著名な吉田隆（一九六一―）が指摘した、「神様は本当に私のことを愛してくださる。いつも私のことを友達のように思っていてくださる」との思いに通じるものであると考える。(83)

また、『ハイデルベルク信仰問答』には、キリスト者の「苦難」と「幸福」を対照的に提示し、両者について、的確に説明している箇所がある。それは、「第一〇主日」、「第二八問」とその「答」である。(84)

第二八問　わたしたちは、神の創造と摂理を認識することによって、どのような益を得るのでしょうか。

答　わたしたちは、苦難（in aller Wiederwärtigkeit）のときには、耐え忍ぶことができるのです。

幸福（in Glückseligkeit）のときには、感謝することができるのです。

将来、起こるすべてのことについては、わたしたちの真実の父なる神を心から信頼して、どのような被造物も、神の愛から、わたしたちを引き離すことができないという堅固な確信を持つことができるのです。

なぜなら、すべての被造物は、御手《み》のなかにありますから、神の御意思《みこころ》でなければ、起きることも、動くこともできないからであります。

ここには、キリスト者は、「苦難」のときには「耐え忍ぶ」ことができ、「幸福」の時には「感謝することができる」とある。「現場」に生きるキリスト者の心情に訴えかけるもの、「慰め」を与えるもので、そこには、「すべての被造物は、御手のなかにあります」と示されている。もちろん、それは動植物を含めてすべてである。

この箇所は、マックス・ヴェーバーが指摘した「神義論」の核心、すなわち、宗教の「現場」において、どのような悲惨な事態が起ころうとも、キリスト者は、「神の愛」のうちに救済されるということを教えている。前掲の吉田の言葉によれば、それこそ、キリスト者は、どのような苦難のときも、「神様は本当に私のことを愛してくださる。いつも私のことを友達のように思っていてくださる」という思いを抱くことができるということなのである。この問答の教えるキリスト教の教理は、キリスト者が、たとえ「苦難」に遭うときにも、「神の御意思《みこころ》」としてそれを受容し、耐え忍び、平安のなかに生きることができるということを示している。これは、改革派キリスト者にとって、その心情に深く刻み付けられた喜びである。

改革派キリスト者にこのような慰めに満ちた「教理」が示されていることは、裏を返せば、改革派キリスト者といえども、この世における「現場」の葛藤や悲しみとともに生きざるを得ないことを示しているともいえる。すでに述べたように、葬りに参列した信徒たちは、たかが「焼香」するかどうかで悩むことにもなる。しかし、その悩みの根底には、教理的な葛藤より、信徒が、死者に対し手を合わせ、香をささげたくなる思いから発するものがあるのではないかと思われるのである。それが、宗教の「現場」の思いであるといえるのかもしれない。

ここで、第二八問の問に関連し、キリスト者として、「どのような益をうるのでしょうか」との問について、第一に、宗教的「剥奪理論」から、第二に、マックス・ヴェーバーの「神義論」から付言しておく。それらは、キリスト者の「苦悩」と「幸福」について、人間的苦悩や「剥奪」状態からの解放という側面、また、予想もできない宗教「現場」の厳しい苦難からの救済という二つの側面を適切に説明していると考えるからである。

第一に、宗教者は、一般に、自らの理想と現実のディレンマ（板ばさみ〈dilemma〉）から宗教加入するとされる。人は、生活のなかで、理想（期待値）を抱きながらも、日々の現実（「現場」）との間のギャップ（落差）に悩む。改革派キリスト者であれ、それは同じであり、日々の生活においても教会生活においても、理想と現実のギャップのなかにある。なかでも、日本の社会において、現実にキリスト者であることに発する理想と現実のギャップは、大きいといわねばならない。改革派信徒でなければ悩む必要もないような事柄（例えば「焼香」）に、多くの信徒が葛藤を経験している。

しかし、宗教心理学者金児曉嗣（一九四四―）は、生駒の宝山寺における講員の調査結果によって、「剥奪」された人間の実態と救いについて、「剥奪理論」から説明している。金児は、「日本人の宗教心の大きな特徴は、神の霊力にすがって『貧・病・争』からの解放を求める現世利益信仰にある。裏を返していえば、人びとは、満たされない『富と健康と平和』への欲求を宗教に託している」（傍点、引用者）[85]と結論付けている。おそらく、どのような宗教に属していようと、人間にとって剥奪されたものが補償されるとき、その人間に豊かな幸福感を与えるに違いない。

改革派キリスト者の場合にも、「剥奪」された現実に対する「現世利益」的信仰、換言すれば、「現場」の宗教的ニーズがある。特に、昨今、教会内においても、その「現場」に目を移せば、仕事や男女間の精神的葛藤などに悩み抜く信者が多く存在する。おそらく、キリスト者は、「商売繁盛」、「交通安全」、「家内安全」、「受験合格」というような祈願は、表向きには避けようとする。しかし、キリスト者も、現実の社会（宗教の「現場」）のなかで、様々な矛盾を抱えながら生きている。病気になれば、イエス・キリストに、癒しを願い、祈るであろう。キリスト者も、「剥奪」状態からの回復のために、「神の摂理」や信仰の「代償」、「奇跡」などに希望を託す。実際、聖書のなかには、イエス・キリストが、病人を癒されたり、食べ物を与えられたりする例が、数多くみられる。それこそ、キリスト教の「拡散宗教」的側面であるともいえる。

もちろん、キリスト教の教えは、人は、イエス・キリストを信じることによって、「罪からの解放」（「幸福」）がもたらされるということである。人々が、キリスト者へと変えられていく過程には、先ず自らの深い罪の自覚が先行する。その際、キリスト者は、罪から解放されたいという自らの理想と、罪意識の間のギャップを埋めるために、イエス・キリストの十字架の死による贖いにあずかろうとする。[86]神は、「罪と悲惨の状態」にある罪深い「不幸」な人間に、そのままの状態に留め置かれないで、一方的な救済の恵み（「幸福」）を与えられるからである。それらは、すべて、神が与えられる「益」である。

また、第二に、人には乗り越えることのできないような試練が与えられる場合がある。人は、そのような絶望の淵から、どのように立ち上がるのであろうか。

「救済（die Erlösung）」の一つの方法は、ヴェーバーの視点からいえば、「神に属する性質」に、神の一方的な恩恵に、魂の「救済」を委ねることに他ならない。人は、絶望の淵において自らの無力性を確認し、神の全能の御業に期待し、そこに「救済」を求める。それは、上記のような単なる「剥奪」されたものからの救済という次元を超えた問題のように思われる(87)。一言でいえば、それは、絶望的な「苦難」からの「救済」の問題、すなわち、「神義論（Theodizee, theodicy）」の問題である(88)。

人は、現実の生活のなかで苦難に遭遇するとき、しばしば、「苦難」の原因を探り、その終末論的救いが何によってもたらされるかを追求する。人は、現実の耐え難い「苦難」に対し、それは、自分を超えた聖なる存在（キリスト教の場合は「神」）が与えた「苦難」であると解釈する(89)。と同時に、いつの日か、近い将来に、「神」が究極的な平安を与えられると考える。人は、乗り越えることもできないような不幸（「苦難」）に対し、終末の時に与えられる幸福（「恩寵」）を思い描くことによって、不幸から解放されるのである。

ヴェーバーは、この点について、「神の摂理と社会秩序における不正および不完全性とが和合しえない(90)」、と指摘している。また、この世には、不正や、不合理など、「世界の不完全性（die Weltunvollkommenheit）(91)」が厳然と存在しているとする。いわば、社会のなかに存在する「現場」の「不完全性」は、社会的不条理といえるかもしれない。思いを超えた災難が人々を襲うのも、ヴェーバー流にいえば、その世界の「不完全性」のゆえであろう。しかし、キリスト者だけでなく、宗教に生きる者は、それは、「神に属する性質」とは何ら矛盾するものではないと考える。つまり、人は、神が人間に与えられる「苦難」は、神のいわば「完全な義」を決してそこなうものではないと考える。神は、どこまでも、永遠に「義」なる存在であると考える。ヴェーバーによれば、不正や不合理は、神の摂理のなかで人間が遭遇するものであり、決して、「神の義」を否定する理由とはならない(92)。

人は、たとえ避けられない「苦難」に遭遇しても、神は「義」なる存在であり、決して自らを見捨てられることはないと考えるのである。そのように考えるところには、大きな内的な「救い」がある。このことは、宗教によって、神に絶対的に信頼を置く人々に共通の「救い」であろう。神の「義」を確信することによって、人は、また、最終的に与えられる人間の「幸福」を信じつつ、希望を抱いて生きていくのである。神の「義」についての教説については、それがたとえ教義上の事柄であるとしても、キリスト者にとって、共通した恵みであるに違いない。

ヴェーバーはまた、その「神義論」を展開する過程で、特に、「メシア的な終末論（Messianische Eschatologien）」の視点に注目している。宗教に深くかかわる人間だけに限らず、人は、この世に存在する様々な矛盾も、「終末論的な出来事」[93]を通して、いつか解消されると考えることが多くある。

キリスト教の場合、旧約聖書に登場する義人ヨブは、「ヨブ記」一章一節に、「無垢な正しい人で、神を畏れ、悪を避けて生きている」人であった、と述べられている。義人ヨブのように、宗教の「現場」において、多くの財産や幸福に満ちた家庭に恵まれていても、「大風《おおかぜ》」（一章一九節）の災難にあうと同時に、すべてを失い、また、「頭のてっぺんから足の裏までひどい皮膚病」（二章七節）にかかるようなこともある。しかし、ヨブは、その「現場」としての絶望の淵のなかでも、神への信頼を失わなかった。神の「義」を追求し続けたのである。

ヴェーバーの「神義論」の視点は、人は、宗教の「現場」において、受け容れがたい不幸（「苦難」）に遭遇しても、神が「義」であることを思い、いつか平安に満たされた「救済（「幸福」）」が与えられると確信する場合が存在することを提示してくれている。それは、また、宗教は、その「現場」のみでもとらえきれないことを提示している。つまり、宗教は、人間のこの世的な現実を超えた存在をも明らかに提示しているからである。

改革派キリスト者は、この現実の世（「現場」）において、様々な剥奪されたものに対する代償をキリスト教に求めつつ、また人間の存在を超えた絶対者である神の「義」にあずかることによって、そこに、大きな心情的な「慰め」を得ている。これは、人間がその現実の「苦悩」のなかで、「慰め」を受けるときにも、またその人間の現実を超えた存在との関係があることを示すものである。

このように、改革派キリスト者には、「拡散宗教」が提示する次元とは異なる教理的な視点が明確に示されている。それは、宗教の「現場」のみをも問題にするだけではとらえきれないものなのである。キリスト者は、様々な現実の葛藤のなかにも、キリスト者として生きていくことができるのは、自らを超えている神を強く意識しているからに他ならない。キリスト者には、「絶えず神様に見張られている。監視されている」(94)という人間の自由を奪うような感性を超えた、神とともにある豊かな「慰め」が与えられていることも事実なのである。それこそ、キリスト者の「幸せ」ではないだろうか。

おわりに――キリスト教の「現場」に立ち返って

その意味で、改革派キリスト者として生きることは、たとえ、苦悩の連続という宗教の「現場」に立たされようとも、完全な救済を神に委ねることのできる「幸い」のなかにあるといえよう。聖書は、全巻を通して、キリスト者の苦難と、イエス・キリストの贖いの御業によって、神と和解されている大いなる「喜び」を語っているからである。キリスト者は、神に祈り、神の救済を確信するところに平安が与えられている。キリスト者は、また、神の「義」を思い、究極的には神の完全な救済のなかに入れられるという思いが強くある。それは、旧約聖書に、「コヘレトの言葉」として、その作者が、「神の御意思」を理解できないままにも、「神のなされることは皆その時にかなって美しい」(口語訳聖書、「伝道の書」三章一一節)との言葉を残しているとおりである。すなわち、人は、神の「義」を疑うことなく、神との関係において、神に願い、その神の導きを確信しつつ、苦難から立ち上がることができると考える。神との平和は、キリスト者の最大の「慰め」なのである。

しかし、わが国のキリスト教を理解しようとするとき、キリスト教の「現場」に立ち返って理解しようとすることが必要不可欠であることはいうまでもない。要は、キリスト教の「神義論」や完全な「救済」にかかわるドグマ的な、'visible' な側面のみをみていても、その真実を把握したことにはならない。確かに、神の「義」を疑うこともなく生活しているキリスト者も多く存在する。しかし、キリスト者も、その宗教の「現場」において、社会のなかで様々な葛藤を意識しながら生きている。そのようなキリスト者の心性を理解しないでは、おそらくキリスト教伝道も不可能であろう。それが、キリスト教を理解するために、「『現場』に立ち返って」ということなのである。

筆者は、本節を通して、一貫して、筆者の所属する改革派キリスト者の立場から、そのキリスト教の海面下に沈んだ 'invisible' な部分に注目すべきことを指摘した。それは、これまで、キリスト教の職業宗教家や専門研究者たちが問題にしなかったと考えたからである。この論点は、大村英昭の「拡散宗教」論の視点から教えられたキリスト教理解の要諦であると考えるのである。

キリスト者も、理想と現実の落差のなかで生きている。常に、何らかの「現場」の宗教的ニーズを心のなかに抱きながら、様々な宗教的心情をもちながら、普通の人々と共通した社会の地平で生きている。また、「拡散宗教」としてのわが国の民俗信仰に厳然と取り巻かれ、「呪術から解放」された信仰を貫くことに困難を覚えながら生きている。筆者も、自らの信仰を貫き通すことにかなり無理を覚えながら、改革派キリスト者として生きている。このようなキリスト教の「現場」に眼を向けない限り、大村の指摘した宗教の「基底」に立ち返らない限り、宗教を真に理解することはできないような気がする。

「呪術からの解放」という視点から、近代化の理論を構築したマックス・ヴェーバーでさえ、宗教が呪術性を内包していることを、その「祭司」の研究を通して指摘した。現実の改革派キリスト者は、わが国の民俗宗教的な土壌のなかで、仏教や神道が社会の根底に存在し、それが文化や社会を支えている「現場」で生きている。また、人間の心性や霊性をきわめて重視する新宗教が隆盛する社会の「現場」で生きている。改革派キリスト者も、自らの 'visible' な教理的な宗教性を追及しようとしながらも、日々の生活に埋没して、キリスト教の 'invisible' な「現場」において生活しているからである。

以下、本節を終えるにあたり、四つの点についてキリスト教の「現場」に目を注ぎつつ、要約し、その重要性を指摘して締め括りとしておきたい。

第一に、キリスト者といえども、「拡散宗教」性の社会のなかで生きているということ。このことは、キリスト教の職業的教師や長老たちが目を向けなければならない事柄である。この点は、これからのキリスト教伝道の可能性に関わってくる重要な問題点である。それは、当然のことかもしれないが、キリスト者が、ドグマ的な部分だけで生きているのではないということを認識することでもある。

第二は、改革派キリスト者といえども、完全に「呪術からの解放」をなし遂げることはできないということ。この点は、改革派キリスト者が、真剣に‘visible’な部分においてのみ信仰を貫こうとしても、それは、宗教の臨床の「現場」、日本の社会が許さないということ。キリスト者は、キリスト教というきわめて教理的に理解困難な世界に生きながら、意図的に、あらゆる迷信的なものを取り除こうとするかもしれない。しかし、そのような「呪術からの解放」の生活、「拡散宗教」的特性からの解放など、現実には不可能であること。(95) それを理解することによって、また、伝道の可能性が高まるといえるのかもしれない。

第三に、わが国にとどまらず、またキリスト教にとどまらず、現実に生きている人間の宗教性をとらえるには、単に目視できる‘visible’な部分のみをとらえようとしても、そこには無理があるということ。改革派キリスト者は、独自の宗教性を堅持しているといえども、現実に生きている信仰者は、普通の人々と共通した宗教的な「感覚的・感情的な要素」をもっているということ。

第四に、しかし、また、本節の冒頭に示したように、「復活信仰を本当に信じているの」と聞かれても、「はい、それを信じます」と答えることのできるキリスト者が存在していること。それは、上記の三点、宗教の「現場」とは直接に関係のない事柄かもしれないが、神は「義」であると教えられるままに信じようとする信者が存在しているということ。

最後に、再び、様々な宗教的葛藤のなかに、弱いながらもキリスト教信仰を保持しようとして苦悩している一キリスト者が存在していることを告白しておく。

二節　宗教的人間としてのキリスト者(96)

——改革派教会と信徒——

はじめに

本節では、筆者が所属する「日本キリスト改革派教会」を紹介することによって、一人のキリスト者がどのように生きているかについて一つの事例を提示している。

以下、「一　改革派教会と信徒」、「二　改革派教会とわが国の宗教状況」、「三　非キリスト教社会とカルヴィニズムの特徴」において、日本社会の宗教的特性と一信徒の信仰の基礎を形成しているカルヴィニズムの相違について述べている。「四　日本社会にキリスト者として生きること」においては、自らの信仰とは異なる社会的エートスに取り囲まれた社会において、キリスト教会の「長老」として生きていることについて述べている。「五　改革派教会と信仰的葛藤」においては、日本社会のなかで、所属する教会がどのような問題を抱えているかについて示している。「おわりに——改革派教会の将来」においては、教派の将来的な展望について提示している。

これらを通して、苦悩しながらも、自らの信仰を堅持しようとする一つの日本社会のキリスト教教派と、一信徒の「現実」の一端が明らかになるであろう。

筆者は、「自覚的」カルヴィニストとしてキリスト教の信仰をもって生きている。(97)本書、「第一章　宗教的人間と社会の分析視角」において指摘した論点にさかのぼるなら、筆者の「〈われ〉—〈なんじ〉」の関係は、キリスト教の神との関係であることはいうまでもない。言い換えると、本節は、キリスト者として、「〈われ〉—〈なんじ〉」の関係のなかで、一人の人間が、様々な現実社会との「対抗緊張関係」のなかで、どのように生きているのか、についての報告である。その過程においては、所属教会や教派の姿を紹介し、多くの問題をかかえながらも、「永遠の〈なんじ〉」との関係で生きるキリスト者の姿を示している。

また、日本というキリスト教の教理とは根本的に異なる、キリスト者にとっては「異教的」社会において、キリスト者として生きることの意味はどこにあるのか、さらに教会に通う者として、どのような思いのなかで生活をしているのかなどについて述べている。それは、様々な宗教的軋轢（「対抗的緊張」）や苦難のなかに生きる一キリスト者の素直な告白かもしれない。

一　改革派教会と信徒

筆者は、スイスの宗教改革者ジャン・カルヴァンの系統をひく教派、「日本キリスト改革派教会」を包括宗教法人とする「日本キリスト改革派神港教会」（写真4−1〜4−3、参照）の会員である。このプロテスタントの教派は、戦前、旧日本基督教会（現在は、日本キリスト教会）に属していた。戦中、日本基督教団に合同されたが、戦後、カルヴァンの教えに従わんと、聖書を重んじる一〇数名の教職が、改革派信仰、長老派信仰に立つ教会を組織しようとして、一九四六（昭和二一）年に日本基督教団を離れ、彼らに従う信徒たちとともに日本基督改革派教会（現在は、日本キリスト改革派教会）を立ち上げた（表4−1、参照）。この教派は、カルヴァン派の教派（デノミネーション）で、マックス・ヴェーバー（Max Weber, 1864−1920）は、「プロテスタンティズムの禁欲的諸流派[98]」に位置付けている[99]。

筆者は、一九七五年三月三十日、学生時代、二三歳で受洗し、八二年より四年間、「執事（deacon）」職を務め、八六年以来（二〇〇九年の時点において）、「長老（elder）」（「治会長老」）職にある[100]。治会長老は、「教会員を代表するために教会員の中から選ばれ、教師と共に各個教会の政治と訓練を行い、霊的状態を見守る」という、教会組織上の職務である[101]。長老会議（「小会」という）は、教会の会員を代表して教会政治を主導し、教会運営の役割を担っている[102]。おそらく、それは、企業における取締役会にあたるのかもしれない。

写真４－１　日本キリスト改革派神港教会

写真４－２　神港教会礼拝堂

写真４－３　神港教会オルガン

（出典）　写真４－１～４－３，神港教会作成絵葉書より転載．

表４－１　神港教会(2010年１月)，および日本キリスト改革派教会(2007年度)教勢

		男	女	男児	女児	合計
神港教会教勢（長老，執事数は09年２月現在）	全会員	133	192			325
	陪餐会員	95	163			258
	現住陪餐	77	133			210
	他住陪餐	8	19			27
	別帳陪餐	9	11			20
	未倍餐会員	39	29			68
	現住未倍餐	23	20			43
	他住未倍餐	14	9			23
	別帳未倍餐	2	0			2
	長老	11				11
	執事	5	9			14
日本キリスト改革派教会	全会員	2,793	4,820	1,148	1,027	9,788
（2007年７月）	現住陪餐会員	1,910	3,386			5,296
総数143	長老					335
教会数86	執事					498
伝道所数44	伝道所委員					159
教会所属伝道所８	朝礼拝出席	1,568	2,556	319	335	4,778
協力教会伝道所１	夕礼拝出席	403	496	43	36	978
現役教師数128	祈祷会出席	456	628	32	38	1,154
引退教師数41	日曜学校出席					1,494

（注）「陪餐会員」とは，洗礼を受けたかまたは信仰告白した会員．「現住」は，教会近辺に住まい，教会活動に参加している者．「他住」は，教会から遠く離れて住まいしている者で，教会活動に実質的に参加していないもの．「別帳」は，戒規を含む理由によって，現住，他住会員から区別される会員．

日本キリスト改革派教会教勢は，同教会大会事務所編『大会時報』№200，2008年12月15日発行，５－６頁によると，2007年現在，会員数9,788，現住陪餐会員数5,296，長老数335，執事数498，伝道書委員数159である．表に示された数値は，『日本キリスト改革派教会第63回定期大会記録』同事務所発行，2009年，286-287頁，による．2007年の数値である．

（出典）神港教会教勢は，『2010年度　神港教会年報』2010年１月発行，32頁他．

二　改革派教会とわが国の宗教状況

わが国においては、カルヴァンの系譜をひく改革派教会は、一般に、「改革派（Reformed Church）」または「改革長老教会（Reformed Presbyterian Christian Church）」などと称され、会員数は数千人程度である。

ここで、「日本キリスト改革派」の教理的特徴について二点あげておく。

第一の特徴は、一九四六年に採択された「創立宣言」に示されているように、「ウェストミンスター信仰基準」を教理の体系として堅持していることにある。改革派教会は、その信条について、「聖書ニ於イテ教ヘラレタル教理ノ体系トシテ最モ完備セルモノ」、と宣言している。同じく、「創立宣言」のなかに、「世界の希望はカルヴィン主義の神にあり」と書かれている。(103) このように、わが教派は、「ウェストミンスター信条」を、教会の教理の体系として採択している。それは、「ウェストミンスター信仰告白（Westminster Confession）」を一貫して保持する教派である。「ウェストミンスター信仰告白」は、英国において、カルヴァンの教会改革を推し進めるため、その基本的姿勢を示すものとして一六四六年に完成（四八年承認）され、その後の教会改革に重要な役割を果たした。

第二に、改革派教会は、一般に、「二重予定説」の教理で知られている。その教説は、聖書の「ローマの信徒への手紙」八章二九節、「神は前もって知っておられた者たちを、御子《みこ》の姿に似たものにしようとあらかじめ定められました」に基礎を置いているとされる。カルヴァンが強調した「二重予定説」とは、端的にいうなら、ある者は救いに、ある者は滅びにとあらかじめ定められているということにある。この教理によって、改革派は、他のキリスト教派から嫌われることもある。しかし、本来、それは、神の絶対的な主権性を強調する教説であり、主権が神にあることを徹底的に主張し、神の恩寵の下に生きる人々に神の一方的な恵みが与えられることを教えている。この「二重予定説」は、徹底して、「永遠の〈なんじ〉」を意識し、その「〈なんじ〉」である神の恩寵によって生きようとするキリスト者にとっては、神の恵みの教説なのである。

筆者は、「自覚的な」カルヴィニストとして、また「長老」職にあることによって、教会政治に関連して多くの問題に突き当たる。それらの諸問題は、欧米のキリスト教国のように、大多数の人々がキリスト者である社会においては問題とはなり得ない種類のものかもしれない。

ここで、わが国の宗教状況の特徴を要約していると思われる「川柳」を二首あげておこう。それらは、諷刺のきいた的確な状況描写となっており、わが国の宗教についてその特徴を浮かび上がらせている。

「都合よく神と仏をおよびして」(西井美栄子)[104]
「本堂のツリーまばゆい保育園」(藤中公人)[105]

前者は、川柳作家の小松原爽介によって、「秀逸」の評価を得ている。小松原は、その評に、「その是非は別にして、日本に宗教戦争が無いのは、無神論者が多いことと、同じ屋根の下に神棚と仏壇がある神仏混交の生活様式に起因するものだろう。合格祈願のために絵馬を奉納したり、懺悔のために仏間で手を合わせる生活のあり方は、まさに都合よく神仏をお呼びしていることになる[106]」、と書いている。後者は、著名な川柳作家である大伴閑人が、「無宗教」とただ一言のみの注釈をつけている。

前者は、日本の宗教状態について、神道や仏教の混交性、雑居性を巧みについたものである。後者は、仏教寺院の本堂に、キリスト教のクリスマス・ツリーが眩いまでに飾られている様子を詠んだものである。それぞれ、わが国の宗教状態を活写しているといえる[107]。そのような日本的な宗教的土壌のなかで、改革派の「自覚的」キリスト者として生きることはどのような意味をもつのであろう。このような川柳二首が指摘する宗教状態に比べ、改革派の信徒となると、「都合よく神と仏」を呼ぶ習慣もない。クリスマス・シーズンに、玄関先にクリスマス・リースを飾ることも少ない。クリスマス・ツリーすら飾ることを避けようとする傾向にある。これらは明らかに上述した改革派教会の特徴とは相容れないものだからである。

日本の宗教者の大多数は、仏教徒であり、また神道に帰依する者が多いといえる。もちろん、「自覚的」な仏教徒、神道帰依者は少数であろう。(108)とはいえ、毎年、正月三が日に、神社・仏閣に初詣に行く善男善女の数は、総計で九〇〇〇万を超える。この数は、ほとんどの日本国民が三が日に一度は初詣に出かける、ということを意味している。人々は、年頭にあたり、昨年の現世利益を感謝し、新しい年の健康や幸福を祈る。

このように、大多数の国民が、仏教や神道に帰依する社会のなかで、キリスト者として生きることは容易なことではない。しかも、「自覚的」キリスト者として信仰を貫くとなると、人々が、八百万《やおよろず》の神々を崇拝する民俗宗教的基盤のなかでは、マックス・ヴェーバーのいう「対抗緊張関係」や葛藤・衝突が生まれるのも当然である。「自覚的」なキリスト者は、聖書に示された、具体的に歴史に具現された神としてのイエス・キリストを救い主として信じている。そのために、キリスト者は日本の宗教土壌のなかで、宗教的アウトサイダーとして、様々な「対抗緊張関係」のなかで生きざるを得ないのかもしれない。

三　非キリスト教社会とカルヴィニズムの特徴

ここで、日本的宗教土壌を考慮しつつ、第一に、日本社会のキリスト教の教勢について、第二に、カルヴァン派の教理的特徴、「〈われ〉—〈なんじ〉」の関係について整理しておこう。それによって、非キリスト者が圧倒的な数を占める日本社会のなかで、いわば「細々」とではあるが、「強烈」とされる聖書信仰を堅持しながら、日本社会に「対抗的」に、すなわち「対抗緊張関係」のなかで生き続けている「改革派信徒」の実態が少しは明らかとなろう。

日本のキリスト教の教勢について説明するとき、日本社会には、キリスト者の数が他の宗教に比べ絶対的に少ないということが重要である。表4-2は、二〇〇九年「日本のキリスト教人口」推計値である（表4-2、参照）。

二〇〇九年の推計で、プロテスタント六一万五九一八、カトリック四三万九三六〇、オーソドックス二万五八二〇で、信徒数合計は一〇八万一〇九八である。(109)日本の二〇〇九年推計人口を、一億二八〇〇万と考えるとき、信仰

表４－２　日本のキリスト教人口（2009年推計）

	人　口（数）	総人口比（%）
プロテスタント	615,918	0.48
カトリック	439,360	0.34
オーソドックス	25,820	0.02
信徒数合計	1,081,098	0.84

（注）総人口比は，人口１億2800万とする値．
（出典）キリスト教年鑑編集部『キリスト教年鑑2009年版』2009年３月，64頁より．

告白したキリスト者の数は、人口の約〇・八四パーセントとなる。世界の宗教や宗教諸統計に定評がある『世界キリスト教徒事典（*World Christian Encyclopedia*）』においては、わが国の「キリスト教徒（'Christian' と表記）」人口（九五年）を、四四五万人（人口比三・六パーセント）と推計している。[110] 仮に、この数値をわが国のキリスト教人口としても、「クリスチャン」と表記される数は、わずか国民全体の三〜四パーセントに過ぎない。ちなみに、隣国、韓国の場合は、同じデータを比較すると、九五年で一八〇七万人（人口比四〇・二パーセント）、二〇〇〇年では一九〇九万人（四〇・八パーセント）である。[111] また、中国の社会学研究者でもある鄭南によると、新華社のウェブサイトの情報として、「近年、中国のキリスト教信者が急速に増えている」ことを報告して、「カトリックの信者」は、「一九四九年の二七〇万→二〇〇六年の五〇〇万」に、また「プロテスタント信者」は、「一九四九年の七〇万→二〇〇六年の一六〇〇万」に増加しているという。[112] また、同じく鄭は、中国研究者のデータをもとに、中国におけるキリスト者が四〇〇〇〜五〇〇〇万人に達していることを、既存のデータから推測している。[113]

次に、カルヴィニズムの教理的特徴について述べておこう。

カルヴィニズムの教理は、十六世紀の宗教改革（Reformation）の時代までさかのぼることができる。宗教改革者マルティン・ルター（Martin Luther, 1483–1546）は、「信仰のみ」（Sola Fide）、「聖書のみ」（Sola Scriptura）、「万人祭司」主義の三点を教理の中心に据えた。ジャン・カルヴァン（Jean Calvin, 1509–64）は、「徹底した『神認識』と『自己認識』の重要性を説き、聖書を唯一の基準として長老制に基づく

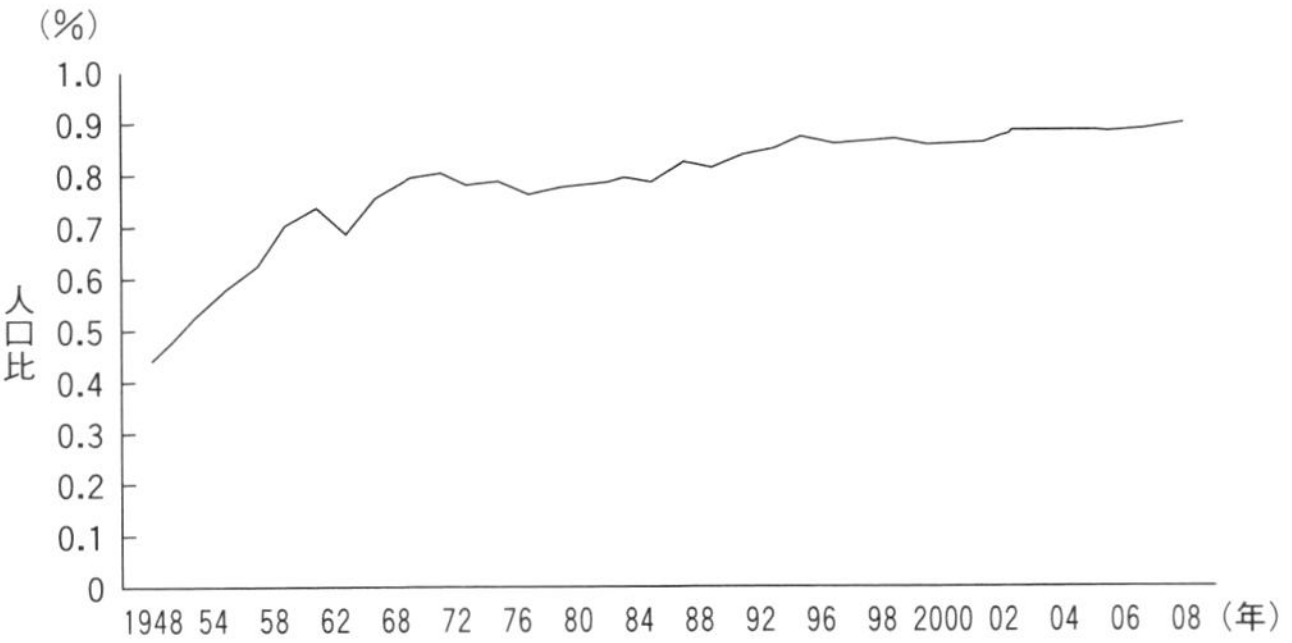

図 4－1　日本のキリスト教徒人口比の推移

(出典)　キリスト教年鑑編集委員会『キリスト教年鑑2009年版』2009年 3 月，64頁の表より作成．

教会改革を行った」[114]。Sola Fide の視点は、人は、「神の一方的な恵み、『恩寵のみ』(Sola Gratia) によって与えられた主イエス・キリストの十字架の死と復活にあずかることを通して、主イエスへの信仰によってのみ義と認められるとする(『信仰義認』の主張)[115]」。また、カルヴィニズムは、「聖書のみ」(Sola Scriptura)、すなわち、「救いの唯一の基準は神の言葉である聖書のみによるとし、聖書こそキリスト者の信仰と生活の究極の権威であるとする(聖書の権威性の主張)[116]」。少なくとも、「改革派」の「自覚的」キリスト者は、このような宗教改革の精神を堅持しようとするであろう。

改革派の組織神学者牧田吉和(一九四四—)は、その著『改革派信仰とは何か』において、「改革派信仰とは聖書的神礼拝を徹底的に展開する信仰である」と説明している[117]。しかし、このような聖書的宗教観は、如上の川柳二首で紹介したような、日本社会の宗教的様態とは相容れない。したがって、「自覚的」な改革派信徒は、日本的な宗教的コンテキストにおいて、様々な「対抗緊張関係」のなかに生きざるを得ない。

周知のとおり、日本の仏教徒も、仏陀への信心を中心に据えて、その救いの恩恵性を強調し、仏陀に真剣に仕えようとする仏教徒も多数存在している。その点では篤信の仏教徒たちの宗教性は、実際に何を信じ、何を信仰しているのかさえ理解していないような民衆とは、異なる宗教的性格をもつであろう。

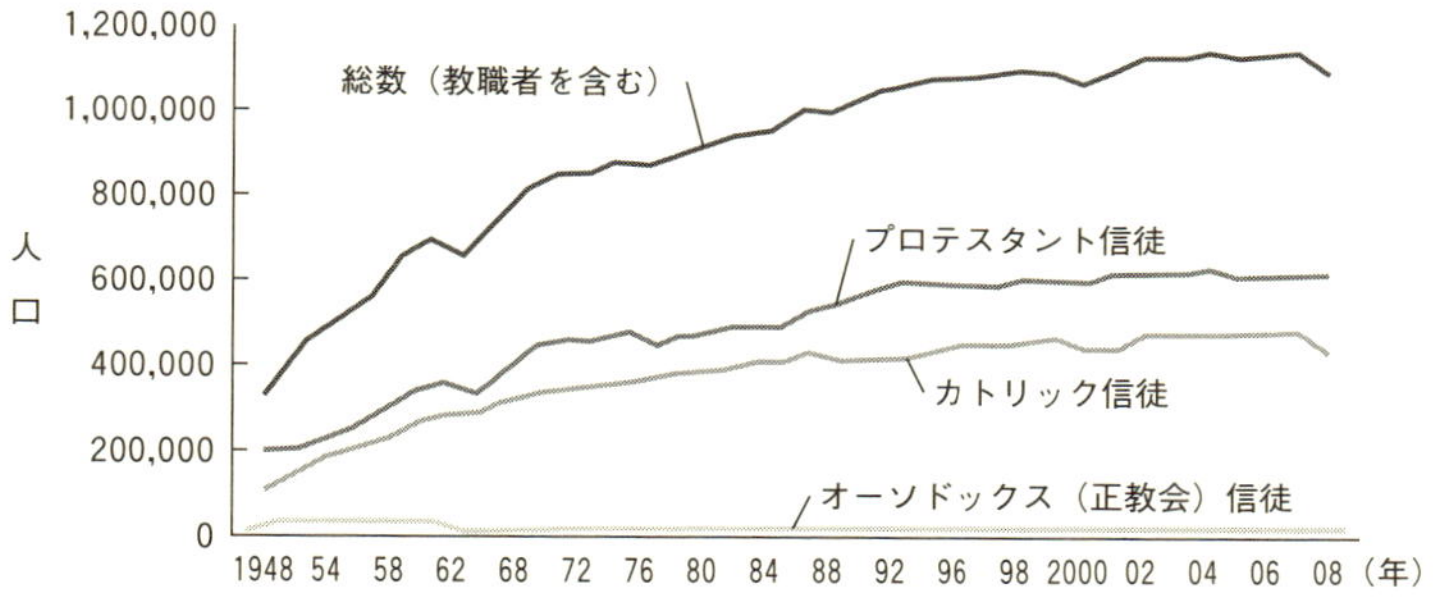

図４－２　日本のキリスト教徒人口の推移

（出典）　キリスト教年鑑編集委員会『キリスト教年鑑2009年版』2009年３月，64頁の表より作成．

四　日本社会にキリスト者として生きること

ちなみに、カルヴィニズムの論点は、しばしば、次の五つの論点で説明される。それについて、北米キリスト改革派教会の神学者エドウィン・H・パーマの『カルヴィニズムの五特質』[118]をもとに要約しておこう。それは、①全的堕落（Total Depravity）、②無条件的選び（Unconditional Election）、③限定的贖罪（Limited Atonement）、④不可抗的恩恵（Irresistible Grace）、⑤聖徒の堅忍（Perseverance of the Saints）である[119]。それぞれ、伝統的なカルヴァン派のキリスト者に楔のように打ち込まれている教説である。それらは、各項目の英語の頭文字をとって、‘T-U-L-I-P’の教説ともいわれる。この‘T-U-L-I-P’で提示される視点は、カルヴィニストの宗教的規範の根底を形成している基本的エートスである。それは、カルヴィニストの「執拗低音」（バッソ・オスティナート、basso ostinato）となっている[120]。「自覚的」カルヴィニストは、日本社会の宗教性とは対抗的に、この‘T-U-L-I-P’の論点を、すなわち、「永遠の〈なんじ〉」を強く意識しながら生きている。

この‘T-U-L-I-P’の論点は、「二重予定説」と表裏一体のものである。これが、強調されることによって、カルヴァン派は、他のキリスト教会からも、非常に頑迷な、ファンダメンタリストと評されている。

とはいえ、‘T-U-L-I-P’のような教理は、徹底した神の主権性と神の恩恵性を主張し、神礼拝の重要性を強調するがゆえに、一般に、聖書的、教理的といわれる改革派キリスト者といえども、改革派の教理を明確に理解し実践しているかどうかは別問題である。

改革派の教理に厳格に生きることは、わが国の宗教的社会通念からかけ離れた生き方をすることになる。そのため、改革派キリスト者が、日本社会のなかで、「自覚的」に生きることは容易ではない。‘T–U–L–I–P’という五特質は、変幻自在に、「都合よく神と仏をおよび」するような社会文化的なエートスとは共振しない。したがって、改革派の一般信徒のなかには、普通に、わが国の仏教的な宗教的伝統、あるいは民俗宗教的古層に埋没している改革派キリスト者もいる。キリスト者であるからには、ある時は仏教徒であり、ある時は神道帰依者となるというような優柔不断な信徒は少ない。しかし、キリスト者として、自らの信仰生活を守りながら、「したたかに」、日本的な宗教的土壌のなかで信仰を全うすることは容易ではない。「自覚的」なカルヴィニストとして、わが国の宗教的土壌のなかで、すなわち「対抗緊張関係」のなかに生きようとしても、日本社会のコンテキストは、改革派キリスト者としてその信念を貫き通して生きること、聖書が啓示している「永遠の〈なんじ〉」のみを意識して生きることを許さない。そこに、日本社会のなかに、純粋な「聖書信仰」を貫くことの困難性が存在している。

「改革派」のキリスト者は、この世の世俗的規範との間において内的な規範の葛藤状態に立たされる。それは、以下にまた述べるように、日本社会を根底から支えている規範と、‘T–U–L–I–P’という五特質によって示されるようなカルヴィニストの規範の間に、「対抗緊張関係」があるからである。

キリスト者は、現実の社会のなかで、聖書の示す視点に立って、「永遠の〈なんじ〉」との関係に生きようとする。例えば、キリスト者として生きることは、聖書の「出エジプト記」二〇章一―一七節に示されているような規範、「十戒」を生活のなかで実践しようとする。

また、教会の長老となると、単なる一キリスト者としての役割を超えた重圧がかかる。教会によっては、厳しい経済状況で教会を運営しなければならないところもある。牧師不在の小教会や伝道所のなかには、独自で牧師を招聘する力もないものもある。かつては三〇数名の会員を擁していた宗教法人資格をもつ教会が、七十歳代の信徒が

表４－３　世界の主要宗教信徒数（2000年，2008年）

	2000年（人）	比率（%）	2008年（人）	比率（%）	国数	国数比率（%）
キリスト教	19億7,418万	33.0	21億9,982万	33.3	239	100.0
カトリック	10億4,423万	17.5	11億2,152万	17.0	236	98.7
プロテスタント	3億3,734万	5.6	3億8,181万	5.8	233	97.5
東方正教会	2億1,399万	3.6	2億3,315万	3.5	136	56.9
アングリカン	7,857万	1.3	8,259万	1.2	165	69.0
イスラーム教	11億5,511万	19.3	13億8,745万	21.0	210	87.9
ヒンドゥー教	7億9,903万	13.4	8億7,572万	13.2	126	52.7
中国民間宗教	3億8,163万	6.4	3億8,562万	5.8	96	40.2
仏教	3億5,627万	6.0	3億8,561万	5.8	136	56.9
民族宗教	2億2,542万	3.8	2億6,641万	4.0	145	60.7
新宗教	1億141万	1.7	1億653万	1.6	107	44.8
シク教	2,284万	0.4	2,293万	0.3	44	18.4
ユダヤ教	1,431万	0.2	1,496万	0.2	135	56.4
合　計	59億7,840万	100.0	66億1,585万	100.0	239	100.0

（出典）　キリスト教年鑑編集委員会『キリスト教年鑑2002――特集・記録・統計集――』の「世界の主要宗教信徒数（七大陸・地域）」（キリスト新聞社，2001年11月，81頁，『ブリタニカ国際年鑑』2000年版を資料として作成されたもの），ならびに『キリスト教年鑑2009年版』の「世界の主要宗教信徒数（七大陸・地域）」（キリスト新聞社，2009年３月，７頁，『ブリタニカ国際年鑑』2008年版を資料として作成されたもの）より作成．

数名というほどに会員数を減らした教会もでてきている。わが教派においても、地方の教会のなかには、財政的に破綻寸前のところも出てきている。それらのすべてを、教会役員や信徒だけの責任にすることはできないであろう。しかし、長老たちは、教会を維持し発展させるという責任を、信徒とともに教会のなかで担っている。長老は、教会運営と、自らの信仰を堅持するという課題から逃れ去ることはできないのである[121]。

西欧キリスト教諸国のキリスト者から、わが国のキリスト教会のなかには、きわめて純粋な聖書信仰と宗教改革の伝統を模範的に維持している教会が存在していると聞いたことがある。わが国において、「福音派」と称されるキリスト者は、「十戒」に示されたような倫理的規範に自覚的に生きようとする群れである。「自覚的」に改革派信徒として生きようとする者は、そのような「模範的」と形容されるキリスト者の代表として、社会の規範との「対抗緊張関係」、葛藤に絶えずさらされつつ生きているということになる。

五　改革派教会と信仰的葛藤

次に宗教改革の伝統に生きようとするキリスト者の群れについて、その日常の信仰的葛藤について提示しておこう。それは、改革派教会が抱える様々な問題点を整理することでもある。

第一の問題は、会員数の伸びの鈍化と信仰の継承の困難性という問題である。表4－4は、「日本キリスト改革派教会年度別会員総数・教師数・収入合計」を示している[122]。数値は、改革派教会の収入合計、会員総数（子どもを含めた現住会員、他住会員すべての数）を示している（表4－4、参照）。

「陪餐会員」とは、洗礼を受けるか、「幼児洗礼」を受けて、信仰告白して聖餐（パンとぶどう酒）に与ることのできる会員である。会員総数は、一九九〇年（八六六四人）を一〇〇とするとき、二〇〇〇年（九二四〇人）は一〇六である。「微増」しているがその伸びは大きくない。教派としての改革派は、少数ながら会員増を続けており、伝道困難な時代においても健闘しているといえる（表4－5、参照）。

表4－4　日本キリスト改革派教会　年度別会員総数・教師数・収入合計

年	収入合計額（万円）	会員総数	現住陪餐会員総数	現役教師数	現住陪餐会員平均献金額（万円）
1988	96,314	8,468	4,562	133	21.11
1989	114,503	8,607	4,625	134	24.75
1990	114,556	8,664	4,710	136	24.32
1991	117,994	8,692	4,788	134	24.64
1992	127,196	8,807	4,952	132	25.68
1993	139,520	8,945	5,020	140	27.79
1994	157,003	8,986	5,014	130	31.31
1995	149,598	9,021	5,003	128	29.90
1996	140,644	9,125	5,031	122	27.96
1997	153,942	9,136	5,028	128	30.62
1998	166,741	9,197	5,071	130	32.88
1999	159,458	9,224	5,102	130	31.20
2000	167,196	9,240	5,111	126	32.71
2001	177,782	9,234	5,123	121	34.70
2002	144,283	9,274	5,130	124	28.12
2003	123,850	9,467	5,194	123	23.84
2004	138,241	9,507	5,182	131	26.67
2005	161,806	9,647	5,274	130	30.68
2006	167,656	9,749	5,317	130	31.53
2007	152,750	9,788	5,296	132※	28.84
平均	143,552	9,139	5,027	129.7	28.46

（出典）　日本キリスト改革派教会大会事務所『日本キリスト改革派教会定期大会記録』44-63回定期大会記録（1990-2008年）より作成．※表4－1の数128と相違あり．

表4－5　日本キリスト改革派教会
会員総数・教師数の変化

年	会員総数（人）	教師数（人）
1947	484	11
1949	1,032	19
1950	2,596	21
1955	2,992	41
1960	3,602	57
1965	4,302	66
1970	5,317	81
1975	6,389	85
1980	7,507	108
1985	8,181	126
1990	8,664	136
1995	9,021	128
2000	9,240	126
2005	9,647	130
2007	9,788	132

（出典）　日本キリスト改革派教会大会事務所『日本キリスト改革派教会定期大会記録』（1947–2008年）より作成.

データが示すところによれば、九〇年から九五年（九〇二一人）の五年間は、四・一パーセントの伸びがあるのに対し、九五年から二〇〇〇年（九二四〇人）は二・四パーセントの伸びにとどまっている。このデータは、また、会員増加率が、九〇年代の後半になると、前半に比べ減少していることを示している。ちなみに、八〇年（七五〇七人）からの一〇年間には、その伸びは一五・四パーセントあったことになる。九〇年代からの一〇年間では、六・六パーセントの伸び率である。会員数の伸び率が鈍化していることは明らかである。

これは、改革派教会の教勢は、将来何年か後に、さらにその衰えが現実のものとなるということを示している。それは、教会員の子どもたちへの信仰の継承が困難になっていることに、一つの大きな理由があろう。キリスト者が、教理的内容を、中高生程度の年齢における若い信徒たちに継承していくことは容易なことではない。信仰の継承は、教派の存続にとって重要であることはいうまでもない。教会の形成に責任の一端を担う長老や信仰歴の長い信徒にとって、信仰の継承は至上命令である。牧師にとっては、信徒数が増加しないことは非常に心を悩ます問題となっている。父母は熱心に教会に出席していても、子どもたちが教会にほとんど出席しないという事例も多くある。牧師や長老や執事という「篤信の信者（stalwart Christian）」たちが、父母に与えられた義務・特権として、子どもたちに「幼児洗礼」を授けても、「信仰告白」しないまま一生を過ごすこともある。「信仰告白」しながら教会を離れていくケースもある。幼児洗礼を受けた子どもたちが信仰を着実に継承するなら、わが国におけるキリスト者の数が、何十年も一パーセント未満にとどまり続けるということはなかったであろう。

教会員も、普通の父母たち同様に、子どもたちを小学校の頃から学習塾に通わせる。それは、日本のような学歴偏重社会においては、上級学校への受験は、社会において地歩を築くために最低限必要な条件と考えられるからである。中学に入ると、子どもたちは、学校の課外活動（「部活」という）に加わらざるを得ない。「塾」や「部活」の出席は、子どもたちが、日曜日の朝に、礼拝に出席することができないということを意味している。礼拝に出席しながら、名門とされる学校に進学していくケースはまれであるといえる。

第二は、教会の財政、教会を存続させるための経済的基盤にかかわる問題である。表4−4のなかの「現住陪餐会員平均献金額」は、教会の礼拝に出席し、教会を「維持」するための献金を実質的に献げることのできる「現住陪餐会員」の年間平均献金額を算出したものである。いわば、大人の改革派信徒は、一人当たり、年間約二八万円献金していることになる。

教会財政は、ほとんどの教会において、一〇〇パーセント献金で成り立っている。他の収入はほとんどない。ここに算出された他にも、教会員は、様々な献金を献げていると思われるが、二〇〇一年をピークに、それ以後の献金額の落ち込みがめだっている。一年間の「現住陪餐会員」一人当たりの献金平均額が、ピークとなったのは二〇〇一年（三四万七〇〇〇円）である。その額で全国約一二五人の教職を支え、教派立の牧師養成校、「神戸改革派神学校」を運営している。

二〇〇〇年代に入り、教会も日本社会の経済的な不況を経験したといえるかもしれない。この数値から、九〇年代の後半に、最も多額の献金を献げた世代が現役の地位を去り、年金生活に入ったことを示しているのかもしれない。しかし、その世代もなお、長老や執事、伝道所の委員、信仰歴の長い信徒、篤信の信者として、財政的な面においても教会の存続のために責任を担っている。

四国や、中国、東北地方に存在する小さな教会は、すでに会員も減少し、高齢者の隠居所になろうとしているところもある。フランスのユダヤ系の哲学者であるアンリ・ベルクソン（Henri Bergson, 1859–1941）は、『道徳と宗教の二源泉』において、集団は、その「存続」という論点から切り離して考えることはできないと述べている。今日、存続することが第一義的であるともいえる教会にとって、最重要課題は、教会を存続させる経済的基盤をいかに確保するかということにある。信仰共同体として、教会は、一般の集団同様、ベルクソンが指摘するように、「つねに攻撃または防衛に備え(123)」、その上さらに存続しなければならないのである。すなわち、改革派教会は、全体で一二〇名あまりの牧師の生活を支え、牧師を中心に教会を維持していかなければならないのである。

一般に、今日の五十歳代、六十歳代の教会役員たちをみても、以前に比べ豊かな資力をもつものは少ないといえよう。筆者の属する教会の場合、会員の階層は比較的高い層に属するかもしれない。学歴も、ほとんどが大学卒である(124)。しかし、献金額は、二〇〇〇年代に入り、明らかに減少してきている。それは、多額献金者が年金生活者となり、信仰を継承する若者が育たないことに大きな理由がある。

この信仰継承の不調問題は、教会の伝道力の問題とも関係している。ローマ・カトリック教会の宣教師、イエズス会のザビエルは、鹿児島において伝道を開始したとき、「日本人がキリスト教布教のために最良の国民であり、改宗のための条件が、彼らに準備されていると確信した(125)」、といわれる。それほど、わが国にキリスト教を伝えた初期の宣教師たちが、日本国民が明晰で誠実な国民性のゆえに、伝道の進展可能性について自信を抱いていたと指摘していたとしても、すでに述べたように、今日のわが国のキリスト教会の教勢は人口の一パーセントにも満たない。わが国においては、米国のキリスト教社会のように(126)、「家庭」と「学校」と「教会」がトライアングルの頂点として密接に連携し、若者を育てるという環境は存在していない。筆者が調査した北米の改革派教会のように、一つのカップルから数人の子どもが生まれ、また養子縁組によって、多くの子どもたちをキリスト者に育てていく土壌もない。

教会の役員や高齢の会員にとって、教会の存続はもはや負担が重すぎる課題となっているのかもしれない。日本の教会は、若者たちの願いを満たす憧れの場ではなくなっている現状がある。毎日曜日朝の礼拝、夕の礼拝、また毎水曜日の夜の祈祷会に熱心に出席していた青年が、「教会に通う意味がまったく分からなくなった」と語って、教会に一時的に出席しなくなった例もある。

第三の問題は、改革派の重要な懸案事項となって久しい問題である。それは、教職や長老など、教会に責任をもつ職務に女性が就くことができるかどうかの問題である。それは、女性教職・長老を認めるかどうかの問題である。(127) 改革派教会は、長年、この問題を検討してきたが、女性長老・教職を認めるところに至っていない。その理由には、聖書が女性教職や長老を認めているかどうかの原理的問題のさらなる検討が必要なこととも関連している。しかし、より現実的な理由の一つは、わが教派が、女性教職を強く拒否している北米の「正統長老教会ミッション（Orthodox Presbyterian Church）」と連携関係にあるからである。わが教派が、女性教職を認めるなら、東北地方に拠点をもち、諸教会を支援してきたOPCの教会との協力関係は危機的状況に陥るであろう。改革派の教職のなかには、聖書の原理に照らして、女性教職・長老を拒否する教師も多く存在する。この問題については、長老たち、執事たちの間で、意見が大きく分かれている。

わが教派の二〇〇七年度の「現住陪餐会員数」五二九六のうち、男性一九一〇、女性三三八六である。信徒のなかで、女性の占める割合は、六三・九パーセントである。改革派教会を実質的に支えている会員の三分の二は女性であるといえる。二〇〇九年十月の段階で、女性執事は存在するが、女性教師と女性長老は存在していない。今日の社会で、組織として、女性役員を排除している組織などあろうはずがない。それが、仮に、聖書的伝統であるとしても、近い将来、改革派教会は、女性会員が三分の二を占めているという現実から免れることはできないであろう。

おわりに——改革派教会の将来

教会は、信仰者の集まりであるとともに、一般の人間の集まりでもある。そこに発する問題は、教会を、「この世

写真４－４　京都山科　一燈園正門

の集団」としても分析する重要性を提示している。[128] 教会のあれこれの問題を整理し始めると、長老であることに重荷を感じ始める。

京都山科に、一つの信仰共同体として、筆者が一九八〇年代から定期的に観察している財団法人組織の「一燈園」がある。[129] その宗教生活は、西田天香（一八七二―一九六八）に始まる。その一燈園共同体を調査地点とした宗教社会学者ウィンストン・デーヴィス（一九三九―）は、一九七〇年代半ばに発表した一燈園に関する論文の最後に、この一燈園共同体が、「光泉林村は、西田天香の年老いた弟子たちのための、静かで安定した隠居所となるであろう」[130] と述べている。デーヴィスの論文は、一九七五年に発表され、筆者が調査を開始した八〇年代初めには、一燈園に起居する三〇〇人ほどの「同人」を擁していた。二〇〇五年の春の成員は、約一五〇名程度とされる。それが二〇〇九年春には、一〇〇名を切ったといわれる。デーヴィスの予言は、かなり的中しているといえる。「同人」と称される成員は、高齢化している。すでに、一九八〇年代初めの段階で、天香から直接薫陶を受けた弟子たちは故人となり、さらに第二世代の同人が高齢化している。この光景を見るにつけ、一燈園共同体も、デーヴィスの語った言葉が現実となってきていることをあらためて思う。現在、財団法人の理事長を務めている西田多戈止《たかし》（一九三〇―）の代替わりも、そう遠くはないであろう。それはまた、世襲カリスマの日常化を促進させるであろう。

この一燈園共同体の実態は、何を意味しているのであろうか。それは、第一に、筆者の所属教会の将来を予測するヒントを与えてくれる。第二に、キリスト者は神からの恵みを受けながらも、この現実の社会のなかで、その集団の「現実」という社会的環境に向き合いつつ生きているということなのである。

写真４－５　一燈園王雲宮（納骨堂）

一人のキリスト者として、「宗教的人間」として生きることは、常に、いわば、垂直的な神との関係において、「永遠の〈なんじ〉」との関係のなかで生きることである。また、キリスト者は、水平的な教会の様々な関係のなかで生きている。とはいえ、信徒として生きることは、神の与えられる平安のうちに、「対抗緊張関係」のなかで水平的な問題と格闘しながらも、いつか訪れる将来の希望へ向かって歩んでいるのである。

注

（１）本節は、二〇〇五年三月二五日、「第一九回国際宗教学宗教史会議世界大会（The 19th World Congress of the International Association for the History of Religions）於、高輪プリンスホテル」において、「日本社会におけるカルヴィニストの幸福と不幸（The Experience of Happiness and Misery Among Japan's Calvinists）」と題して行った報告原稿を全面的に書き改めたものである。報告は、関西学院大学ＣＯＥ調査研究の一環として行われたもので、その研究資金の援助によって可能となった。その際、関西学院大学大学院社会学研究科大村英昭教授から、指導と支援をお受けした。二〇〇四年六月のハワイの宗教調査、二〇〇五年十月のサンフランシスコの宗教調査にも加えていただいた。英文タイトル：The Happiness and Misery of Japan's Calvinists: Reformed Christianity and 'Diffused Religion.'

（2）日本の福音派の教会であるフリー・メソジスト教会の葬式に参列したことがある。そこでは、当然のように献花が行われていた。日本キリスト教団の教会の場合にも、献花が行われていた。弔辞も読まれる。カトリック教会の葬式においても、献花が行われていた。しかし、改革派教会においては、葬儀に際し、献花、弔辞がないのが普通である。ただし、キリスト教の葬式においても、むしろ、「焼香」を積極的にすすめる教会や研究者がいることも事実である。井上彰三『心に残るキリスト教のお葬式とは——葬儀の神学序説——』新教出版社、二〇〇五年、参照。同書において、井上は、一九七一年にカトリック教会が、一九九三年にルーテル教会が、「焼香」をしてもよいことになったことを報告している（一八頁）。

（3）「現場」とは、キリスト教についていえば、人々がキリスト者として生きている「現場」のことである。大衆レベルのキリスト者の行動や考えが集積している「場」のことを指して用いている。

（4）キリスト者が直面する様々な問題については、聖書が的確に答えてくれているのであろう。しかし、一人のキリスト者として、自らの信仰生活を顧み、キリスト者を取り巻く「現場」の諸問題を考えるとき、社会のなかで、多くの悩みを抱えながら信仰生活を送っているキリスト者の苦悩の本質がみえてくる。それは、キリスト教の「現場」に立ち返って、キリスト教を観察することの大切さを物語っている。

（5）大村英昭「『脱ヒューマニズム』時代のスピリチュアリティ——『特定宗教』と『拡散宗教』のディレンマ——」、先端社会研究編集委員会編『先端社会研究』第四号、関西学院大学出版会、二〇〇六年、一六〇—二〇二頁。

（6）大村のこの論文は、今日の宗教と社会を把握するために重要な視点を提供してくれる。また、先学の行った宗教研究の欠陥を浮き彫りにしている点で興味深い。大村は、研究者に対して、表面には現れない潜在的な宗教的特性に注目すべきことを一貫して指摘している。その点において、刺激的である。

（7）以下、これらの英語表記による用語によって示される意味内容をしばしば用いる。それは、大村英昭の論点をもとにしていることを断っておく。すべて、宗教の「みえる」部分と「みえない」部分に関連した語である。

（8）大村は、この「拡散」する宗教（「拡散宗教」）という概念を、「特定宗教」との関係で用いている（同書、一六五頁、参照）。「拡散宗教」の担い手は、「職業分野からして、むしろ宗教でない分野の人たち」(同書、一六五頁)、宗教を食い物にしていない人たちであり、「大衆レベルの宗教意識」を把握するためには、重要な枠組みを提供する概念としている。それについては、大村は、「古い類型論では『民俗宗教』と呼ばざるを得ないところ」(同書、一七一頁)であり、それをあえて、「拡散宗教」と名付けたと書いている。「ドグマ」には、教義や教条という意味があろう。しかし、筆者は、ここでは、単にキリスト教の教義または教理という論点のみを問題にしており、教条主義的な固定した考え方というような意味合いでは用いていない。

(9) 同書、一六六頁。

(10) 同書、一七五頁。

(11) 氷山は、'visible' な部分と、遥かに大きい「氷山の基底」(同書、一六七頁)からなる。「氷山」は、海面上に目視できる部分と、その「基底部」に広がる目視できない部分からなっている。目視できる「氷山」の部分は、「基底部」に比べると比較にならない程に小さい部分である。たとえば、「創唱宗教」としてとらえられる「特定宗教」の「氷山」を観察するなら、「氷山は海面上に表われた部分より、海面下に隠れている部分のほうが大きい」(同書、一六六頁)ことはいうまでもない。

(12) その視点において、大村たちは、「現代人の価値意識と宗教意識の国際比較研究」に取り組んだ。彼らの研究は、「大衆レベルに見られる(visible)具体的な宗教行動を通して、現代の、それも都市に住む『普通の人びと』が隠しもつ『拡散宗教』を分析する」(同書、一八九頁)ものである。筆者も、大村が推進した研究チームに加えられたことがあるが、そこでは、筆者には、キリスト教社会における「拡散宗教」性の研究という課題が与えられていた。

(13) おそらく、この視点は、今後の宗教社会の研究にとって、特に、各「特定宗教」の周辺に存在する 'spirituality' 研究のためには、必要不可欠のものといえよう。

(14) 大村、前掲書、一七〇頁。

(15) 同書、一七〇―一七一頁。

(16) 同書、一七一頁。

(17) 同書、一七一頁。

(18) 教会の長老でありながら、あえてこのようなことをいうと、筆者も信仰を捨てたのか、キリスト教をやめたのかと、信仰の仲間たちにいわれるかもしれない。「破門」はされないであろう。なぜなら、今も教会に出席し、聖書を読み、祈祷会に出席している。筆者は、キリスト者として信仰に生きているという思いのなかにあるし、周囲にもキリスト者として認知されていると考えている。

(19) 大村、前掲書、一七一頁。

(20) 同書、一七二頁。

(21) この点に関連し、以前、キリスト教を熟知していると思われる一人の社会学者が、プロテスタントの教勢が伸展しない理由について、次のように語った。プロテスタントの教勢が不振なのは、カトリックのように会堂内に聖像を飾ったり、マリア像を置いたり、儀式に際し香をたいたりしないからである、と。彼は、また、呪術的、神秘主義的な特性を削り落としてきたプロテスタントは、日本社会の民俗的な宗教的風土としての「拡散宗教」的属性に適合するわけがない、と指摘した。この指摘については、ファンダメンタリストと揶揄されるカルヴァン派の系譜を引くプロテスタント教会（改革派教会）において、長老職にある筆者にも理解できる部分がある。日本の宗教風土には、カトリックのもつ「拡散宗教」的な部分と共通するものが数多く含まれている。

(22) 実際、筆者の知人である大衆レベルのカトリック教徒たちの態度・行動をみても、彼らが、カトリックという宗教の‘visible’な部分（聖書的教え）と‘invisible’な部分（伝統的伝承など）の両者に注目していることは明らかである。篤信（stalwart）のカトリック教徒のなかでも、改革派教会の聖書の講義解説（講解）を主とする礼拝、すなわち、‘vocal’な領域を中心とする礼拝に出席し、聖書の言葉に聞き入るものも、知人のカトリック教徒のなかに存在する。その女性は、カトリックのミサには、聖書の言葉がないとさえいった。彼女たちは、カトリック教徒としては、例外なのかもしれない。彼女たちは、カトリック教会のミサにおける説教（お話）について、不満をもらしていた。一方、プロテスタント各教派といえば、礼拝において、人間の感性的な部分や、感性に関連した意識の部分‘consciousness’をできる限り排除しようとしてきたことも事実である。それは、信者の「現場」を切り捨てることになるかもしれない。

(23) Max Weber, Religionssoziologie（Typen Religiöser Vergemeinschaftung）, in *Wirtschaft und Gesellschaft, Fünfte, Revidierte Auflage, Studienausgabe*, J. C. B. Mohr（Paul Siebeck）Tübingen, 1972, S. 259. マックス・ウェーバー、武藤一雄・薗田宗人・薗田坦訳『宗教社会学』（『経済と社会』第二部第五章）創文社、一九七六年、四〇頁。

(24) Max Weber, Die protestantische Ethik und der Geist des Kapitalismus, in *Gesammelte Aufsätze zur Religionssoziologie*, J. C. B.

Mohr (Paul Siebeck) Tübingen, 1963, S. 114. マックス・ヴェーバー、大塚久雄訳『プロテスタンティズムの倫理と資本主義の精神』岩波書店（岩波文庫）、一九八九年、一九六頁。

(25) Max Weber, *op. cit.*, Religionssoziologie, S. 279. 同書、九二頁。

(26) この点は、キリスト教以外の他の宗教においても共通する。

(27) *Ibid.*, S. 279. 同書、九二頁。

(28) *Ibid.*, S. 282. 同書、九九頁。しかし、キリスト教の場合においても、専門的職能者としての「祭司」階級が成立し、「書物宗教（Buchreligion）」の発展による「文書による教化」(Ibid., S. 280. 同書、九六頁）が進展しても、宗教そのものの本質に、「呪術」的要素が混入しているということがいえる。

(29) *Ibid.*, S. 283. 同書、一〇一頁。

(30) *Ibid.*, S. 320. ヴェーバーは、カルヴァン派のほかに、洗礼派、メノナイト派、クエーカー派、改革的敬虔主義、メソディスト派をあげて、彼らにとって、「富（Reichtum）」が、「恩寵状態を『確証』する徴候の一つ」となっていると指摘している（*Ibid.*, S. 320. 同書、一九〇頁）。

(31) このことは、「特定宗教」としての「改革派教会」を説明することでもある。

(32) 「ウェストミンスター信仰告白」は、英国国教会において、カルヴァンの教会改革を推進するため、その基本姿勢を示そうとして、一六四六年に完成されたものである。この「ウェストミンスター信仰告白の信条史的意義」については、「聖書に教えられている教理の体系を、最も論理的に全般にわたって告白しているところに見出される」（日本基督改革派教会信条翻訳委員会「解説と付記」、日本基督改革派教会大会出版委員会『ウェストミンスター信仰基準』新教出版社（新教新書）、一九九四年、一一五頁）、と述べられている。ヴェーバーは、彼の著作のなかで、この「ウェストミンスター信仰告白」を引用し、そこに、カルヴィニズムの教理的特徴の典型が提示されていることを指摘している（Weber, *op. cit.*, Die protestantische Ethik und der Geist des Kapitalismus, S. 89ff, 同書、一四四―一四七頁）。カルヴァン主義の信仰が最も体系的に示された「ウェストミンスター信仰告白」は、「クロムウエルの政権樹立によって機能を弱め、次いで王政復古とともに、廃止されるなど、制度上の保証を失うにいたったにもかかわらず、世界のカルヴァン派教会の正規の信仰基準として、今日なお採用されている」（松田智雄『宗教改革』至文堂、一九六一年、前掲書『ウェストミンスター信仰基準』一一三頁）ほどに、重要な役割を担っているものなのである。

(33) その教説は、聖書の「ローマの信徒への手紙」八章二九節、「神は前もって知っておられた者たちを、御子の姿に似たものにしようとあらかじめ定められました」、に土台を置いている。この教理の核心は、神の絶対主権性を強調し、神の恩寵のもとに生きる人々に、神の一方的な恵みが豊かに与えられていることを教えている。キリスト者が、二重予定説を受け容れることは、「神の恵み」を強く意識するとともに、聖書に立つ信仰を堅持しようとすることに他ならない。本書、第四章二節、一三八頁、参照。

(34) Erich Fromm, *Escape from Freedom*, Discus Books/Published by Avon, 1965, p. 107f. エーリッヒ・フロム、日高六郎訳『自由からの逃走』東京創元社、一九七四年、九六頁。

(35) *Ibid.*, p. 109. 同書、九七頁。二重予定説は、フロムにみられるように、多くの誤解とともに歩んできたといえる。

(36) Max Weber, *op. cit.*, Die protestantische Ethik und der Geist des Kapitalismus, S. 89. 同書、一四四頁。

(37) 牧田吉和『改革派信仰とは何か』日本基督改革派教会西部中会文書委員会発行、一九九九年、一六一頁以下。牧田は、長年、日本キリスト改革派教会立「神戸改革派神学校」の校長を務めた。

(38) 同書、七六頁。引用は、ジョン・ヘッセリンク、広瀬久允訳『改革派とは何か』教文館、一九九五年、一四五頁。

(39) 同書、九六頁。

(40) 五木寛之『他力』講談社、一九九八年、一四頁。

(41) 同書、一四頁。

(42) 同書、一四頁。『浄土真宗聖典』（注釈版　第二版、教学伝道研究センター編纂、本願寺出版社発行、二〇〇四年）によれば、「自力の念仏」と「他力の念仏」については、「自力他力事」（長楽寺隆寛律師作）のなかに提示されている。その「解説」によれば、「他力の念仏とは、みずからの罪悪の深いことにつけても、ひとえに阿弥陀仏の本願力をあおぎ、願力をたのめば、常に阿弥陀仏の光明に照らされ、いのち尽きたときには、極楽に必ず往生せしめられることを明かされる」（同書、一三七六頁）とある。

(43) 鈴木大拙、佐藤平訳『真宗入門』春秋社、一九八三年、六〇―六一頁。

(44) 同書、六二頁。

(45) 同書、六二―六三頁。

(46) 同書、六三頁。「縋り」のルビは、筆者による。

(47) 救いをめぐって、浄土真宗の教えと、キリスト教の教えが類似していることは、多くの著作において提示されてきた。両者の救いの核心についての問題は、本節の主題とは関わらないが、特に、「親鸞とパウロの思想はよく似ていると言われる」(真木由香子『親鸞とパウロ――異質の信――』教文館、一九八八年、二頁)。ただし、浄土真宗の「他力」の教えと、キリスト教の救いの教理の類似性については、「厳密なテキスト批判」(同書、三頁)が必要なことはいうまでもない。筆者の論点は、真木の指摘するように、「厳密なテキスト批判を欠き、しかも文脈を無視して恣意的に類似する表現が抜き出されて比較され、ともすれば歴史社会的制約を忘却して観念的な立場で解釈されてきた」(同書、三頁)という限界をもったものであることを告白しておかねばならない。

(48) その伝統に生きることこそ、キリスト者の「幸福」の源泉である。神の救いのなかに深く入れられているという思いは、おそらくカルヴィニストの究極の「幸福」であろう。カルヴァン派は、前掲のエーリッヒ・フロムなどに代表されるように、宗教研究者や他のキリスト教会から、非常に頑迷な、ファンダメンタリストと揶揄されてきた。しかし、前掲、牧田も指摘しているように、「予定」説は、カルヴァン派の専売特許ではない。それは、ルター派の伝統のなかにも息づいていたとされるし、本来、神の救いの絶対的「恩恵性」(「幸福」)を強調する論点は、聖書そのものの信仰の原理でもある(牧田、前掲書、九八頁)。

(49) このようにいえば、筆者は改革派キリスト者の立場を捨てたのかと疑われる可能性が出てくる。しかし、筆者は、どこまでも改革派信仰の基盤に立つキリスト者であることには違いない。いわゆる、「篤信の徒(stalwart)」であると考えている。

(50) 随筆家藤原正彦(一九四三―)が、わが国の「国家の品格」の復興を説き、ベストセラー『国家の品格』(新潮社(新潮新書)、二〇〇五年)を出版した。藤原は、そのなかで、「欧米人の『論理の出発点』」について説明し、そこには、ジョン・ロックの「他人の自由と権利を侵害しない限り自由」(同書、六八頁)という思想と、その根底に「カルヴァン主義」の「予定説」があったと指摘している(同書、六五―七二頁)。藤原は、「自由」という近代の思想の根底に、カルヴァンの予定説があり、それが、究極的には、「金儲けに倫理的栄光」(同書、七一頁)を付与する教説となったと述べている。藤原によれば、「国家の品格」を貶めるような金銭至上主義は、「禁欲的なカルヴァン主義者」の行動に発するとする。この藤原の論点は、明らかに、ヴェーバーの「プロテスタンティズムの倫理と資本主義の精神」におけるカルヴァン主義の説明に依拠したもので、それは、「カルヴァン主義」＝「予定説」＝禁欲的「職業労働」という単純化されたスキームのみに着目した指摘であるといわざるをえない。

（51） ヴェーバーの禁欲説と日本のカルヴィニストが禁欲的でないということを比較することは、両者の間に時代的なラグがあり、同じ地平における比較とはならないということもできよう。そのような比較は、時間的な地平が異なるので無理があるとしても、筆者は、単に、ヴェーバーが取り上げているような十八世紀におけるベンジャミン・フランクリン（Benjamin Franklin, 1706–90）的な禁欲説と二一世紀の日本のカルヴァン派を単純に比較しようとするつもりはない。筆者の意図は、ヴェーバーの著作を通し、フランクリン的な禁欲のイメージが余りにも現在のわが国のカルヴァン派についても強烈なイメージを付与し、それが流布していることを指摘しようとした。現在のわが国の改革派教会の特性は、改革派教会というと「禁欲説」の教会かといわれるようなイメージとは異なることを示すことにある。要するに、わが国の改革派教会は、「呪術から解放された」ものとは異なる教会の特質や信徒の感性を本質的にもっているのである。世界のカルヴァン派教会に目を移すとき、それらの諸教会が、はたしてフランクリン的な禁欲主義的教会であるかどうかについては、筆者の知識の及ぶところではない。一般に、世界のカルヴァン派のなかでも大きな力をもっているとされるオランダ改革派教会などにおいても、教会関与率が明らかに低下していると聞いている。それは、米国のカルヴァン派の教会でも、同じことがいえる。現実には、わが国の改革派教会に関する限り、時間を厳守し、怠惰な生活を徹底して避けようとするようなイメージではとらえ切れない状況にある。それは、改革派キリスト者も、現実社会の荒波のなかで、普通の生身の人間として生きているということなのかもしれない。

（52） Max Weber, *op. cit.*, Die protestantische Ethik und der Geist des Kapitalismus, S. 84 ff. マックス・ヴェーバー、前掲書『プロテスタンティズムの倫理と資本主義の精神』一三八頁以下、第二章「禁欲的プロテスタンティズムの天職倫理」、参照。

（53） *Ibid.*, S. 165. 同書、二九四頁。

（54） *Ibid.*, S. 71. 同書、一一三頁。

（55） 筆者は、ヴェーバーの職業召命観と禁欲主義の「親和性」に関する視点が、カルヴィニズムの「禁欲説」として解され、カルヴァン派のキリスト者は、この世の職業に禁欲的に関わるという点において多くの誤解が生じたと考えている。少なくとも、わが国や、米国の小さな教会の経験からすると、「禁欲的に」、職業労働に専心するという意識は、「現場」の信徒にはみられないように思われる。

(56) このような諸相が、カルヴィニストの宗教的規範、基本的エートス、カルヴィニストの「執拗低音」(バッソ・オスティナート、basso ostinato)となっていることは疑い得ない。丸山真男「原型・古層・執拗低音――日本思想史方法論についての私の歩み――」、加藤周一・木下順二・丸山真男・武田清子『日本文化のかくれた形《かた》』岩波書店(岩波現代文庫)、二〇〇四年、一四七頁、参照。丸山によれば、「低音部に一定の旋律をもった楽句が執拗に登場して、上・中声部と一緒にひびく」(同書、一四七頁)ような、「低音部に執拗に繰り返される一定の音型」(同書、一四七頁)をいう。

(57) 日本基督改革派教会大会出版委員会編『ウェストミンスター信仰基準』新教新書、一九九四年、一〇七頁。カトリックの場合においても、「死と死後のこと」については、プロテスタントと大きな違いはないが、決定的な違いは、「煉獄のきよめ」という概念が取り入れられていることである。カトリック中央協議会『カトリック要理(改訂版)』中央出版社、一九七二年、一一三―一一七頁、参照。

(58) 『浄土真宗聖典』(註釈版　第二版、教学伝道研究センター編纂、本願寺出版社発行、二〇〇四年)、「安心決定鈔　末」に、「『阿弥陀教』に、「心不顚倒即得往生《しんぷてんどうそくとくおうじょう》」と説く」(同書、一四〇六頁)とある。同書、「唯信鈔文意」には、「即得往生」は、「信心《しんじん》をうればすなはち往生《おうじょう》すといふ。すなはち往生《おうじょう》すといふは不退転《ふたいてん》に住《じゅう》するをいふ。不退転に住すといふはすなはち正定聚《しょうじょうじゅ》の位に定まるとのたまふ御《み》のりなり。これを『即得往生』とは申すなり。『即』はすなはちといふ。すなはちといふは、ときをへず、日をへだてぬをいふなり」(同書、七〇三頁)とある。

(59) 同書、「浄土真要鈔　本」、九六一―九六二頁。

(60) この「神に帰る」ことについて、カトリックでは「帰天」という。プロテスタントにおいては、「召天」ということもある。しかし、改革派においては、単純に、人の死には違いないとして、「死去」という言葉を使う。

(61) 拙稿「祖先崇拝とキリスト者」、拙著『戦争と聖書的平和――現代社会とキリスト教倫理――』聖恵授産所出版部、一九九六年、二四一―二五九頁、参照。

(62) ドミニコ会研究所編、本田善一郎訳『カトリックの教え――新カテキズムのまとめ――』ドン・ボスコ社、一九九四年、二〇三頁。

(63) 信徒によって行動は一様ではない。日常のレベルにおけるカルヴィニストの規範と、日本社会の通念との間のディレンマの典型例をあげておこう。

（64）なぜ、大きな問題であるか。それは、経験上、自らの「改革派信仰」が最も試される場でもあるからである。

（65）筆者もそのうちの一人であるが。

（66）Max Weber, *op. cit.*, Die protestantische Ethik und der Geist des Kapitalismus, S. 94, 前掲書、一五七頁。

（67）*Ibid.*, 95. 同書、一五七頁。

（68）*Ibid.*, 95. 同書、一五七―一五八頁。

（69）本節の冒頭に示したような質問を受けると、改革派キリスト者は、人間の救いに関わる事柄ではないし、それは「神の奥義」であると答えるかもしれない。また、そのような問題について深く考えた経験がないということが正直なところかもしれない。よって、答えに窮するのは当然であろう。そういう種類の、「現場」の宗教性に関わる「感覚的・感情的」な問題に組みすること自体を、プロテスタントの生き方として避けようとし、ひたすら信仰によって義とされることを信じて、聖書のみ言葉に従って「禁欲的」に生きてきたのかもしれない。

（70）ちなみに、英国出身のプロテスタント・キリスト者である知人は、知る限りにおいてと断りながら、死者の火葬後、粉々になった遺骨灰をあつめて、あとは適当にどこかにばら撒くか、家の庭に埋めるかすると語った。それが、今日においては、英国のプロテスタントの場合は普通のことでもあると述べた。なぜそうするかといえば、それは、いずれ天国で再会するからであると語った。また、英国では、カトリック、プロテスタントを問わず、墓参をするというようなことはほとんどないと語った。普通は、遺骨灰には執着はないと語った。彼の母の場合も、遺骨灰を、適当に水面にばら撒いたと語った。ペットの場合は、むしろ天国で会うこともできないので、遺骨を大切に保管する必要があるのではないかと語った。こういう見解を述べる日本在住英国出身者もいる。

（71）筆者が一年滞在した米国ミシガン州の保守的キリスト教地域には、日曜日になると休業するスーパーマーケットがあった。そのような地域で、信徒がキリスト教生活をすることができるなら宗教的葛藤は少ない。筆者のように、教会の「長老」として立てられると、単なる一般的なキリスト者とは異なる責務がついてくる。「長老」は、教会運営と自らの信仰を堅持するという課題から逃れることはできない。その意味で、この世で長老として生活することには、様々な苦悩（「葛藤」）がつきまとう。といいながらも、筆者の場合と同じく、日々の日常生活に埋没してしまっているキリスト者が多い。拙論「グランドラピッズと教会――米国キリスト教社会の一断面——」、拙著『社会的エートスと社会倫理』晃洋書房、二〇〇五年、二四六—二八二頁、参照。

(72) ただし、改革派キリスト者としての意識を十二分にもっていない信徒、教会役員として選ばれていない信徒、日曜日の礼拝出席を真摯に考えていない信徒などの総称として、一般大衆のレベルの信徒という語を用いる。

(73) 筆者のような、「長老」というようなポジションにあるものには、聖書を読み、祈ることは、形ばかりとはいえ、普通のことである。

(74) 筆者の属する教会においては、毎週水曜日午後七時から祈祷会が開催される。そこには毎回十数名の出席者がある。そのほとんどは固定したメンバーである。また、五十代以上の信徒たち、団塊の世代以上の年齢の者たちは、青年時代、聖書以外にも聖書の要約であるキリスト教教理を絶えず教えられた。

(75) 改革派教会は、戦後一九四六年に、日本基督教団から分離独立してたてられた。当時の牧師、長老、信徒が、自覚的に改革派の信仰を堅持しようとした歴史は、既に過去のものとなったといえるかもしれない。それは、「拡散宗教」の満ち溢れる日本という宗教風土のなかで、それに適応するためには、賢明な選択であったかもしれない。

(76) 拙稿「祖先崇拝とキリスト者」、宇田進・橋本龍三他編集『新キリスト教辞典』いのちのことば社、一九九一年、八七八—八八一頁。

(77) 本書、第四章、注、(58)、参照。ドミニコ会研究所編、本田善一郎訳『カトリックの教え——新カテキズムのまとめ——』ドン・ボスコ社、には、「死者のための祈り」が明記されている。そこには、「主よ、みもとに召された人びとに永遠の安らぎを与え、あなたの光の中で憩わせてください。アーメン」(二〇三頁)とある。

(78) 改革派キリスト者として、「自覚的」に生きることには、相応の覚悟がいるということなのである。改革派のキリスト者は、この世の世俗的規範との間において、内的な規範の葛藤状態に立たされる。日本社会を根底から支えている宗教的規範と、カルヴィニストの規範の間に相容れない部分が多くあるからである。

(79) 拙稿「日本社会の宗教性——『生命主義的救済観』とカルヴィニズム——」、拙著『社会的エートスと社会倫理』晃洋書房、二〇〇五年、九四—一三三頁、参照。

(80) Herausgegeben von Otto Weber, *Der Heidelberger Katechismus*, Gütersloher Verlagshaus Gerd Mohn, 1978. 春名純人訳『ハイデルベルク信仰問答』神戸改革派神学校出版局、一九九六年。この教理問答書は、世界の改革派のなかで、重要な信条とされている。

(81) この信仰問答は、米国の改革派教会が「信条」として採用しているものである。それは、「第一主日」から「第五二主日」の五二の項目からなっており、一年を通して、教会で毎主日ごとに読まれる。この教理問答書は、改革派教会の信条としては採用されていない。
(82) Otto Weber (Hrsg.), *op.cit.*, S. 15. 同書、二三頁。
(83) 吉田隆『《ただ一つの慰め》に生きる——『ハイデルベルク信仰問答』の霊性——』神戸改革派神学校、二〇〇六年、六頁。
(84) Otto Weber (Hrsg.), *op.cit.*, S. 25. 同書、四九—五〇頁。
(85) 金児曉嗣『日本人の宗教性——オカゲとタタリの社会心理学——』新曜社、一九九七年、二四八頁。
(86) 筆者は、青年時代に、臨済宗の檀家の家からキリスト者へと変えられた。その大きな理由は、自らの罪の意識の自覚にあった。神の要求に対して、決定的に従えない罪深い存在としての自分を強く感じたのであった。
(87) 本書、第四章、注、(23)、参照。Max Weber, *op. cit.*, Religionssoziologie, S. 319. マックス・ウェーバー、前掲『宗教社会学』、一八九頁。「神の思想および罪の思想がもつさまざまな倫理的色調は、『救済』への努力と最も緊密な関係にある」とある。
(88) 'theo' は、'god' の意味を表すギリシア語から派生。Theodicy は、'theo' +ギリシア語の 'diké (justice)' からなる。ヴェーバーによれば、それらは、「メシア的終末論」、「彼岸信仰」、「摂理信仰」、「応報信仰」、「予定信仰」などと、密接にかかわる問題である。Max Weber, *op. cit.*, SS. 314–319. マックス・ウェーバー、前掲書、一七九頁以下、参照。
(89) もちろん、仏教の場合は、仏陀であろう。
(90) Max Weber, *op. cit.*, *Religionssoziologie*, S. 315. マックス・ウェーバー、一七八頁。
(91) *Ibid.*, S. 318. 同書、一八五頁、「悪」ともいえる。
(92) ヴェーバーは、旧約聖書「ヨブ記」の内容に言及し、「神の御意《みこころ》はどこまでも人間的把握から隠されたものとみなされ、また神の絶対的全能はその被造物を限りなく超絶するゆえ、被造的な義の尺度を神の行為に適用することはまったく不可能である」(M. Weber, *Ibid.*, S. 317. マックス・ウェーバー、前掲書、一八三頁)、と述べている。
(93) Weber, *Ibid.*, S. 315. マックス・ウェーバー、同書、一七九頁。
(94) 吉田、前掲書、五—六頁。
(95) 筆者が米国で過ごした地域は、教会の信徒に対する影響力が非常に強いところであった。一九八五年には、フリー・メソジスト教会に半年、一九九七年には、北米改革派教会に一年出席した。どちらの教会も、オーソドックスな聖書中心の信仰を継承しているところであった。両者の印象は、わが国のキリスト者が異教的な風土のなかで信仰を必死に保持しようとしているのに対し、米国人キリスト者の場合はキリスト者であることは当たり前で、キリスト教徒であることを楽しんでいるという雰囲気であった。筆者が出席していた教会の場合、日曜日になると、会員は普段着とは異なるチャーチウエアー、チャーチシューズに身をつつみ、颯爽と礼拝に出席していた。

最近筆者が指導を受けた教授夫人がなくなった。その死に対し、多くの教え子や友人たちが女性の死について報告し、惜しみ、彼女の生前を懐かしく回想している文章を読んだ。わが国だけではなく、米国のなかでも、プロテスタント・キリスト教の伝統を強く残している地域においても、死者を思いその死を悼む人間の思いは変わらないようである。知人の教授が土葬された墓所には、多くの花が飾られていた。二〇〇四年六月のハワイ、二〇〇五年十月のサンフランシスコのキリスト教の調査に加えられたとき、ハワイの様々なキリスト教会を訪問し、現地における日本人結婚式のあり様について聞き取り調査を行った。驚いたことには、元牧師が異性との関係で査問され、それを悔い改め、教会の公堂礼拝において悔い改めの宣言が行われるという場面に遭遇した。牧師も、神の言葉に仕える聖職者であるとともに、また人間であるということを、強く思わされた場面であった。visible な仕事にかかわる牧師が、自らの罪を悔い改め公式にわびて、また再び牧師として立っていくという教会の表ではめったにみられない事実を目の当たりにして、宗教の多面性を垣間見た思いであった。

(96) 本節は、二〇〇五年三月、「第一九回国際宗教学宗教史会議世界大会（於、高輪プリンスホテル）」において、「日本社会におけるカルヴィニストの幸福と不幸」と題して行った発表の原稿作成の段階で書いたものを加筆修正した。

(97) 「自覚的」とは、カルヴィニストの信仰者として、自らを意識しながら生きているという意味である。

(98) Max Weber, Religionssoziologie (Typen Religiöser Vergemeinschaftung), in *Wirtschaft und Gesellschaft, Fünfte, Revidierte Auflage, Studienausgabe*, J. C. B. Mohr (Paul Siebeck) Tübingen, 1972, S. 320. マックス・ウェーバー、武藤一雄・薗田宗人・薗田坦訳『宗教社会学』（『経済と社会』第二部第五章）創文社、一九七六年、一九〇頁。その表現は、『経済と社会』に収められている論文「宗教社会学」のなかに存在する。

(99) 日本キリスト改革派『神港教会の100年』あだち印刷舎印刷、神港教会発行、二〇〇九年、参照。教会の詳細な歴史については、ここにすべてが収められている。

(100) 執事職は、「主イエス・キリストの模範に倣って、愛と奉仕の業を行い、聖徒の交わりを特に相互の助け合いにおいて具現する」(日本キリスト改革派教会憲法委員会第二分科会編『日本キリスト改革派教会　教会規程付　大会会議規則・大会委員会条例』日本キリスト改革派教会大会事務所発行、一九九七年、二〇頁)ものである。

(101) 同書、一九頁。

(102) 「長老」は、教会を支え、信徒を霊的に支える務めをもつ。牧師職は、「牧会長老」といわれることがある。一九〇六年十月創設の神港教会は、神戸市東部にあり、六甲山観光の拠点、阪急六甲駅から北に歩いて三分、近くに神戸大学などが点在する住宅地・文教地区にある。教勢は、二〇一〇年一月統計で、会員総数(現住、他住、別帳会員すべて)三三六。教会の包括法人は、わが国において約一〇〇存在するキリスト教教派の一つ、「日本キリスト改革派教会」である。改革派教会は、約一二〇の教会・伝道所を包括し、二〇〇六年、創設六〇周年を迎えた。改革派教会の、毎年の平均的受洗者数は、約一三〇名である。献金合計は、二〇〇七年度、約一五億二七五〇万。(日本キリスト改革派教会大会事務所編『日本キリスト改革派教会　第六三回定期大会記録』日本キリスト改革派大会事務所発行、二〇〇七年、の「一般教勢・財政報告　二〇〇七年度」による、二八六頁。献金については、表4-4参照)。

(103) 日本基督改革派教会大会出版委員会編兼発行『教会ハンドブック　宣言集』一九九六年、一二頁。

(104) 西井美栄子・小松原爽介選「あさひ川柳」所収、『朝日新聞』二〇〇五年十二月一日、「第二兵庫」版。

(105) 藤中公人・大伴閑人選「朝日川柳」所収、『朝日新聞』二〇〇五年十二月十三日。

(106) 小松原、前掲書。

(107) 筆者は、二〇〇五年六月、ハワイの宗教調査に加わったが、日系の仏教系「新宗教」教団においても、「もちろん、クリスマス・ツリーは飾る」とのことであった。

(108) 筆者は、毎年のように元旦に、通常、参拝者などほとんどない神社・仏閣を見学する。考えられないような数の人々の群れで境内はごった返していた。これが、毎年繰り返される日本の正月風景である。ちなみに、二〇〇七年は、「今年も昨年を四二二万人上回る九七九五万人だった」(『朝日新聞』二〇〇七年一月五日夕刊)、とされる。二〇〇八年は、九八一八万人とされる(『毎日新聞』二〇〇八年一月八日夕刊、「初詣過去最多の人出」。この年も、「統計の残る七四年以降で最も多かった」（同書、『毎日新聞』記事）と報道されている。おなじく、「警察庁」のまとめで、二〇〇九年は九九三九万人に上ったとされる（『読売新聞』二〇〇九年一月九日夕刊、「『今年こそ……』神頼み最多」）。警察庁は、「好天が続いたことに加え、不況の影響で神頼みという人も多かったのではないか」と分析しているという（同書、『読売新聞』記事）。第三章「日本社会とキリスト教の影響力」の「一節　日本社会における宗教動向とキリスト教伝道の可能性」、参照。

(109) キリスト教年鑑編集部『キリスト教年鑑二〇〇九年版（通巻第五二号）』キリスト新聞社、二〇〇九年三月、六四頁。『クリスチャン新聞』二〇〇九年十月十一日号、によると、二〇〇九年三―四月の「教会教勢調査」結果として、『クリスチャン新聞』は、「全国のプロテスタント教会・伝道所数は八〇二三教会（以下、教会）で、一教会あたりの平均教会員数は、六三・九人、平均礼拝者数は、四一・〇人という全体像が描かれた。また全国の推定信徒数は、約五一万二八二一人で全国の総人口のおよそ〇・四パーセントにあたる」、と報告している。

(110) David B. Barrett, George T. Kurian and Todd M. Johnson, *World Christian Encyclopedia: A comparative survey of churches and religions in the modern world*, Second Edition, Volume 1 : The world by countries : religionists, churches, ministries, Oxford University Press, 2001, pp. 412f. この推計値（一九九五年）の「キリスト教徒」とは、英語で 'Christians' と表記されたもので、日本独特の「隠れキリシタン（Kakure Kirishitan, Hidden Christian）」、アメリカ軍従軍牧師、韓国や中国を母教会とするキリスト者、末日聖徒イエス・キリスト教会（Church of Jesus Christ of Latter-day Saints）一〇万四一一、エホバの証人（Jehovah's Witness）二四万六〇〇〇などの信者、若者を主とするレギュラリーにラジオを聴く信者（Isolated radio Churches）五〇万、イエスの御霊教会教団（Spirit of Jesus Church）四二万、世界基督教統一神霊協会（Unification Church, Holy Spirit Association for Unification of World Christianity）三五万など、あらゆるクリスチャンと称される人々の総計である。同データによれば、二〇〇〇年度推計では、四五五万九五七三（人口比、約三・六パーセント）である（*Ibid.*, pp. 412–418）。

(111) *Ibid.*, p. 682.

(112) 鄭南（中部学院大学）「中国におけるキリスト教の発展と社会福祉――撫順のあるキリスト教会事例として――」、第八二回日本社会学会、二〇〇九年十月十一日、立教大学における発表レジメによる。

(113) 同書。

(114) 拙稿「宗教改革」、森岡清美・塩原勉・本間康平他編『新社会学辞典』有斐閣、一九九三年、六七一―六七二頁、参照。引用同書、六七二頁。以下の引用は、同箇所。

(115) 拙稿「プロテスタンティズム」、同書、一二八七頁。

(116) 同書、一二八七頁。

(117) 牧田吉和『改革派信仰とは何か』日本基督改革派教会西部中会文書委員会発行、一九九九年、一六一頁以下。牧田は、長年、日本キリスト改革派教会立神戸改革派神学校の校長を務めた。

(118) Edwin H. Palmer, *The Five Points of Calvinism: A Study Manual*, Baker Book House Company, 1972. エドウィン・H・パーマ、鈴木英昭訳『カルヴィニズムの五特質――学習の手引――』つのぶえ社、一九七八年。この五特質については、多くの研究者が、カルヴィニズムの五特質として提示しているものである。

(119) 「全的堕落」とは、「生まれつきの人が根本的に神を喜ばせる善を決してできないこと」(*Ibid*., p. 13. 同書、一五頁)。具体的には、一つのコップに黒のインクが滴下されると、全体がインクの色に染まるように、人間の全体が悪に染まっているということ。「無条件的選び」とは、「神の選びはいつも無条件的である」(*Ibid*., p. 26. 同書、四三頁)こと。「限定的贖罪」とは、「キリストが死なれたのは、信者、選民だけのため、実際に救われて天国に行く人々だけのため」(*Ibid*., p. 42. 同書、七九頁)ということ。「不可抗的恩恵」とは、「神がある人々を救うように選び、(中略)聖霊をお送りになると、だれも神に抵抗できないということ」(*Ibid*., p. 57. 同書、一一二―一一三頁)。「聖徒の堅忍」とは、「一度救われた者は常に救われている」(*Ibid*., p. 68. 同書、一三五頁)ということを意味する。これらの教理は、神の「恩恵」に頼って生きていかざるをえない信徒の本質を教えている。

(120) 丸山真男「原型・古層・執拗低音――日本思想史方法論についての私の歩み――」、加藤周一・木下順二・丸山真男・武田清子『日本文化のかくれた形《かた》』岩波書店(岩波現代文庫)、二〇〇四年、一四七頁。

(121) 一九四二年六月二六日から、ホーリネス系教会は、治安維持法違反で、百余名の牧師が逮捕された。ホーリネス教団は、「キリスト再臨」の教理を強調した。ホーリネス教会の牧師たちは、聖書の神を絶対的なものとして強調した。それが、戦前の政府の方針、天皇による国家主義的統治の規範とは異なった。ホーリネス弾圧において父が検挙され、日本基督教団総会議長を務めた辻宣道は、「天皇統治がキリスト再臨により廃止さるべきものとする考えが、『国体』否定ととられた」と述べている(辻宣道『嵐の中の牧師たち』新教出版社、一九九二年、八七頁）。本書、「補遺」二節「キリスト者の人生」、「二　中田重治」、参照。

(122) 一九八八年からのデータを提示した理由は、日本キリスト改革派教会大会事務所が、その年度から、『大会記録』に「収入合計」のデータを明記しているからである。

(123) Henri Bergson, *Les deux sources de la morale et de la religion*, Presses universitaires de france, 1976, p. 283. アンリ・ベルクソン、平山高次訳『道徳と宗教の二源泉』岩波書店（岩波文庫）、一九七七年、改訳版、三二七頁。

(124) 日本のキリスト教事例を中心にその学歴層等の諸次元について研究した社会学者松谷満によれば、「都市部の中産階級、特に知識人層から構成されている」（松谷満「宗教性の諸次元とその規定因——キリスト教を事例に——」、『年報人間科学』大阪大学人間科学部、二三—二、二〇〇二年、一七五—一九二頁、一八〇頁）という。

(125) 五野井隆史『日本キリスト教史』吉川弘文館、一九九〇年、三七頁。同書において、五野井は、一五四九年から一六三〇年の八〇年間に、キリスト教改宗者が幼児洗礼者も含めて七六万人に達していたことが推定されると報告している（同書、一一頁）。

(126) 拙稿「グランドラピッズと教会——米国キリスト教社会の一段面——」、拙著『社会的エートスと社会倫理』晃洋書房、二〇〇五年、二四六—二八二頁、参照。

(127) 筆者は、「女性教師・長老問題検討委員会」委員として三年間活動した経験がある。

(128) 拙稿「この世の集団と教会の集団——集団の特性から学ぶもの——」、拙著『戦争と聖書的平和——現代社会とキリスト教倫理——』聖恵授産所出版部、一九九六年、二〇五—二四一頁、参照。

(129) 拙著『コミューンと宗教——一燈園・生駒・講——』行路社、一九九九年、参照。

(130) ウインストン・デーヴィス、拙訳「一燈園（Ⅱ）——リミナリティの神話と儀式——」『関西学院大学社会学部紀要』第四四号、一九八二年、八〇頁。一燈園共同体については、「一燈園（Ⅰ）——リミナリティの神話と儀式——」『関西学院大学社会学部紀要』第四三号、一九八一年、も参照。原文は、Winston Davis, Ittôen : The Myths and Rituals of Liminality, Part Ⅰ–Ⅲ, *History of Religion*, Vol. 14, No.4, 1975, pp. 282–321, Part Ⅳ—Ⅵ, *History of Religion*, Vol. 15, No.1, 1975, pp. 1–31. この原文をもとにして、Winston Davis, *Japanese Religion and Society: Paradigms of Structure and Change*, 1992, State University of New York Press には、Ittôen: The Work Ethic of a Buddhist Utopia, pp. 189–225, が収められている。

第五章　日本社会の宗教動向と社会的エートス

一節　日本宗教の基層と社会的エートス

一　若者とオウム真理教(1)

オウム真理教の幹部活動家が地下鉄サリン事件(2)の実行犯であったことが判明して以来、その主要施設は閉鎖され、教祖が逮捕されるなど、教団は壊滅的な打撃を受けた(3)。

それにしても、社会から危険視され一度は壊滅したかのように思われた教団が、存続し続けていることの背景には何があるのであろう。教団信徒にとっては、その教団への復帰や加入動機には、それなりの理由があるに違いない。

どのような宗教集団であろうと、信者の宗教加入については、「宗教的剥奪理論」がよき説明を与えてくれる。「剥奪理論」とは、端的にいえば、人間の社会的不満足とその現実に対する期待のギャップが、宗教加入の動機付けになるという理論である。人々は、理想と社会的現実のギャップを埋めるために、いつの時代も「神頼み」し、それはまた、宗教集団と信者との間に密接な相互行為を生起させる。

宗教集団の側は、各寺社がこの世における利益、すなわち「現世利益」を提供し、信者を熱心に獲得、保持しようとしてきた。しかも、宗教集団は、各集団ごとに、「病気平癒」、「断ちもの」、「合格祈願」、「安産祈願」、「商売繁

写真５－１　石切劔箭《つるぎや》神社　お百度参り風景

盛」、「良縁祈願」、「交通安全」など集団独自の様々な「現世利益」を提供してきた。

一方、信者の側は、凄じいばかりの強い期待を宗教集団や施設に寄せる。東大阪市にある石切劔箭《つるぎや》神社（石切さん）は、「でんぼ（腫れもの）の神さん」として知られ、腫れものの一種としてのガンさえも治るとされる。その神社前で展開されている「お百度まいり」の風景は、「剥奪」された病からの解放を求める善男善女の「神頼み」の熱気で満ちている。「病」や人間関係における「争い」ごとからの解放は、人間の本能的な願いなのであろう。

民衆と宗教集団の相互行為は、また社会の時代的な背景と密接に結び付いている。「宗教社会学の会」が、一九八〇年代初め、奈良県生駒市にある「断ちものの神さん」として著名な宝山寺の宗教社会学的調査に入ったとき、当時の寺務関係者が、「『麻薬』や『賭博』を断たせてくださいという若い女性のお参りも多くあります」、とさらりと語った。そのときの話の内容は、大阪を中心とした「大都市近郊の民俗宗教――生駒調査――」研究へと、筆者たちを駆り立てる一つの理由となった。宝山寺における民衆の宗教行動から、一九八〇年代初頭、大阪に「麻薬」が広がりつつあるという事実を知ることとなったのである。

民衆が社会的に剥奪された現実を理想へと埋め戻そうとする営みは、いつの時代も変わらない。日本社会においては、子どもたちは受験競争のなかで悪戦苦闘し、母親は家庭で疲れ、青年たちは卒業しても就職もできず、中高年はリストラの不安を抱きながら、デジタル化され分断されたストレス社会に生きている。

国際的には、各地に紛争が続き、経済的にも政治的にも先行き不透明さが拡大する社会のなかで、民衆は自らの小さな幸せを何に願うのであろう。

宗教改革者ジャン・カルヴァンは、人間は「宗教の何らかの種を宿している」[4]と語った。社会的現実に打ちひしがれ、何ものかにすがって生きざるを得ない人間の本質は、カルヴァンの視点によれば、時空を超えて宗教的であり、かつ「宗教」のみがもたらしてくれる恵みと切り離して考えることはできないといえよう。

二　現世《げんぜ》利益《りやく》的宗教行動としての神頼み[5]

一九九七年四月から一年、米国ミシガン州カルヴァン大学研修中、筆者は、日本人の宗教行動について、しばしば質問を受けた。そのとき、きまったように、年末年始に繰り広げられる行事に関連させ、二つの論点から答えとした。第一は、日本の新年行事としての初詣から、第二は、日本のクリスマス行事からである。

初詣については、警察庁の発表によると、二〇〇九年も正月三が日に全国の主な神社仏閣への人出は九九三九万人にのぼっている[6]。一人が複数の神社仏閣に参拝していることを割り引いて考える必要がある。とはいえ、これは、わが国の総人口一億二八〇〇万における延べ約七七パーセントの人々が、正月三が日に全国の主な神社仏閣を訪れたことになる。統計にカウントされない数値を加算するなら、初詣客の数はより増加し、国民の八割は初詣に行くと推察することも可能かもしれない。それは、表5−1の「正月三が日の初詣客数」に示されたとおりである[7]。

表5−1　正月三が日の初詣客の推移

年	万人
1999	8,747
2000	8,811
2001	8,875
2002	8,491
2003	8,622
2004	8,889
2005	8,966
2006	9,373
2007	9,795
2008	9,818
2009	9,939

（出典）警察庁発表のデータより作成．

人々は、年頭にあたって、新たな気持ちで、身体健全、家内安全、厄除け、受験祈願、学力向上、良縁結縁、病気平癒、交通安全、商売繁盛、地位向上、報恩謝徳、心願成就、なかにはポックリと死ねますようにと、一斉に「神頼み」をする。不思議なことに、あなたが初詣した

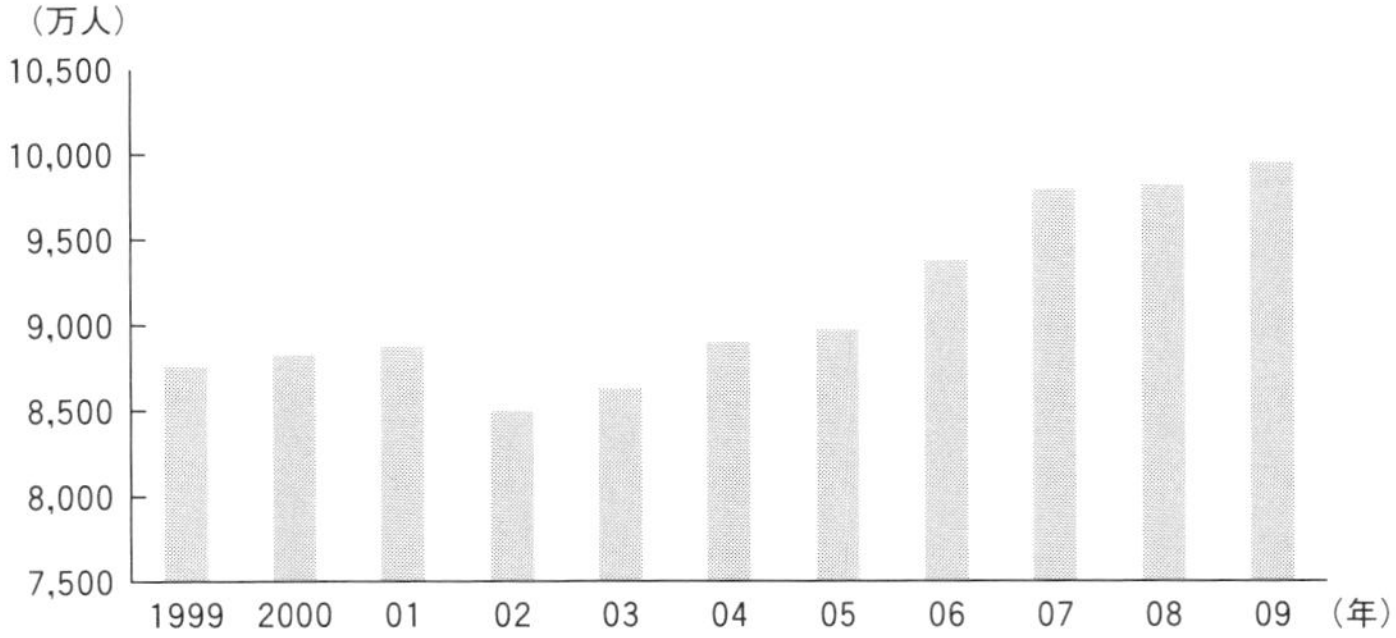

図5－1　正月三が日の初詣客の推移

（出典）　警察庁発表のデータより作成.

神社や仏閣のご神体は何ですかと、意地悪い質問をしても、それに正確に答える人は少ない。人々は、年の初めに、八《や》百万《およろず》の神々に少しでもご利益をいただくことができますようにと、年々歳々、年頭に初詣に繰り出す。

日本人の宗教行動を問題にするとき、また、人々のクリスマスのすごし方から得られる知見を見過すことはできない。人々は、年の終わりが近付くと、クリスマス・ソングに誘われ、町のショッピングセンターへと駆り立てられる。この風景は、欧米のクリスマス・シーズンと変わることはない。日本は、全人口のわずか一パーセント程度がキリスト者という非キリスト教国である。しかし、多くの人々が、この時期には、自宅にクリスマス・ツリーやリースを飾り、クリスマス・パーティを開いてプレゼントを交換しあったりする。

人々には、クリスマスが、キリスト者にとって、イエス・キリストの誕生を記念し、それに感謝をささげる行事であることなど、どうでもよいことなのである。日本のクリスマスは、聖書が提示しているような宗教性を欠いた年末の恒例行事となっているといえる。日本のキリスト教会は、またこの季節を利用して、クリスマスイヴ・キャンドル礼拝を開催するなど、伝道に意欲を燃やす。そこには、キリスト教とは無関係の若いカップルや家族連れが、クリスマスの雰囲気を味わうために多く集う。

年末年始のわずか二種類の宗教行動を一瞥しても、日本の宗教的基層の特性が浮かび上がってくる。第一は、人々の宗教的行動は、自らが期待する「ご利益」を願い求めるということを主眼に行われること。もちろん、現世利益を求める宗教行動は、宗教そのものの意味を問うこととは無関係である。第二は、日本人には、自らが信じる宗教が何であるかというような、自覚的な宗教信者は相対的に少ないのである。

日本人は、最後に死を迎える時に、仏教などの宗教にお世話になることが多い。普段は、人々は、宗教には、一部を除いてきわめて無自覚であるといえる。それはまた、他の宗教に対して寛容であることを示している。いずれにせよ、年末になると、日本人の多くは、クリスマスという恒例行事を通してキリスト教を垣間見ることになる。

その意味では、宗教に無自覚的・現世利益的に対応することしか知らない日本社会において、若者の心性に巧みに取り入るオウム真理教のようなカルト・タイプの宗教が、多くの若者を虜にしたのも理解できないことではない。

三　日本の若者たちとキリストの福音(8)

日本のキリスト教会の若者たちにとって、聖書の「使徒言行録」四章一二節、「ほかのだれによっても、救いは得られません。わたしたちが救われるべき名は、天下にこの名のほか、人間には与えられていないのです」、が示すようなキリスト教の福音を、明確に獲得することは困難な状況にある。要するに、聖書によれば、イエス・キリスト以外からは救いは得られないのである。

日本の若者たちは、あらゆる生活の領域において、異教的制約のなかにある。

日本社会においては、宗教的、精神的なレベルにおいては、仏教的、神道的、民俗宗教的な異教的心性を重視する特性が貫徹されている。なかでも、日本の若者は、小さい頃から、民俗宗教的エートスにさらされている。人々は、究極的に創造者なる神を神とすることもない。そこには、人間を絶対化するエートスがあると考える。日本社会には、有神論的神観は存在しないのであり、人々は、「我と汝」の関係において、「永遠の〈なんじ〉」(9)との関係を意識することもないし、自分自身を否定し、罪を意識することもない。教会の若者でさえ、あらゆる成長の段階で、社会に浸透した「年中行事」を通じて、異教的習慣にさらされて生きることになる。

今日の若者に対し、最も大きな影響を与えていると考えられるものは、社会経済的なレベルにおけるエートスである。日本社会には、功利主義的な「資本の論理」というエートスが貫徹されている。それは、「宗教」ともいい得るようなプラグマティズムのエートスであり、日本の若者は、それによってがんじがらめにされている。教会の子どもたちでさえ、受験競争、刹那的な娯楽、物質的豊かさへと駆り立てられる。彼らは、物ごとを功利的に考え、教会の礼拝に出席することや聖書によって与えられる恵みを価値あるものととらえることができない状態にある。

日本社会のような異教的社会において、キリスト教信仰を貫くことは困難なことである。教会の若者は、そのような世俗的エートスが貫かれた社会のなかで、生きていかねばならない。その場合、何よりも重要なことは、世俗的エートスにさらされている無防備な若者を支援・訓練し、筋金入りのキリスト者を育てることである。しかし、今日、若者を支援・訓練すべき教会や家庭にも問題が生じてきている。それは、教会や家庭が伝統的にもっていた若者を支援・訓練するシステムが弱体化していることである。

次世代を担う若者にキリスト教の信仰を継承させていくことについては、教会と家庭における支援・訓練が重要となる。教会においても少子化がすすんでいるなか、教会の少ない子どもたちに信仰を確実に継承させ、教会を次世代に伝えていくためには、教会と家庭における若者の支援システムの復興と訓練の確立が何よりも大切となろう。

四　宗教的『癒し』を求めて——戦後日本社会における宗教動向より(10)

戦後、一九五〇年代、六〇年代の経済成長期は、創価学会や立正佼成会などの組織化が進展し、「旧新宗教」が拡大した時期である。七〇年代の石油ショック以後、宗教の領域では、「新新宗教」が「雨後の筍」のように成立した。江戸末期に遡り得る天理教や金光教、戦後、組織を拡大し大組織化の道を歩んだ創価学会や立正佼成会などを「旧新宗教」と考えるなら、「新新宗教」は、「旧新宗教」とは異なり、小規模で、「霊能」や「呪術」を重んじ、教祖との強い結合のうちに擬似家族的に展開される比較的小さな教団を特性としているとされている(11)。

一九七〇年代から八〇年代に「新新宗教」がブームとなった時代は、「ミニ宗教」の「ラッシュアワー」の時代とも形容され、隣の「おっちゃん」、「おばちゃん」が、いつのまにか「教祖」になることも珍しいことではなかった。当時、自然食品やスプーン曲げなどが流行し、不可思議な宗教性に多くの人々が吸引されていった宗教状況は、若者たちを「易や占い」などの宗教行動へと駆り立てることにもなった。

若者がどうして「新新宗教」に引き付けられていったのかを明らかにすることが、七〇年代以降現在に至るまで、宗教社会学研究の中心課題の一つとなった。その結果、明らかにされたことは、第一に、大組織のもつ人間関係が希薄化し、その反動として「ミニ宗教」のもつ「擬似家族性」が多くの若者たちを引き付けたこと、第二は、合理性が進展する社会において、若者を中心に「易や占い」、「霊能力」などの非合理的なものに救いを求める人々が増加したこと、第三に、何よりも「教祖たち」の霊能力と人間的魅力が存在したこと、などであった。研究者たちは、「新新宗教」には、自らの存在を絶対的な力で支えてくれる「カリスマ的宗教者＝教祖」が存在し、その教祖と強く結び付いた人間関係が存在することを指摘した。結局は、人々は、宗教から獲得できる霊能力、その「教祖」との関係、信徒同士の強い人間関係などに、何らかの救いを求めようとした。(12)

筆者は、宗教社会学者西山茂が命名した「新新宗教」の特性に関心を抱き、八〇年代の初め以来、生駒山系にある「ミニ宗教」を観察してきた。その過程で、ある真言宗系の寺院に着目し、その新興寺院が、霊能豊かな住職と、いわばその「教祖」に心酔しきった信者の強い子弟関係をセールスポイントにして、親密なカウンセリング関係を持続させながら、活発な宗教活動を繰り広げていることを報告した。そこで展開されている宗教様態の観察を通して、特に印象的であったことは、「教祖」的職能者のもつ霊能力に期待して集まってきた善男善女が、住職の予言者的判断力によって株式に投資したりしながら、「現世利益」を獲得しようとしているという事実であった。さらに、自らの悩みを住職に披瀝することによって、信者たちが精神的安寧を獲得している状態が存在した。(13)

七〇年代初めに、「石油ショック」という経済的「ゆらぎ」を経験した日本社会は、九〇年代半ばに、再び社会経済的にも宗教的にも大きく揺らぐことになる。社会はバブル後不況の時代に突入し、宗教的には、オウム真理教（アレフ、アーレフ、Alephなどに改称）によって、戦時においてすら「禁じ手」といわれる毒ガス、サリンが東京の地下鉄にばら撒かれた。それは、阪神・淡路大震災が起こって二カ月後の一九九五年三月であった。オウム真理教事件は、当時の日本の宗教社会に決定的な影響を与えたといわれる。「宗教法人法」の改正も、その事件を契機とする。[14]

オウム真理教は、一人の「教祖」が、世間的に「優秀」とされる多くの青年を引き付けた典型的な例かもしれない。若者たちによって引き起こされた事件は、その残忍性のゆえに、事件後の日本社会の宗教離れ現象を確実に促進したとされる。NHK放送文化研究所は、『現代日本人の意識構造』[15]において、九八年実施調査結果に言及し、「注目すべきは、『宗教とか信仰とかに関係していると思われることがらは、何も信じていない』という人が、突然、今回の調査で増えたことである」[16]と報告した。オウム真理教事件は、統計的には、宗教信仰者数減少に決定的な影響を与えたと理解してよかろう。

しかし、はたして、九〇年代の後半から二〇〇〇年代に入って、宗教行動をする人々の数は減少したのであろうか。オウム真理教は、事件後、徹底的に社会的に断罪され壊滅状態にまで追い込まれながら、なおも組織を維持し、若者を引き付け続けている現状があるとされる。一言でいえば、システム化された世俗社会の社会的現実の背景に、そのような社会に対応しきれない若者を吸引する宗教装置＝教祖＝宗教教団の存在があるということなのである。[17]オウム真理教は、「修行によってカルマを越えよ」、「『修行って何だろう……』って考え込む前にちょっと体験してみませんか」[18]などと書かれたチラシを、駅頭で堂々と配布し、それらの勧誘ビラによって、人々がまた誘われていくのである。

筆者は、「民間信仰に見られる宗教行動及びそのエートスの社会学的研究」というテーマを設定して、宗教社会学的な研究を行ってきた。それは、一言でいえば、IT革命が推し進められ、何もかもシステム化・合理化される社会における、宗教的「癒し」を求め続ける人間とその社会的エートスの研究である。民衆のあいだで日常的に行われている「民間信仰」レベルの宗教現象に焦点を当て、「癒し」を求める人々を取り巻く社会倫理的エートス（「精神的雰囲気」）を明らかにしようとしているのである。

この準備のために、すでに「生駒今昔——気の満ちた生活世界——」[19]を書いた。そこでは、ドイツの理論社会学者ユルゲン・ハーバマス（Jürgen Habermas, 1929—）の「生活世界」論を参考に、目的合理的に「システム」によって貫徹された社会のなかで、人間的な強い結び付きをもつ「生活世界」としての生駒の宗教について論じた。生駒には、「システムを越えた、言葉の通じる、文化的アイデンティティが存在する世界」[20]、人間を了解関係に包み込む「癒しの場」、「逃れの場」が存在することを指摘した。オウム真理教事件以後、宗教を意図的に忌避しようとする傾向が強くなってきたとされる社会においても、宗教的な「癒し」を求めて、「生駒の神々」に帰依し続ける人々があることを報告したのである。[21]

社会は、今後も合理化の度合いを深めていくであろう。その合理化の反動が、「癒し」を求める善男善女の姿となっているのかもしれない。日本社会は、高度に合理化された社会へと変動し、人々に多くの物質的な豊かさを与えてきたのであろう。とはいえ、それによって、人々は、その細部の心の「ひだ」にまで及ぶような平安を与えられてきたであろうか。魂の救済が与えられたのであろうか。

若者たちの引き起こす凶悪な事件が頻繁に報道され、この世は、近年「無信頼」で、「無信仰」社会などといわれる。しかし、自らのアイデンティティを確認することのできる「生活世界」や宗教的「癒し」を求めて、「生駒詣で」する人々が後を絶たないのである。

あの生駒山系には、年間延べ一〇〇〇万にものぼる参詣者があると推計されている。[22]特異な宗教装置が潤集しているとはいえ、何の変哲もない大都市近郊の山系に多くの人々が参集する。そのような宗教現象について、どのように説明することができようか。

八〇年代以降、宗教学者たちが、「こころの時代」という表現を多用するようになってきた。「今、なぜ『癒し』

なのか」。その答は、オウム事件以後宗教行動を行う人々の数が確実に減少したとされる社会においても、宗教との関連で、「こころ」の問題を問い返しつつ、宗教的「癒し」を求めようとする人間の本質とその人間を取り巻く社会的状況の分析を通して、明らかになっていくことであろう。

あのオウム真理教事件は、真に衝撃的であった。そのような教団に、心の拠り所を求める人々がある限り、「なぜ『癒し』なのか」、という問いかけをやめるわけにはいかないであろう。今日、公的な公民館が主催する事業のテーマさえ、「癒しのセミナー」となっていたりするのである。

世俗化された「都市空間が包摂する社会的特性」[23]のなかで、人々はいつの時代も、精神的なストレスを感じながら生きている。そのような状況がある限り、「癒し」を求めて宗教にすがろうとする人々の熱意が衰退することはない。宗教のもつ「癒し」の力は、今もなお厳然と生きており、人々は宗教的「癒し」を求め続けるのである。

二節　現代社会と宗教的エートス（一）

――「気枯れ社会」の人間像[24]――

はじめに

筆者は、大学で社会学を学び、社会倫理学と宗教社会学の教師となった。社会倫理学研究において、日本の社会の深層に底在している社会意識や宗教的な雰囲気、精神的起動力、社会的エートスの研究をすることとなった。また、関西地方に住む宗教研究者の集まりである「宗教社会学の会」に所属し、研究者や仲間の大学院生研究者たちと、「現代」という時代における宗教社会の特性の調査・研究を、主に「大都市近郊の民俗宗教」という視点から行ってきた。生まれは、兵庫県の日本海側に位置する「但馬牛」と「岩津葱」で知られた南但馬である。

「こころ――現代と日本人の心――」[25]という主題のもとに、この二節と次の三節において、「現代社会と宗教的エートス」をめぐって考察を行う。

二節では、「『気枯れ社会』の人間像」という題で、三節では、「『無信頼社会』の心性」という題で論をすすめる。(26)

一　「こころ」の時代

わが国において、多くの宗教研究者が、一九七〇年代から八〇年代にかけては、宗教が若者によって問い直された時代であると指摘した。宗教社会学者たちは、多くの青年たちが、他の時代に比べて比較的宗教活動を熱心に行った社会的状況を考察し、その時代を新しい「宗教ブーム」の時代が到来したと報告した。戦後の「宗教ブーム」の到来以後、社会の分析には、何よりも人々の「こころ」に焦点を当てる必要があるといわれるようになった。研究者たちは、人々の「こころ」に着目するとき、社会の表層では見えない多くのものが見えてくると指摘した。七〇年代から八〇年代にかけて、宗教社会学者の間では、「こころ」を問題にする学問として、「心理学（サイコロジー）」をもじって、「ココロジー」などという言葉が用いられたりした。

「こころ」に注目した宗教社会学的分析は、七〇年代、八〇年代だけのことではなかった。九〇年代に入り、宗教社会学者たちは、特に若者の宗教に注目し、研究に際し、「精神世界」の分析を必須のものとしていった。筆者は、九〇年代にはいって、大阪の会社関係から、経営者向け午餐会に、ショート・レクチャーの講師として何度か招かれたことがある。そのときも、「宗教社会の特性と人間の心」の問題を話すように、とテーマをあらかじめ指定されていた。九〇年代の後半でも、「市民講座」などで、同じテーマで何回か講演する機会が与えられた。それは、大きな社会問題となった「オウム真理教」を取り巻く社会的状況との関係からであったと推測される。

このように、「心」の問題は、いつの時代にも、すべての人々に関心を抱かせるものであり、人々の心に訴えるものをもっているようである。一般の人々だけでなく、講師の話などにまったく耳を傾けようとしない学生たちでも、「技術社会と新新宗教」などというテーマを設定して宗教の話をすると、比較的熱心に耳を傾けてくれる。

二〇〇〇年代に入って起こった、青年によるバスジャック事件や主婦殺害の事件など、一連の凶悪事件をみていても、「こころ――現代と日本人の心――」という主題は、今日の状況を表現するための最も的確な話題ではないかと思わざるを得ない。

一九九九年から二〇〇〇年にかけて、「日本証券奨学財団」から研究費を得て、仲間たちと宗教の共同研究を行った。主題は、「神頼みの社会学的研究」であった。また二〇〇〇年から二〇〇二年にかけて、文部省から科学研究費の援助を受け、「民間信仰にみられる宗教行動及びそのエートスの社会学的研究」(27)というテーマで、九〇年代の終わりから二〇〇〇年、さらに二〇〇〇年代の初頭の宗教現象や社会的・宗教的なエートスの研究を行った。その調査の過程で明らかになってきたことは、庶民の最大の関心事はバブル経済崩壊後の経済の立て直しだけではないということであった。彼ら庶民の究極的な関心は、もちろん生計を支えるための経済問題もあろうが、人間の「心」の安寧ではないかということである。時代を超えて、また老若男女を問わず、「こころ」の問題は、人間の最大の関心事、課題であるように思われる。

二　安住の地としてのふるさと

ところで、筆者は、地方の農家出身という意味では根っからの田舎者であるといえよう。但馬の農家では、どこでも、米作の他に、副業として家屋内で和牛を飼育していた。幼い頃、日課は、兄と二人、夕方になると、「川入れ」といって、二頭の和牛を近くの川に連れて行き水を飲ませ、牛小屋の敷き藁をかえることであった。高校卒業後、進学のために都会に出、現在は神戸の地に住んでいる。自宅から、故郷南但馬の谷間の町まで、自動車によれば約一時間半で帰ることができる。その地は、都会的な部分も多くなり、商業施設が幹線道路沿いに建てられるようになってきた。しかし、今も自然が残っている。確かに、田舎には、田舎独特の濃密な人間関係に基づく煩わしさがあるかもしれない。一方、良い意味で、人と人とのつながり、絆の強さも残っていると思われる。それは、一言でいうと、「農村共同体のすばらしさ」、とでもいうことができるであろうか。要するに、「共同体」の存在である。

幼い頃の風景を時おり思い出す。春、菜の花が至る所に一斉に咲く。見渡す限りの田は、一面、菜の花の黄色で埋まる。菜の花から小さな丸い黒い粒の菜種を採取し、菜種絞りに出し菜種油を取った。一面のレンゲ畑で遊んだりしたことも思い出す。初夏、ホタルが川沿いだけでなく、自宅前でも乱舞していた。菜種を採取したあとの菜の花の茎を何本も束ね、竹の先に結わえホタル狩りに行く。ホタルが、尾の部分を光り輝かせていた光景を思い出す。

筆者は、始終苦労しているせいか(?)、比較的若い頃から髪は真っ白である。しかし、意外に、精神的に元気に過ごしている。その理由は、筆者には、帰ることのできる「故郷」、「共同体」があるということではないだろうか。「故郷」は、ある意味で、「安住の地」なのである。

神戸育ちの都会っ子である妻とは、将来の住居地について少し考えが違う。筆者は、いつか故郷の近くにでも引っ越して、自然の残っている地で余生を送りたいという望みを抱いている。大学時代の同じゼミで活動した知人のなかに、東京の渋谷で育ったという友人がいる。神戸に住んでいる彼女は、渋谷の駅頭に立つとほっとする、と語ったことがある。彼女にとって、渋谷が「故郷」なのである。

筆者は、神戸の六甲の地に住んでいる。その神戸市東部の下町は、阪神・淡路大震災の際、大きな被害をこうむった。一九四五年三月の神戸大空襲で焼土と化した神戸は、再び一九九五年一月十七日午前五時四六分、震度七の激震に見舞われた(28)。そのとき、神戸は壊滅的な打撃を受けた。自宅は、修理こそ必要であったが倒壊しなかった。そのことによって、むしろ何か恥ずかしいような、後ろめたい気持ちに襲われたことを思い出す。近隣の家屋は傾き屋根が落ちた。水道管は壊れ、ガスの匂いがあたり一面に充満していた。一月十七日の朝、自宅二階から見える光景は、火災の煙がもうもうと上がっている悲惨な姿であった。人々は大惨事に動転し、悲しいかな、震災は六四三四名という貴い命を奪い、約一〇万棟の家屋を倒壊させた。将棋倒しのように倒れた家々の脇の歩道を通りながら、何度も涙が出て仕方がなかった。六甲周辺に下宿していた神戸大学の前途ある多くの学生たちも命を失った。

震災経験のなかで、筆者自身は生きていることに感謝した。そのとき、美しいグラス、結婚式の祝いにもらったもの、部屋に飾っていたものすべて粉々に割れてしまった。「もの」は、そのとき、一切いらないと思った。それまでに買い求めてきた本も、ぐちゃぐちゃにくずれてしまい、ゴミとしか思えない状態になってしまった。しかし、あの震災のときから数年たって、落ち着いてくると、あれが欲しい、これはつまらないと、物欲が頭をもたげてくる。震災後、一度は、「もの」は何の役にも立たないと思った。その頃は、生きていること自体が不思議なくらいであった。

しかし、当時は、心は意外と平安であった。それは、「気」が張っていたということもあるだろう。筆者は、震災直後の朝、「本当の故郷」、「共同体の所属教会」を一番に訪ねていた。震災の後、多くの祈りと支えがあった。あのときの多くの隣人たちの暖かい心を忘れることができない。見ず知らずの方々と声をかけ合い、尋ね合って、震災に遭遇した苦しみや悲しみを分かち合ったのである。人間というのは、あのような悲惨な状況のなかでもお互いを思いやることができる。

人間は、苦難を経験しているときでも声をかけ合うことができる。筆者の父たちの世代、第二次世界大戦時、十五年戦争の「戦友」も、戦地における極限の世界のなかで共に励ましあったのであろう。苦難のなかの友情とでもいえようか。おそらく時代は移っても、苦しみのなかでさえ、人間は、人の愛の深さ・広さを実感することができるのかもしれない。

三　慰めと癒し

少し、懐古趣味的になってきた。これまで述べたかったことは、昔の良さをノスタルジックに思い起こそうとすることではない。その意図については、三点に要約することができる。

一つは、時代と空間を超えて、すべての人間にとって、永遠のテーマは、「こころ」の問題ではないかということである。どのような繁栄の時代であろうと、苦難の時代にあろうと、「こころ」の問題は、人間にとって避けて通ることのできない最も重要な課題である。うさん臭い「こころ」の問題などと思いつつも、人間は苦難のときでも、真の平安のなかに安らぐこともできるし、平安を求めて右往左往することもあるのである。

筆者は、一九九五年一月十七日の阪神・淡路大震災の混乱のなかでも、翌日十八日(水)夕、教会の祈祷会に行った。それは、教会に行くことによって得られる平安を知っていたからかもしれない。震災のなかで、筆者たちを慰め励ましてくれるものは何であったのか。それは、「もの」でないことは確かなようであった。ある人々にとっては、生活資金が慰めになったかもしれない。あのとき、人々が求めたものは、確かに「パン」、「水」や暖房用の「ガス」であったかもしれない。しかし、真実のところは、それは平安、「心の慰め」であったのではないであろうか。

二つ目は、人間は、疲れを覚えるときはもちろん、どのようなときにも、「故郷（ふるさと）」を思うのではないかということである。「故郷」は、いわば人間にとって、心の「錨」を降ろす場所ではないであろうか。それは、暴風雨のなかで、船が荒波を乗り切って母港に帰還し、錨を降ろしたときのことを想像すればよい。暴風雨と荒波に流され、漂流していた船が、ようやくの思いで寄港したところ、そこは母港である。自らが生まれ育った「生活世界」である。その地は、船にとって「安住」の地である。なぜなら、母港となると、その港がどこにあるのか、どのような港なのか考える必要もない。その地のことは、そこを母港とする船にとっては、それが何なのかすべて分かっている、「了解」しきっている港なのである。「故郷」には、人それぞれにふさわしい錨を降ろす埠頭がある。そこに錨を降ろした船は、もはや荒波にのまれることもない。嵐が過ぎ去るのを、ただ待ちさえすればよい。

「故郷」は、「こころ」の休まるところである。「故郷」は、人間が、真に帰るべきところと強く関連している。筆者は、南但馬で生まれたということを述べた。その地は、筆者が自分の意志で選び取ることのできなかったところである。そこは、筆者にとっては本質的に筆者の生まれた地、「故郷」なのである。「故郷」とは、筆者にとって、あれやこれや考える必要もない「了解」しきっている、自らが生み込まれた地である。その地は、筆者以外の人々にとっては、まったく取るに足りない田舎の寒村かもしれない。しかし、その地は、筆者にとっては、父と母の住むところでもある。緑と水のあるところでもある。安らぎを与えてくれる場でもある。

淀川キリスト教病院の名誉ホスピス長柏木哲夫（一九三九―）が、人間の心に安らぎを与えてくれるものは、「緑」「水」「魚」の三種類であると講演で語ったことがある。案外、それらのものは、「故郷」がもっているものかもしれない。病院は、これらの三つのものを病棟のどこかに配置しようとしている、と柏木は説明した。

人間は、常にどこかに、また本能的に、「故郷」を求めているのではないであろうか。その「故郷」は、それぞれの人間にとって異なるかもしれない。とはいえ、誰であれ、「了解しきっている」故郷を思いつつ、生きているのではないであろうか。フランスの日本研究の第一人者であるオギュスタン・ベルク（Augustin Berque, 1942–）が、その著書『風土の日本』において、人間は、逆境にあるときに、「風景」によって慰められると書いている。ベルクは、「自然は、悲嘆に暮れる人を迎え入れ、助ける」と書いている。(29)

このあとは、筆者の私見である。それは、「故郷」以上に、人間を完全に憩わせるところについてである。それは、キリスト者の筆者にとっては、イエス・キリストのところなのである。言い換えると、イエスとともにあるということなのである。

三つ目は、震災の経験から教えられたことである。それは、多くの人々との出会いによって教えられたものである。社会学においては、大きな影響を与える人間のことを、「重要他者」と呼ぶことがある。その数は、人によって多少の差はあるようである。この点に関し重要な事柄は、人に決定的な影響を与える人間の数は、案外少ないのではないかということである。それにしても、どうして人間は交流する他者によって大きくかわるのであろうか。筆者の場合においても、人生の転機となるような決定的な影響は、人との出会いによって与えられた。昔から「師と邂逅する」ということの重要性が語られる。筆者がキリスト信仰へと入れられた契機は、恩師たちとの出会いによった。筆者は、師との強い「信頼関係」、すなわち師の励ましと慰めによって導かれた。

あの震災のとき、被災した人々は、多くの見ず知らずの人々による支援に涙を流した。それは、なぜであろうか。

やはり、人間の安らぎは、人間の心のこもった励ましによるのではないか。逆に、人々は、人との関係において、「心の傷」を受ける場合もある。人が真に慰められるのは、人間と人間の関係からではないであろうか。コンピュータに閉じこもる「コンピュータ青年」が、心の傷をコンピュータでいやすことができるであろうか。人は、人格的な相互関係において初めて癒されるのではないであろうか。震災のときに経験した大切なポイントは、人は決して、「もの」との関係においては癒されないということなのである。

キリスト者に限っていえば、決定的な慰めは、イエス・キリストとの人格的な交わりから与えられる。キリスト者には、イエス・キリストがいつも支え導いてくださるという思いが強くある。筆者は、恩師との人間的な、人格的な関係において、イエス・キリストとの関係に入ることができた。筆者には、恩師との関係においてイエス・キリストと出会ったという、何ものにもかえがたい豊かな恵みが与えられたのである。

四　「気枯れ社会」の人間像

本節は、筆者の震災の経験を語ることが目的ではない。テーマは、「『気枯《けが》れ社会』の人間像」と設定している。それは、言い換えると、真の慰めを得ることのできない社会の状況について語るという目的があるからである。

「気枯れ社会」とは、宗教社会学者、宗教運動論研究者として著名な東洋大学社会学部の宗教社会学者西山茂（一九四二―）が発表した概念である。一九七〇年代以降に「霊・術」を重んじる様々な宗教が「雨後の筍」のように成長する。それらを称して「新新宗教」という場合がある。その言葉も西山の造語である[30]。「気枯れ社会の実感宗教」という論文の抜き刷りは西山からいただいた[31]。そのなかで使われている「気枯れ社会」という言葉の意味を、西山の論点に従って説明しておこう。

「気《け》」とは、西山によると、「生命エネルギーの満ちた状態[32]」をいう。したがって、「気枯れ状態」とは、「気《け》」が、「どんどんと減っていって、エンプティになる[33]」状態、「潤いがなくなってカサカサになってくること[34]」、を意味している。それは、言い換えると、「生命が躍動していない状態[35]」のことをいう。西山は、現代の社会状況は、このような意味において、「気枯れ社会」であるという。西山は、現代の社会に目を向け、「どうしてこのような状態になってきたのだろうかということが、まず問題になります。私は、それは社会や人間の世俗化というものと関係していると思います[36]」、と述べている。さらに、彼は、現代の「気枯れ社会」の特性が、社会の「世俗化」とは切り離せないことを指摘したのである。

「世俗化」とは、端的にいうと、人間が「こころ」の問題から次第に離れて、「もの」や形式にのみとらわれていく傾向とでもいえるかもしれない。「こころ」に関連した問題を重視する社会とは対立する概念と考えてよかろう。そのような傾向や社会とは、具体的にいえば、「もの」を重視し、効率のみを第一義的に考える社会ということができるかもしれない。人間をその尊厳性において遇しない社会ということができるかもしれない。その「心」を軽視する世俗化が進展する状況において、社会はまた、「心」に注目し始めている。

「世俗化」という用語は、多義的で内容的にも複雑である。とはいえ、人間が、「心の問題」からますます離れていく状態は、「世俗化」が進展する社会と正の相関の関係にある。「世俗化」は、一九七〇年代から八〇年代の日本社会に顕著に表れた現象といわれる。もちろん、七〇年代からは、若者を中心に「霊・術」を重んじるような「新新宗教」が流行する時代でもあった。その「霊・術」を重視するような社会の背景に、「世俗化」が進展していたことは疑い得ない事実と思われる。「世俗化」の問題は、九〇年代から二〇〇〇年代にも通じており、そこに混迷の度を深める現代社会の諸問題が、「社会的問題群」となって噴出しているような気がする。

西山は、前掲論文において、七〇年代から八〇年代にかけての時期、その時代を特に、「豊かにはなったが、社会も人間も次第に気枯《けが》れてくるといいますか、しっとり感がなくなってくるという時代でもあります[37]」、と指摘している。その後に続いて、「この時代になりますと、食べられないで死ぬという人はあまりいなくなるのですが、生き生きと生きられないという新たな貧困がクローズアップされてきます。パンの問題ではなく、心の問題と言いますか[38]」、と述べている。

「世俗化」が進み、意図的に「心の問題」から、いわばその対象とでもいいうる「ものの問題」へとあらゆる社会的要望がシフトするなかで、他方、人々は「心の問題」に悩み、その「心」の慰めと「癒し」を求め始めたのである。

わが国における戦後の宗教運動の動向をみると、特に七〇年代の前半から、若者を中心に「霊・術」系能力を求める宗教運動が盛んになる。その運動を西山は、「新新宗教」と呼んだのである。その七〇年代の初め頃は、戦後の社会において、大きな社会変動を経験した時代である。その頃に、戦後続いていた高度成長の時代は終わりを遂げた。わが国は、一九七三年の十月に「石油ショック」を経験し、翌年は「ゼロ成長」を経験する。そのような過程において、西山が指摘したように、「気枯れ社会」が一段と進むなか、多くの人々は、心のエンプティ、「気枯れ」た心に生命の躍動感を取り返すために、心の癒しを求めて、それにかわる何かを求めようとしたのである。

西山は、また、「人間は気枯《けが》れてくると、気《け》を何とか奪回しようとして、ケ（気）つけ儀礼をするようになります。生命エネルギーを何とか身に付けようとする努力が見られるようになります[39]」、と述べている。その例として、「新宗教がいろいろなイベントを工夫するのもそのため[40]」と指摘した。

人々は、多くの「霊・術」を重んじる宗教に走り、九〇年代には、終末を感じさせる「オウム真理教」のような宗教に自らの救いを見出そうと集まった。

西山が、上記の同論文でも分析しているが、新聞やＴＶで話題になったある教団は、幹部がグルになって信者の弱みに付け込み、信者をだまし、お金集めに精を出していたという。筆者は、このような偽物の宗教、意図的に宗教装置を構えて、いわば善男善女をその装置のなかに閉じ込め、収奪の限りを尽くす宗教を装った組織のもつ悪質さは、当然厳しく追求されるべきであると考えている。まさに、「気枯れ社会」とは、このような悪徳宗教がはびこる土壌が存在する社会でもある。そのような装置のなかに、多くの人々が封じ込められていくという社会には、多くの問題があると思う。それは、現代の社会が、「気枯れ」状態のなかで、人々に何の癒しも慰めも与えてこなかったことを示していると考える。人々が、何か空虚さのなかに身を置きながら、「こころ」の奥底から生きている実感をもつことができない社会、それこそが現代の社会的エートス（雰囲気）ということもできる。そのようななかで、人々は、何か「こころ」を満たしてくれるものにすがろうとして、多くの宗教に取り憑かれたのである。しかし、そこには、何の安らぎも与えられなかったというのが現実ではないであろうか。

五　無信頼社会と「気枯れ社会」

現代の社会は、「無信頼社会」そのものである。「無信頼社会」とは、何を信じて生きていけばいいのかわからないような社会といえる。いうまでもなく、何も信じることのできない社会は不幸である。今日の社会には、将来に対し、希望のない、信頼するものをもたないようなエートス（雰囲気）が蔓延しているのではないであろうか。

「気枯れ社会」の人間像とは、根本的に生きる意味を失い、生きるということを実感できない人間を示している。結局、そのような人間とは、何をすればいいのか、自分はいったい何ものなのかということを明確に認識し得ない、アイデンティティ喪失の群れでもある。政治家たちは、そのような人々をうまく利用し、自らの思いを実現し、権力を握り、自らの利害打算のみに憂き身をやつしている。アメリカでも、「ジェネレーションX」といわれる若者たちに発する無気力性が問題になっていると聞いている。(41) その「無気力性」は、どこからくるのであろうか。それは、やはり、何ものをも信じることのできないような社会的基盤に発するのではないか。

「無信頼社会」に生きる「気枯れた」若者たちについて、デンマークの実存哲学者セーレン・オービュエ・キェルケゴール（Søren Aabye kierkegaard, 1813–55）が『現代の批判』のなかで、その人間像を見事に指摘している。その書物は一八四六年に出されたものである。しかし、今日の社会においても、人々の状況は、彼が指摘した特性、「おしゃべり」(42)、「無定形性」(43)、「浅薄さ」(44)、「浮気」(45)、「理屈をこねる」(46)、という意味内容にあてはまるのではないであろうか。

中高年のサラリーマンといえば、日々「過労」という連続性と戦わねばならない。同年配の友人たちは、みな心身ともに疲れている。岩波ブックレットの『サラリーマンの自殺——今、予防のためにできること——』(47)によると、一九九八年の自殺者数が、三万二八六三名になったという(48)。その特徴として、自殺者の全体数の増加と共に、「中高年を中心にして日本の働く人たちの自殺の状況が大変深刻になっている」(49)ことがあげられている。原因については、「長時間労働からの疲弊」(50)、「過剰に重い責任による『精神的な負担』」(51)、「目標達成に向けて努力をしたけれども、それがうまくいかなかった。その結果生ずる落胆」(52)、「不本意な人事配置、あるいは退職勧告、いじめ、こういった職場での人権侵害」(53)の四つが特徴としてあげられている。これらは、一般に、多くの人々が抱えている「心の問題」ということができるであろう。極言すれば、現代人の「心の問題」は、この四つの特性に収斂するといい切ることができるかもしれない。このような社会的特徴が、社会に蔓延しているということであろう。

この悲惨な、いわば「心の貧しくなる」社会において、人々は心を満たすこともできず、水に流れる水草のように根をかき切られた状態で、流されるままに生かされているということができる。このような社会のなかで、「からっぽの心」となった人間は、いったいどのように、何を信頼して生きていけばよいのであろうか。少しでも、物事を真剣にとらえようとする人々は、現実の社会のなかで、その不本意な苦しみにさいなまれつつも生きざるを得ないというのが現実ではないであろうか。

おわりに——慰めを求めて

最後に一つ、『聖書』から指摘する。それは、本節のまとめでもある。それは、筆者が故郷について語ったとき、すでに簡単に述べたことでもある。

筆者は、大学の三年のときにキリスト教の信仰を得ることができた。大学に入学して以来、キリスト者である多くの指導者に導かれてきた。先ほど、キェルケゴールの『現代の批判』について語ったが、キェルケゴール著作集を入手して読んだのは、入学したときの人文演習担当の恩師との出会いによってであった。その頃、影響を受けた先生はすべて、筋金入りのキリスト者であった。三年からの演習の指導教授は、熱心なキリスト者であった。それらのキリスト者との出会いを通して、筆者は、「故郷」以上の「故郷」、本当に帰るべきところを示されたという思いがある。それは、イエス・キリストとの出会いによる。

聖書の「マタイによる福音書」一一章二五―三〇節は以下の通りである。

そのとき、イエスはこう言われた。「天地の主である父よ、あなたをほめたたえます。これらのことを知恵ある者や賢い者には隠して、幼子のような者にお示しになりました。そうです、父よ、これは御心に適うことでした。すべてのことは、父からわたしに任せられています。父のほかに子を知る者はなく、子と、子が示そうと思う者のほかには、父を知る者はいません。疲れた者、重荷を負う者は、だれでもわたしのもとに来なさい。休ませてあげよう。わたしは柔和で謙遜な者だから、わたしの軛を負い、わたしに学びなさい。そうすれば、あなたがたは安らぎを得られる。わたしの軛は負いやすく、わたしの荷は軽いからである」。

聖書箇所の詳しい内容の説明は、筆者の力を超えている。二八節「疲れた者、重荷を負う者は、だれでもわたしのもとに来なさい。休ませてあげよう」に注目していただきたい。「疲れた者」という言葉は、肉体的にも精神的にも、苦労すること、疲れ果てていることを意味する。この言葉は、原語では「現在分詞」が使われている。したがって、「今、現在」疲れているものという意味である。「重荷を負う者」という言葉は、受動態の現在完了の分詞が用いられている。これも「今、現在」重荷を負わされている者たちという意味にとることができる。「休ませてあげる」という言葉は、「休息を与える」「元気付ける」ということを意味する言葉である。それは、これまで述べてきた内容を加味して指摘するなら、「気枯れ」状態からの真の解放、ということができるかもしれない。さらに、「安らぎを得られる」という語も、「休ませてあげる」という言葉と同じ言葉が用いられている。

ここで指摘したいことは、聖書が語る真の「安らぎ」は、イエス・キリストから来るということ、そのことなのである。人間的な結び付きや、「故郷」は豊かな安らぎを与えてくれるであろう。しかし、最終的な安らぎは、イエス・キリストから来ると考える。それが、聖書のメッセージの根幹である。聖書を読まない人々にとっては、奇異に思われるかもしれない。しかし、聖書のメッセージは、真の安らぎは、イエス・キリストから来ることを明確に示しているのである。

「疲れた者、重荷を負うものは、だれでもわたしのもとに来なさい」というイエス・キリストの招きに、どれだけ人々は耳を傾けようとするのであろうか。筆者は、「気枯れ社会」のなかにおいてこそ、イエス・キリストに本当の慰めと安らぎがあると考える。

キリスト教に導かれて、不思議なことに、後悔したことは一度もない。それは、キリスト教信仰のもつ、真の豊かさによるのだと思う。

現実の社会は、何をどう求め、何を信頼していけばいいのか、答えを見出すことのできないエンプティのからっぽの状態にある。そのような社会のなかで、さらに「気枯れ」のままに身を任せるのか、それとも、真に内的な安らぎと唯一の慰めを得ることのできる道に導かれるのか、明確な目的を意識しつつ生きるのか、それはある意味で各人のアンテナの上げ方にかかってくると思う。

聖書の内容は、すべての人々を救いという安らぎのなかに導こうとしている。筆者は、キリスト者として、汚れた心を真に満たす方、「重荷を負う者は、わたしのところに来なさい」と招かれる方に、その言葉に、素直に従いたいと思う。その言葉を、受け入れるときに、あふれるばかりの豊かな恵みの慰めが、清水のようにこんこんと沸き上がると信じるからである。

三節　現代社会と宗教的エートス（二）
――「無信頼社会」の心性[54]――

はじめに

本節は、「こころ――現代と日本人の心――」という主題で、特に二〇〇〇年代の初頭の社会的雰囲気に焦点を当てながら述べている。最終的には、神や人に「愛」されるということについて、その「愛」を受けたこととその応答という相互作用に基づく「信頼」関係について、その「信頼」関係のなかにこそ、「平安」と「慰め」があること、前節で考察した「気枯れ」社会のなかに生きる日本人の心を救うものがあるのではないかということについて述べてみたい。

副題は、『「無信頼社会」の心性』とつけている。「無信頼社会」とは、今日の社会的状況に対し、勝手に名付けた言葉である。「心性」とは、言葉のとおり、人間の「心の状態」という意味である。「心性」という言葉は、書物を通してもときに目にする言葉で、人間の「心の態度」または「状態」と考えている。研究者によっては、単に、「特徴」や「態度」という意味で使っている場合もある[55]。

筆者は、日ごろは、「社会倫理学」を学びつつ現実の社会を見るということに関心を抱いている。社会倫理学における「社会倫理」とは、社会の「心性」すなわち「心的特性」の研究ということでもある。

一　心の習慣と社会の倫理

一九八五年、アメリカの宗教社会学者ロバート・ベラー（Robert Neelly Bellah, 1927–）とその仲間たちが、『心の習慣――アメリカ個人主義のゆくえ――』[56]という大著を共同で出版し、それは、ベストセラーとして読者を引き付けた。書名「心の習慣」という語は、もとは、フランスの社会学者アレクシス・ド・トクヴィル（Alexis Charles Henri Maurice

Clérel de Tocqueville, 1805–1859）が、アメリカの社会の政治文化を分析して、『アメリカン・デモクラシー』（一八三五―四〇年）[57]という書物のなかで用いた用語とされている。それは、アメリカの多くの人々が共通にもっている代表的な、心模様、態度、習慣的な行動規準などを意味する語で、アメリカ社会に「執拗低音」のように存在している特性を意味する。言い換えると、その語「心の習慣」は、アメリカ人の国民性を決定するような代表的な特性をさす言葉であるといえる[58]。ベラーがトクヴィルから借用している定義によれば、その語は、「『精神《メンタル》の習慣を形成する』概念・意見・理念とか、あるいは『社会における人々の道徳的・知的な性質の総計』[59]」を意味するものである。

ベラーたちは、その本のなかで、アメリカの生活における「個人主義と政治的倫理的実践（Individualism and Commitment）」について詳細に検討し、アメリカの文化的伝統として持続している「聖書的伝統と共和主義的伝統（the continuing biblical and republican traditions）[60]」が、現代どのように変化してきたかについて詳細に論じている。彼らは、アメリカには、それらの聖書的伝統のもとに、かつては「自由」や「成功」を重んじる国民的特性があったことを指摘している。ベラーたちによると、「自由は、アメリカ的価値のなかでももっとも音高らかで、もっとも根強い支持を得るもの[61]」であり、人々は、それぞれ独自の意識のもとに行動するという「個人主義的伝統」をもっていたにもかかわらず、今日においては、その伝統は衰退し、その個人主義は「ミーイズム」、「私中心主義」とでもいいうる状況に変化したというのが、大著の要旨である。

ベラーたちの研究に類似した研究としては、フランスの社会学者でピエール・ブルデュー（Pierre Bourdieu, 1930–2002）によって、『ディスタンクシオン』（一九七九年刊[62]）という書物が出されている。その著作は、一九九〇年に日本語に訳出された。「ディスタンクシオン」という語は「卓越化」と訳すことができ、「他者から自分を区別してきわだたせること[63]」を意味し、ブルデューは、各階級には、「階級分化と既成階級構造の維持の基本となる[64]」ような独特な「慣習行動」が存在することを指摘した。要するに、特定の階級には、人々の行動や思考に他とは異なる特別な行動や思考が存在し、そのことによって、他の階層の人々とは、明確に見分けられると理解してもよかろう。

その著作において、ブルデューは、キーワードとして、「ハビトゥス（habitus）」という概念を提起している。そのタームは、「人が日常生活のあらゆる領域において普段おこなっている」ところの「慣習行動（pratique）」を方向付け、決定付ける「特性（規範システム）」を意味している。ブルデューは、「ハビトゥス」によって、「ある階級・集団に特有の行動・知覚様式」が生まれることを明らかにした。[65][66][67]

わが国においても、宗教社会学者大村英昭（一九四二―）が、一九九七年に『日本人の心の習慣――鎮めの文化論――』を出版した。そのなかで、大村は、日本社会には、「煽り追い立てる文化」の伝統はなく、本質的に日本人の心を休める「鎮めの文化」の伝統が存在し、それが日本人の「心の習慣」となっているということを、自らの研究によって公にした。[68]

大村が西洋文化、特にキリスト教の伝統には、「煽りの文化」の伝統があると指摘している点については、筆者は一部賛同することはできない。しかし、大村の「心の習慣」という日本文化のとらえ方には、社会倫理学的な視点においても多くの点で教えられた。

筆者は、先程、「社会倫理学」という視点から、社会を問題にしていると指摘した。その社会倫理学の視点は、政治家はどうあるべきで、経済人はどうあるべきであるというような、「あるべき倫理」だけを問題にしているのではない。「あるべき倫理」だけを扱うのは、宗教家や道徳家にまかせるとよかろう。筆者は、社会倫理学という学問分野を学びつつ、「社会に存在している『心の習慣』としての倫理」を問題にしているのである。いわば、日本の社会に存在している社会的な「心の習慣」、日本の現代の社会を規定し動機付けている「心模様」を研究してきたのである。社会に「存在している倫理」、いわば社会に「ある倫理」の研究を行っているのである。

筆者は、社会というものを真実に理解するには、その社会、いわば「ハードの側面」に決定的な影響を与えている「ソフトの側面」としての「社会倫理」を問題にしなければならないと思っている。その点において、「社会意識」の研究とも類似している。

倫理とは、もともと「エトス」（習慣）というギリシア語から生まれた言葉である。それは、派生して「エートス」（精神的雰囲気、精神的起動力）となり、そこから倫理または倫理学（エシックス）が生まれる。本来、倫理とは、社会的な「習慣」、社会に現に存在している社会的な雰囲気とは切り離せないものなのである。

二　凶悪事件の背景

今日の日本の社会状況をみていると、これまでに起こらなかったような事件と社会問題が次々と起きている。

筆者は、以前、日本の社会を「技術社会」ととらえ、その根底に、「人間中心主義的な倫理」、「技術至上主義」に裏打ちされた社会倫理が存在することを指摘した(69)。そのとき、「資本の論理」が貫徹され、すべての事柄を「計算可能性」という論点でのみ判断するような社会倫理が、現在の社会に存在していることを述べた。そこで指摘した視点でもある「資本の論理」が貫徹されている状態は、現在も社会の背景に存在し続けている。さらに、今日、そのような「効率一辺倒」とでもいえる社会的風潮がさらに強烈になってきているのではないかと危惧している。そのような社会とは、大村英昭の言葉を借りれば、人々が「なにもかもしゃかりきに」行おうとする社会、まさに「煽りの社会」そのものということができるであろう。

日本社会の構造を、「『頑張り』の構造(70)」と指摘した文化人類学者天沼香（一九五〇―）は、普段日常的に、いかに人々が「頑張れ」という言葉を多用しているかについて、実証研究を通して明らかにしている。

ところで、二〇〇〇年、五月の連休のとき、「愛知体験殺人」や「佐賀の高速バスジャック」事件(71)、「埼玉リンチ殺人事件(72)」と、立て続けに少年による凶悪な事件が起こった。米国の発砲事件や、その他の世界諸国でも、犯罪の多発性、若年化の事情は同じようである。

愛知県豊川市の「愛知体験殺人」事件は、二〇〇〇年五月一日夕刻、十七歳の少年が、主婦をめったつきにして殺害したというものであった。少年は、「友人の前では勉強熱心なヤツ。近所の人の前では礼儀正しい子。そして祖父母にとっては成績優秀な自慢の子[73]」であったという。その少年は、逮捕された後、「人を殺す経験をしてみたかった。殺人や、それを行う自分の心理がどういうものか経験して知ることが必要だと思い、計画した。定めた目標を達成することで成長できると考え、一度はためらったが、やり通した[74]」と語ったという。人を傷つけることにも何のこだわりももたない、「異常」といわざるを得ない言葉である。

佐賀では、その二日後の五月三日、「バスジャック」事件が起こり、痛ましい犠牲者が出た。その事件を引き起こした「少年（十七歳）は三人の女性に切りつけ、六歳の少女に刃を向けながら、一五時間半もバスに立てこもった[75]」という。そのときも、一人の主婦が犠牲となった。ジャーナリスティックな記事からの引用で、さらに一面的な判断であるかもしれないが、その少年も、「まじめで勉強できる子」だったという。しかし、それらの加害者たちに共通している特性は、非常に自己中心的な、自分の欲求を満たすためには、現実に自分が行っている事柄が見えていないという事実のように思われる。

これらの事件を批評した、「精神科医、カウンセラー一〇人からの処方箋[76]」には、「起こるべくして起きている子どもたちの事件[77]」、「内申書重視で反抗できず成績いい子ほど鬱屈する[78]」、「手がかからなかったらおかしいと思うほうがいい[79]」などと書かれていたという。

続いて、二〇〇〇年五月六日には、埼玉県で、少年少女が、「イジメ相手だった中学時代の同級生を殴り殺した[80]」という事件が起こった。

二〇〇〇年という年は、一月二八日に、一九九〇年十一月以来監禁されていた十九歳の女性が解放されたという驚くべきニュースが報道された[81]。女性は、九年二か月の長期間、三七歳の男性に監禁され、脅かされ続けていた。女性の社会復帰を祈るばかりである。いわゆる「ＰＴＳＤ（Post Traumatic Stress Disorder、心的外傷後ストレス障害）」という「深い心の傷」を負った女性が、どのような支援を受け、社会復帰していくのであろう。ＰＴＳＤは、阪神・淡路大震災の被災者にも強く現れた。

二〇〇〇年早々から、名古屋で、中学在学中における「いじめと五〇〇〇万円恐喝」というような事件もあった。金額の大きさに驚かざるを得ない。これらの事件を顧みるとき、犯罪社会学において、二〇〇〇年という年は、後世に一つの転換点を画した年として記憶されることになるだろう。

一九九七年五月、神戸では、中学生が、六年生の男児や女児を殺害するという事件が起こった。筆者は、丁度そのとき、米国に滞在していた。米国のテレビ局が、日本のニュースを伝える機会は滅多になかったが、日本でこのような凶悪事件が起こったことが大々的に伝えられた。

それまでの日本には、起こりそうもないような少年による残忍な殺害事件に、犯罪多発国と悪評の高い米国民も驚いたようである。神戸の小学生殺害事件も五月であった。五月は、新緑の気持ちの良い五月晴れの季節である。しかし、年度替りの四月は、誰しも環境の変化を経験する時期でもある。そのときは、案外人間にとって強いストレスがかかっているのかもしれない。天気予報によれば、五月は気象学的には雷雨が比較的多く、雹が降る季節でもあるらしい。気象同様に、人々の生活も、新年度に入って少し落ち着きつつも、いろいろなものが見えてきて、緊張度が高まったり、あきらめの境地が出てきたりするときなのかもしれない。

さらに、忘れることのできないのは、震災の年一九九五年、「禁じ手」を用いた「地下鉄サリン事件」が起こったことである。紛争に関連して、核兵器と、毒ガスなどの化学兵器は用いてはならないというのが、一線を超えてはならないとされる禁じられたルールであった。人間の最低限の道徳であったともいえよう。そのルールだけは犯してはならないので、「禁じ手」といわれたはずである。それを犯すと、それは甚大な被害をもたらすことがわかっているからである。「禁じ手」とは、まさに人類の存亡にかかわるがゆえに禁じられているのである。その「禁じ手」である毒ガスのサリンが、それも人々が会社に出勤する時間帯をねらって、逃げ場のない地下鉄車両のなかで無差別的にばらまかれたのである。

一九九八年七月、和歌山市では、砒素による毒物カレー事件も起こった。わずか六五軒の小さな近隣集団（「ふるさと」）の夏祭りに際し、そこで振る舞われたライスカレーに、殺傷能力がきわめて高い砒素が混入された。

筆者が、ここで指摘したいことは、このような事件の多発性や、その凶悪性ではない。それは、このような事件に関連して、カウンセラーが「起こるべくして起きている」と指摘しているその社会的背景、社会倫理についてなのである。このような凶悪事件のニュースを見聞きしながら考えることであるが、このような事件は、「伏線」（前提条件）もなく急に起こるものではないということを指摘したい。要するに、このような悲惨な事件でも、突然に起こるものではないのである。そこには、「伏線」がある。それは、すでに述べたように、今日の社会に存在する社会の倫理の問題と関係している。

例えば、江戸幕府が崩壊して新しい時代が生まれたときに、多くの武士階級の人たちがキリスト教に改宗した。それは、やはり、当時の社会倫理の劇的な変動によってもたらされたものである。そのときは、価値観の大きな「ゆらぎ」があった。社会変動は、何の理由もなしに起こるものではない。政治の世界においては、大物政治家とされる人たちが、好き放題に自己主張して、それを簡単に訂正したり撤回したりすることがしばしば行われる。発言内容は、思いつきで出たことかもしれない。しかし、その内容を吟味して調べてみると、それは、発言者を取り巻く社会倫理によって「起動」されていることがわかる。したがって、発言が撤回されたところで、そういう発言は二度となされないということにはならない。彼を取り巻く社会倫理が変わらない限り、そう簡単に発言の意図まで撤回できるものではない。それは、人間や社会に起動力として作用している社会倫理、いわば社会のソフトの部分は、コロコロと、そう簡単には変わらないからである。

三　無信頼社会のエートス

前節「『気枯れ社会』の人間像」において、「重荷を負う者は、だれでもわたしのもとに来なさい」というイエス・キリストの言葉こそ、「気枯れ社会」のなかに生きる人間にとって、最大の恵みに満ちた憐れみ深いメッセージであるとの考えを提示した。そこでは、まさに生きる「実感」をもたない人々に、疲れを覚えている人々に、本当の慰めと安らぎを与えられるのは、それはイエス・キリストではないかと、筆者の信仰の告白をしたのである。そのときに、わが国における「自死」の数の多さと、急激な増加にも言及した。

現代の社会状況を観察し、青年たちの凶悪犯罪などの報道に接し、背景にある倫理や社会的風潮についてしばしば考える。いつも、なぜこのようなことが起こるのだろうかと。偶然に遭遇した事件において命を落とされた人々は、凶悪な事件に巻き込まれるなど、直前まで誰が考えられたことであろう。そのような事件に遭遇することは、被害者にとって、「不条理」という言葉でしかいい表すことのできないものかもしれない。しかし、そのような「不条理」性を考慮しつつ、社会倫理学の視点からいえば、どのようなものも信じることのできない、「無信頼性」とでも形容しうる社会倫理、社会的な雰囲気、社会的エートスが、今日の社会の土台に根深く食い込んでいるのではないかと考える。実際、そのような罪を犯した人たちは、自らの悩みを誰にも相談することなく、自分の世界のなかで夢を見て、それを実現しようとしたのではないであろうか。人間が、思いつめて、自己のなかに深く閉じこもっていく姿がそこにあると思う。

その意味において、それぞれの「重荷」を降ろすために、キリスト者の視点から、イエス・キリストのもとに帰るようにと、筆者は願いを述べたのである。それは、イエス・キリストを信頼して初めて可能となる。イエス・キリストに信頼がもてないので、そこにはいけないと考えている人々も多数あろう。しかし、聖書は、本当は、そのようにイエス・キリストの存在を拒絶する人々に対しても、イエス・キリストは、人間の思いをはるかに超えて、憐れみをもって臨まれる方であることを提示している。

確か、サン＝テグジュペリ（Antoine de Saint-Exupéry, 1900–44）の『星の王子さま』(82)を訳した仏文学者内藤濯（一八八三―一九七七）が、新聞に「師と親しむ」ということを書いていたことを思い出す。人が、他者から学ぶことができるのは、他者に対する信頼が不可欠である。教師に知識がどれほどあろうとも、教師を信頼できないならば、そこから学ぶことなどできないであろう。「信頼」することの大切さはそこにある。

「無信頼性」の社会の存在は、現代社会の社会倫理を再検討することで明らかになる。現代の社会の特性を、筆者はすでに指摘したように、「技術社会」という言葉で要約しようとした。それが意味する事柄は、人間を立法者の位置に引き上げて、人間自ら何でもできると考えるような「工作性の視点」が社会に蔓延しているということでもある。その視点は、「人間自身のために」、いかによいものを、それも効率的に作るか、ということに重点が置かれた「人間中心主義」の視点である。

その論点は、本書の第二章一節「生駒今昔——気の満ちた生活世界——」にも書いた(83)。そこでは、ドイツの哲学者ユルゲン・ハーバマス（Jürgen Habermas, 1929–）が用いた「生活世界(84)」という語を用いて、都市空間の特性を述べた。「心の習慣」の問題に関心を抱くロバート・ベラー（Robert Neelly Bellah, 1927–）たちは、ハーバマスの「生活世界（Lebenswelt）」の視点を要約して、「生活世界」とは、相互に通じ合う「言葉によって構成され、わたしたちが、自分は何者であるかを文化的アイデンティティによって知っており、言葉によってそれを表現することができる世界(85)」であると指摘している。そして、彼らは、「生活世界」の復権こそが重要であると述べた。ハーバマスは、「権力と貨幣」が、今日の社会を媒介するものであることも述べている(86)。その重要な論点は、ハーバマスが、「システムによる生活世界の植民地化(87)」と述べていることに関係している。それは、先ほど指摘した「工作性の視点」と共通しているものである。社会のなかに存在する了解可能な「生活世界」、言い換えると、「故郷」は、合理化された社会システムによって改変され続けている。例えば、親子や子弟、近隣集団のなかでさえ言葉の通じなくなるという現実が、今日の社会の特徴でもある。そこには、信頼関係の消失した社会が存在している。「故郷」や家族のような強い絆の共同体でさえ、社会が本質的にもつ「権力と貨幣」のシステムによって、都合の良いように、「管理社会」「システム社会」へと改変されている現実がある。そのような社会においては、本来は主人公であるはずの人間が、「権力と貨幣」を主人公とする現実の社会の荒波をかぶっている状態といえる。そのような現実から派生する社会のあり様は、提示した事件の背景を一瞥するだけでも明らかになる。

いわば「資本の論理」によって植民地化された「生活世界」に生きざるを得ない人間の心的な特徴とは、どのようなものになっているのであろう。それは、ベラーたちが『心の習慣』で指摘している「功利的個人主義（utilitarian individualism）」[88]であると要約できよう。日本語的には、「ミーイズム」とでもいえる概念に相当するかもしれない。[89]それは、「自己利益の最大化の努力と捉えるような個人主義の一形態」[90]のことをいう。

それはさておき、そこには、「自分中心主義」とでもいいうるものがある。そのような人間の関係には、つまり、希薄な人間関係には、「信頼関係」がみえてこない。その点において、人間と人間の関係を取り結ぶ最も大切なものは、他人を思いやり、他人との「信頼関係」に生きることではないであろうか。

「無信頼社会」という言葉は、この人間が人間の関係を取り結ぶことのできないギクシャクした人間関係ということができる。社会学の最も重要な研究課題の一つは、人と人の関係を明らかにすることである。その人間関係の根底に、「信頼関係」が全くみえてこなくなっているのが二一世紀の初頭の状態である。それは、言葉が通じ合うはずであるインフォーマル・グループ、すなわち顔と顔をつき合わせるようなフェイス・トゥー・フェイスの人間関係においてでさえ、言葉が通じない。そこには、「競争」という原理が働いているのかもしれない。

あのバスジャック事件のときに、罪を犯した少年の母親が書いたとされる「痛哭」の書簡が公開された。[91]それは、母親がその少年のことを思って、精神科医に相談したときの手紙である。「人間不信は根底にあり、信じられるのは自分だけ、他人は信じたら、裏切られるだけだなど、Aの心のなかの闇、荒れを、思わずにはいられません」とある。[92]母親の少年を思う感情は、少年の「生活世界」の中心にいるべき母親としての深い愛情があふれている。母親が、少年の家庭における破壊行動の背景に、「人間不信」[93]があることを書いている。少年は事件の動機について、「人間や社会に裏切られたことへの特別な感情がある」、と述べたそうである。少年を取り巻く状況について、素人がとやかくいうべきではないかもしれない。しかし、一言、素人なりにいうなら、その事件の背景に、本質的に「人間不信」の「精神的エートス」が、厳然と存在していたと思う。毒物カレー事件の背景にも、六五世帯の小さな自治会の隣人関係において、一部、円滑でなかった部分があるのではないかといわれている。

人は、自分自身のなかにのみ土台を置いて、自分自身のみしか信頼できないような場合、実際は何もできないのではないかと思う。人は、そのことに早く気付かねばならない。オランダのキリスト教哲学者L・カールスベーク（Leendert Kalsbeek 1903–95）が、その著『キリスト教哲学概説』において興味深い事柄を述べている。[94] それは、船頭が、舟で川をさかのぼるとき、岸を棹でつかなければ、川を上ることはできないという事実についてである。哲学者アルキメデスは、地球の重さを測ろうとした。彼は、地球の外に支点を置かねば、地球の重さを測ることができないことに気付いた。人間は、内面の煩悶を自分で解決しようとしても、解決整理することができない場合が多くある。誰かに、自分の悩みを聞いてもらって、初めて解決するということもしばしばある。要するに、人間は、自分の外に支点を置いて初めて自分自身が見えてくる。自分自身のなかだけでもがいても、舟は、ますます水のながれに逆らって、川をさかのぼることはできない。川の流れに逆らって着実に川を上り切るには、しっかりとした岸を棹でつきつつ、岸に土台を置きつつ、川をさかのぼらねばならない。イエス・キリストは、「重荷を負う者は、だれでもわたしのもとに来なさい」と、強い言葉で、深い愛のうちに語られたのである。

四　不信と愛

「NHK放送文化研究所」が、一九七三年から、日本人の意識調査を五年ごとに行っている。その調査報告『現代日本人の意識構造［第五版］』[95] によると、この二五年間の社会意識の変化が手に取るように理解できる。

一つのことは、「子どもを信頼して、干渉しない」父親は、「七三年調査では一五％だったが、一九八〇年代に増加し、九八年調査では二二％となっている」[96] という。それについて、著者は、「見方を変えれば、親としての自信を失い、こうすべきだと子どもに強くいえない父親の姿かもしれない。〈不干渉〉の増加の背景にも、親の価値観を強制するのではなく一個人として子どもを信頼したいという面と、それとは別に、子どもとどう接してよいかわからなくなった父親の放任という両面があるのではないだろうか[97]」、と要約している。

もう一つ、政治意識について述べてみる。すでに、七三年から「『世論』の政治に対する有効性[98]」を、「感じていない人（弱い＋やや弱い）」は七一パーセントあった。しかし、九八年の調査で、「『まったく反映していない』という厳しい意見が急激に増加した（九三年一九％→九八年三三％[99]）」ことが報告されている。それは、「世論」の有効性を感じない人が、国民の九〇パーセントにも増加しており、それは「政治不信」そのものの実態を如実に示しているのである[100]。

この頃、若い人たちの間で、「性の解放」という視点が強く出ているようである[101]。一方で、「恋愛不能症候群」などという言葉がもてはやされたりしている。理由は、人と人の関係を取り結ぶとき、様々な困難を超えて、お互いの良い面も悪い面も相互に受け容れなければ、よい関係を取り結ぶことはできないからである。若い人たちは、適当に遊ぶことはできるが、それ以上の深い関係、結婚などへ発展させることは苦手であるというのである。それは、よい関係を取り結ぶには、いわば、相互に相手との信頼関係が築かれないと無理だからである。若者は、ある程度時間をかけ、マニュアル通りに取り扱うことのできるコンピュータとの関係は十分に取り結ぶことはできても、人を愛し、いたわるという、人間同士の深い次元の関係を取り結ぶことは苦手である。そのことは、自分中心にしか物ごとをとらえることができないということを示している[102]。

これまでに述べてきたことは、「信頼」という事柄に関して、今日の社会は、家庭のなかにおいても、友人関係においてもまた近隣の関係においても、国家の政治の世界でも、あらゆるところに「無信頼」の「心性」が存在しているということである。

人間関係において、信頼された経験のない人は、人間や社会を信頼できるはずはなかろう。今日、人を愛するということを考えるとき、それはなかなか難しいことである、とだれでも考える。しかし、それがなぜ難しいのかを考えることは少ない。その人が単に好きになるというような次元では、人と関係を取り結ぶことも比較的簡単かもしれない。しかし、本当に、対峙する相手のいろいろな側面を受け容れて、その上に、その人を愛するということは難しい。それは、人に愛されたという側面があって初めて、相手を深く受け容れることができるからである。

文学者有島武郎（一八七八―一九二三）は、「愛は惜しみなく奪う」と語った。人を愛しているようで、実は、自分を愛しているという側面があることに、人々は気付いている。今日の社会において、若者たちの周辺に生起する事件を見ていて、自分以外の人間や社会に思いを至らせることができない若者たちの現実があるように思われる。それは、なぜなのか。それは、おそらく若者たちが、人々に真に思いやられたという経験をもつことが少なくなったからではないであろうか。

この点に関連して、ジャーナリストの柳田邦男（一九三六―）が『「死の医学」への日記』[103]など、一連の「デス・エデュケーション」のドキュメンタリー作品のなかで書いていることが参考になる。親しい家族がガンという病で死を迎えようとするとき、本当に必要なことは、家族の愛に包まれているということなのである。それは、いわば、「言葉」による内的な結合が可能な関係である。柳田によると、死を迎えようとする人が、真実にその死を受容して死んでいくことができるのは、大きな絶望の淵においても、自分を支えてくれる医者や家族に囲まれているという実感、信頼感があるからであると述べている。それは、医者と患者の関係にも必要な、「信頼関係」そのものということができる。信じたくはない自分の死を受け容れざるを得ないときに、必要なことは、何よりも人の愛である。柳田の作品のなかには、絶望の淵で、自らの生を、家族の愛のうちに全うすることのできた人々の「転機」が活写され、読む者に感動を与えてくれる。

おわりに――対抗原理としての愛の姿

人の愛を超えて、真実の愛を示してくださる方、それは、独り子を与えてくださったほどにこの世を愛された神であると思う。豊かな愛の極致は、やはり聖書に示されている神の愛であると思う。

聖書、「ヨハネによる福音書」三章一六節には、「神は、その独り子をお与えになったほどに、世を愛された。独り子を信じる者が一人も滅びないで、永遠の命を得るためである」とある。ここには、神の愛の姿が示されているといわれている。それは、神が、「その独り子をお与えになった」という事柄による。イエス・キリストは、どうすることもできない人々の罪を許し、その罪と悲惨の状態から救い出すという遠大なご計画に従って、独り子を十字架につけられた。自ら最も愛する独り子イエス・キリストを、神は十字架につけられた。そこに、「犠牲的な」愛が示された。それは、一度限りの事実である。そのことによって、人々は、イエス・キリストを信じることを通して、罪から解放されるとされる。その愛の深さを思うとき、深い神の愛に驚かざるを得ない。

そして、神の人間への愛の目的は、何かというと、一六節にあるように、「独り子を信じる者が一人も滅びないで、永遠の命を得るため」なのである。それは、一七節に、「世を裁くためではなく、御子によって世が救われるため」であるとある。

同じく三章の一八節という短い箇所に、「御子を信じる（現在分詞〈名詞を作る〉）者は裁かれない」、「信じない（現在分詞）者は既に裁かれている」、「神の独り子の名を信じていない（完了形〈完了していて、その結果としての現在の状態〉）からである」と、「信じる（ピステウーオー）」という言葉が三度も出てくる。また、少し後の、三章三六節にも「御子を信じる（現在分詞）人は永遠の命を得ている」という表現もある。

要するに、御子を信じているものは、その御子によって、大きな恵みが、すなわち救いに入れられるということが宣言されている。その救いへの前提は何であろうか。それは御子を信じることである。そのイエス・キリストに愛されることを通して、イエス・キリストへの信頼のうちに、その犠牲的な愛によって、人々は、自らが愛されていることを知るのである。このイエス・キリストの愛の本質は、人々を愛し切られることにあると思う。人は、その愛を享受することによって、イエス・キリストを信じ切ることができると考える。また、信じ切るところに、イエス・キリストの豊かな愛が無尽蔵に人々に与えられるからである。

この「無信頼社会」に、何が必要なのであろうか。それは、一人ひとりが、真実に他者に愛されているかどうかということにつきると思う。イエス・キリストが人々を愛してくださることと、また人がイエス・キリストを信じることは、相即的な関係にある。また、特に、その愛を人々が強く意識するときに、家族や社会の諸関係における真実の愛の関係が成立する。「無信頼社会」における「心性」は、イエス・キリストへの信頼、すなわちその愛を思うことを通して、克服することができると思う。イエス・キリストの愛を知らない多くの隣人たちに、真の豊かな愛のありかを語りつつ、その愛を受けて、この世の生を全うしたいものと願っている。

四節　既成事実化と社会のエートス(104)
――戦争と平和をめぐって――

はじめに――「戦争への運動」

本節は、キリスト者として、「戦争と平和」の問題について、どのように考えているかについて端的に述べたものである。日本の社会に存在している「平和」への取り組みが、徐々に衰退していることを憂いつつまとめている。

二〇〇四年四月七日、福岡地裁は、度重なる小泉純一郎首相の靖国神社参拝について、「憲法第二〇条三項で禁止されている宗教活動に当たり、同条項に反する」と判断した。ちなみに、憲法第二〇条三項は、「国及びその機関は、宗教教育その他いかなる宗教的活動もしてはならない」である。しかし、その判断後に実施された朝日新聞社の調査によると、「小泉首相が靖国神社への参拝を続けていることを『良いことだ』と思うか。『やめるべきだ』と思うか」、という問いに、二十歳代で、「良い」と答えた人が四六パーセント、「やめるべきだ」が三八パーセントであったという。同紙は、この首相の靖国神社参拝問題に関し、「若年層で抵抗感がうすれているようだ」と要約した。(105)

日本社会は、伝統的に、旧憲法下における家父長制家族を基盤とする「『家』制度」と強く結び付いており、ファシズム的性格が強いとされる。また、日本思想史の著名な研究者であった家永三郎（一九一三―二〇〇二）は、日本社会には、既成の社会や現実の社会を徹底的に疑うとともに、否定して考えるような、「否定の論理」が欠如していることを指摘している(106)。

日本社会は、現実を肯定しがちであり、保守的傾向が強いとされる。そのような政治的特性のなかで、今日の多くの政治家たちは、徐々に「既成事実」を積み重ね、「戦争への運動」を推し進めてきた。その動きは、究極的には、戦争放棄をうたった「憲法第九条」改正への動きとなってあらわれている。

このような点を考えるだけでも、「戦争への運動」が、わが国に生起していることは疑い得ない事実である。そのような社会のなかで、青年たちは、将来の社会を担う人材として、今日の社会の状況を冷徹に把握し、判断し、平和への思いを「心に刻み付け」る必要があると考える。

一　軍事派遣と既成事実化

イラク戦争後の自衛隊のイラク派遣に関しては、一人ひとり、見解が異なることは十分に理解している。当然のことながら、キリスト者といえども多くの意見がある。この種の問題は、一人ひとりの考え方が尊重されるべきである。とはいえ、明らかに、イラクへの自衛隊派遣には、武器が使用される可能性は避けられず、憲法第九条の制約とも関係し、多くの問題が残されたままであった。また、イラク戦争が二〇〇三年三月十九日に開始されて以来、イラクの民間人、派兵された米兵の犠牲は相当な数に上っている。そのような現実が、イラクの社会のなかに厳然と存在している。

わが国には、憲法第九条やその前文に照らし、国民に対し十分な説明もなしに、自衛隊がイラクに派遣されたことに対し懸念を表明している人も多い。なかには、明確に、自衛隊のイラク派遣に反対した人々もある。そのような状況において、自衛隊派遣が強行された現実を無視するわけにはいかない。

例えば、中東現代政治が専門の国際政治学者酒井啓子（一九五九―）の『イラク　戦争と占領』[107]に従い、イラク派遣関連事項を整理してみるとき、わが国は、政府によって、「戦争をする」国へと確実に舵を切り替えられたと受け止めることができる。政府が、また、その方針に従って、「既成事実」を積み重ねていることが浮かび上がってくる。今日、戦争と平和の問題を考える上に重要な争点は、「有事法制」の整備に関する視点であると考える。法律の条文を読むことが苦手なわれわれには、その「有事法制」の内容を理解することはかなり困難である。しかし、「有事法制」整備という事実の背景に、冷戦後の世界における「自衛隊活動の変化」という現実があることを見過ごしてはならない。

「有事法制」の一つ、「周辺事態法」をみるなら、建前は、「周辺事態に際して我が国の平和及び安全を確保するための措置」を確保するとされる。とはいえ、その法律によると、「有事」（戦争）のときに、民間人は現実に、政府などの指導のもとに、「周辺事態」に際し、その動きに必然的に組み入れられることになる。

二　有事法制下における現代

筆者が所属している日本キリスト改革派教会の牧師である弓矢健児（一九六二―）は、有事法制関連三法（「武力攻撃事態処理法」、「改正自衛隊法」、「改正安全保障会議設置法」）について、「有事法制をつくるということは、戦争をすることを前提に、戦争に備えて必要な法律をつくる」[108]ことに他ならない、と述べている。

有事法制研究の前田哲男（一九三八―）は、有事法制の本質を、「国家存立・侵略排除・安全確保の印象をちりばめながら、〝正直者の不安と善人の動揺〟につけこみつつ、その実、真の意図は対米追随と迎合、そのための国家再編＝中央集権化にあるといわざるをえない」[109]、と述べている。

同じく評論家加藤周一[110]（一九一九―二〇〇八）は、「戦争には希望はない」こと、さらに、「有事」とは「戦争」を意味することを指摘しつつ、日本社会の将来について、今日のような政治状況が続く限り、「あまり遠くない将来に徴兵制度が導入される」[111]、と指摘している。

哲学者高橋哲哉（一九五六―）は、二〇〇二年の春に、「文部科学省が全国のすべての小中学生を対象にして、道徳の教材」としての『心のノート』を配布したことに関連し、「通知表で愛国心を評価」[112]するような時代になっていると指摘している。

われわれは、このような識者の指摘をまつまでもなく、今日は、第一に、法律的にも戦争をする国への運動が高まりつつあり、第二に、国家があらゆる手段を使用して、人間の内面をも統制しようとする時代となっていることを確認しておくべきである。なかでも、高橋が指摘するように、今日の社会において、戦後教育の基本であった「教育基本法が骨抜きにされてきたプロセス全体のなかで『心のノート』が出てきている」[113]ことを、忘れるべきではないであろう。

三　戦争論の広がりとエートス――神と人間

『「死の島」ニューギニア――極限の中の人間――』[114]において、第一回大宅壮一ノンフィクション賞を受賞した尾川正二（一九一七―二〇〇九）は、戦争の現実は、「覆い隠される」と語った。彼は、その著において、多くの箇所で、戦争が人を狂わせることに言及している。

筆者の訳出したP・C・クレイギ（Peter Campbell Craigie, 1938–1985）の『聖書と戦争』[115]においても、戦争の現実の厳しさが各所に述べられている。クレイギは、戦争に関連し、「無法的な状況を出現させるところにこそ、戦争の現実がある」[116]、と述べている。彼は、「戦争の恐ろしさと戦争のもつ隠された意味を、現実的に考えるのは賢明なことであり、旧約聖書はまさにこの点においていくつかの指針を与えている」[117]、とも述べている。クレイギによれば、「戦争は、神がその主権性のもとで、審判と贖いを目的としてもちいられるのであり、それ自体は邪悪で人間的な活動の一形式」[118]であるとする。神は、「戦争」を決して望んではおられないのであり、戦争をするのは人間自身なのである。これは、クレイギが、聖書を通して学んだ戦争論の結論である。旧約聖書には、戦いの場面が数多く出てくる。しかし、聖書の語るメッセージは、決して戦争肯定ではないのである。

ところで、戦争を考えるとき、われわれが考えなければならない問題の一つは、戦争は、人間の「心から出る」ということである。「心」とは、人間の思惟や行動の根底に存在し、その人間の営為全体の「傾向」を基礎付ける。聖書の「箴言」に、「油断することなく、あなたの心を守れ、命の泉は、これから流れ出るからである」(『口語訳』聖書、「箴言」四章二三節)とある。使徒パウロは、「実に、人は心で信じて義とされ、口で公に言い表して救われるのです」(「ローマの信徒への手紙」一〇章一〇節)、と述べている。いわば、「心」とは、人間が「義」と認められるかどうかを判定される「宗教的根元」、思考の座なのである。

オランダのキリスト教哲学者L・カールスベークは、『キリスト教哲学概説』[119]において、「すべての事柄は、心から出る」と書いている。前掲、クレイギは、「戦争は人間のこころのなかから起こる。しかし、戦争を通して、人間はまた平和を願い求める」[120]と述べている。クレイギはまた、キリスト者について言及し、「彼らは旧約聖書のなかに、自分の行動を支持する証拠を見いだし、その軍事的行動を勇気あるものと考えてきた。しかし、彼らは、旧約聖書が提示しているメッセージの全体に注意を届かせようとしてはこなかった」[121]、と述べている。

戦争を起こそうとする人間の「心」が問われるべきである。それは、社会の精神的雰囲気(社会的エートス)となって、戦争を肯定的に受け入れるような土壌を作り出すのである。そのことは、聖書がわれわれに厳しく問いかけていることでもある。

おわりに——心に刻み付けること

クレイギは、「キリスト教の歴史の悲劇は、しばしば、戦いの敗北から旧約聖書が導き出している教訓を忘れてしまったことに起因する」[122]、と述べている。われわれは、この点に注目すべきである。彼はまた、「旧約聖書にまざまざと描かれている戦いの敗北という事実から、彼らがいかなる教訓もまなび取らなかった」[123]ことに大きな問題があると述べている。

元ドイツ大統領のリヒャルト・フォン・ヴァイツゼッカー（Richard Karl Freiherr von Weizsäcker, 1920–）は、その著『歴史に目を閉ざすな――ヴァイツゼッカー日本講演録　心に刻む歴史　ドイツと日本の戦後五十年――』[124]において、「自らの歴史と取り組もうとしない人は、自分の現在の立場、なぜそこにいるのかが理解できません。過去を否定する人は、過去を繰り返す危険を冒しているのです[125]」と述べて過去に学ぶ姿勢の大切さを強調している。彼は、『荒れ野の四〇年――ヴァイツゼッカー大統領演説全文――』[126]において、「心に刻む」ということを強調している。これは、ドイツ敗戦四〇周年、連邦議会で行った演説である。

そのなかで、彼は、ドイツ語で、Erinnerung（エアインネルング）の重要性、すなわち、「誠実かつ純粋に思い浮かべる（gedenken）こと」の大切さを指摘した。彼は、人間の一生の間において、「四〇年という歳月」の重要性を、旧約聖書におけるイスラエルの民による四〇年の荒野の生活を想起し、心にその四〇年前の悲惨な現実を思い浮かべつつ、悔い改めをもって、深い反省のうちに、神の恵みを心に刻み付けるべきである、と述べたのであった。

彼は、人間にとって、「四十年というのは常に大きな区切り目を意味しております。暗い時代が終り、新しく明るい未来への見通しが開けるのか、あるいは忘れることの危険、その結果に対する警告であるのかは別として、四十年の歳月は人間の意識に重大な影響を及ぼしておるのであります[127]」、と述べている。要するに、彼の指摘は、われわれは、過去の戦争の現実を冷徹に反省し、常に平和を求め続けるべきであるというのである。最後に、彼は、「若い人たちにお願いしたい。他の人びとに対する敵意や憎悪に駆り立てることのないようにしていただきたい[128]」、と述べている。彼はまた、「民主的に選ばれたわれわれ政治家にもこのことを肝に銘じさせてくれる諸君であってほしい[129]」、と語っている。

われわれ一人ひとりが、この言葉を「心に刻んで」、「戦争への運動」が推し進められる今日、キリスト者として、平和を求め続け、一度、自己の「宗教的座」を問い返す必要がある。福音を飾るものでありたい。聖書の教える戦争論は、決して、戦争を肯定するものではない。聖書の全体に照らして教えられる神の救いの構造から教えられることは、戦いの記事を通して戦争の現実を教え、人々に平和を希求するようにと語るものである。それは、旧約聖書の預言者イザヤやミカが、明確に述べていることである。イザヤ書の二章四節「主は国々の争いを裁き、多くの民を戒められる。彼らは剣を打ち直して鋤とし、槍を打ち直して鎌とする。国は国に向かって剣を上げず、もはや戦うことを学ばない」と。

注

(1)「一　若者とオウム真理教」は、拙稿 Aum fills a spiritual need, *The Japan Times*, Tuesday October 19, 1999. の日本語オリジナル原稿である。これをもとに、Japan Times が、英文に訳出編集。Japan Times への掲載は、阪南大学流通学部元教授石田護先生のご尽力によってお世話いただいた。

(2) 一九九五年三月二十日。

(3) 事件から四年以上が経過した、一九九九年七月二九日、『朝日新聞』の報道によっても、オウム真理教の関連会社は、四〇社余りに及び、九八年度のパソコン売上額七〇億を超え、信徒数も二一〇〇人、主要活動拠点は四〇カ所に達したとされる。本書、第三章、注(4)、参照。

(4) ジャン・カルヴァン、渡辺信夫訳『キリスト教綱要』Ⅰ篇三章一節、新教出版社、一九六二年、五五頁。

(5) 日本の宗教の基層的状況に関して、一九九九年八月に執筆したものに加筆した。

(6)「警察庁」のまとめで、二〇〇九年、九九三九万人とされる（『読売新聞』二〇〇九年一月九日夕刊、「『今年こそ……』神頼み最多」）。

(7) 全国の神社・仏閣に正月三が日に参拝した客数（警察庁発表）を表に示したものである。

(8)「三　日本の若者たちとキリストの福音」は、*Reformed Youth Arena*, Vol. Ⅲ, No.2, Vol. Ⅳ, No. 1, May 2000. A special Pre–Assembly Issue. Rev. James Lont, editor, Published by the Reformed Ecumenical Council in Cooperation with the REC Commission for Youth and Christian Education, p. 22–23. 特集号のために書いた日本語原稿である。原稿をもとに、神戸改革派神学校、Stewart Lauer　教授が、英文（Reformed Church in Japan）に訳出。

（9）本書、第一章、「宗教的人間と社会の分析視角」、参照。

（10）「四　宗教的『癒し』を求めて――戦後日本社会における宗教動向より――」は、阪南大学ホームページ、"Opinion Room"（二〇〇〇年八月）のために書いたものを修正した。

（11）「新新宗教」については、以下の説明を引用しておく。すなわち、「日本の仏教などの既成宗教の枠ではとらえきれない、江戸時代の終わりから明治以降つぎつぎに成立した宗教は、それまでの宗教にたいして、一般に『新宗教』といわれる。なかでも天理教、金光教、黒住教、立正佼成会、創価学会、霊友会などは、『新宗教』のなかの代表格である。これらの『新宗教』はすでに大教団として活発な活動を繰り広げている。また戦後、これら『新宗教』の枠ではとらえきれない『新しいタイプの『宗教』が多数成立した。そのなかで、『終末論的な根本主義の立場を執拗に維持しているセクト・タイプの新宗教』や『オカルティズムや呪術・神秘主義を強調するカルト・タイプの宗教』を、宗教社会学者西山茂が、『新新宗教』と名づけた」（拙稿、「用語解説」所収、中野秀一郎編『ソシオロジー事始め』〔新版〕、有斐閣、一九九六年、二四七頁）のである。「旧新宗教」は、天理教、金光教、黒住教、立正佼成会、創価学会、霊友会など、「新新宗教」とは異なるタイプの「新宗教」と位置付けられている。

（12）拙稿「宗教ブームを読む――科学時代の宗教――」、中野秀一郎編『ソシオロジー事始め』〔新版〕、有斐閣、一九九六年、一四五―一六七頁、参照。

（13）拙論「霊能力者を中心とした信者ネットワークの結合構造」、塩原勉他編『日本の組織　一三』第一法規、一九八九年、一六三―一六六頁。

（14）一九九五年十二月十五日施行。

（15）ＮＨＫ放送文化研究所『現代日本人の意識構造（第五版）』、日本放送出版協会、二〇〇〇年二月。

（16）同書、一三一頁。

（17）Michiya MURATA, Aum fills a spiritual void, *The Japan Times International*, October 16–31, 1999.

(18) オウム真理教事件後も、その教団に加わった若者が実際に存在していることは明らかである。カナリヤの会編『オウムをやめた私たち』岩波書店、二〇〇〇年五月、参照。二〇〇〇年二月一日現在、オウム真理教の「構成員」は、出家信徒五七〇、在家信徒三六五五、合計九三五名（『朝日新聞』二〇〇〇年三月三日）。
(19) 本書、第二章、一節「生駒今昔――気の満ちた生活世界――」、参照。
(20) 本書、二七―三〇頁、参照。
(21) 本書、第二章、一節、参照。
(22) 宗教社会学の会編『生駒の神々』創元社、一九八五年、一頁。
(23) 前掲書、『神々宿りし都市』八頁。
(24) 本節の最初の主題は「こころ――現代と日本人の心――」である。本節は、二〇〇〇年五月二七日（土）、日本キリスト改革派熊本伝道所春の特別講演会をもとにしている。当日の聖書朗読箇所は、「マタイによる福音書」一一章二五―三〇節、讃美歌は、三九「ひくれてよもはくらく」、三五二「あめなるよろこび」であった。
(25) 以後、「こころ」と「心」の二つの語を用いるが、別にその二語に、それぞれ特別の意味をもたせているのではない。あえていうなら、「こころ」と用いる場合には、そこに、一種の「社会病理的」状況にある「こころ」というニュアンスをもたせている。
(26) ちなみに、市民講座や公開講座など、いろいろな機会に、「心」という言葉に関連した題で話をするようにといわれる。それは、おそらく、筆者が、宗教社会学的な研究を行っているからであろう。また、近年、「心理学と宗教」のブームの時代といわれる。
(27) 二〇〇〇（平成一二）年度―二〇〇一（平成一三）年度科学研究費補助金（基盤研究〈C〉〈2〉）。
(28) 本書、第三章、二節「阪神・淡路大震災と聖書――震災後の光と『底力』――」、七八―八六頁、参照。
(29) オギュスタン・ベルク、篠田勝英訳『風土の日本』筑摩書房（ちくま学芸文庫）、一九九二年、一〇〇頁。
(30) 本書、第五章、注、(11)、参照。
(31) 西山茂「気枯れ社会の実感宗教」、『東洋学術研究』第三五巻第一号、東洋学術研究所、一九九六年六月。
(32) 同書、一一八頁。
(33) 同書、一一八頁。

(34) 同書、一一八頁。
(35) 同書、一一八頁。
(36) 同書、一一八頁。
(37) 同書、一二八―一二九頁。
(38) 同書、一二九頁。
(39) 同書、一三四頁。
(40) 同書、一三四頁。
(41) ピーター・サックス、後藤将之訳『恐るべきお子様大学生たち――崩壊するアメリカの大学――』草思社、二〇〇〇年三月、二二頁、他参照。ジェネレーションXについては、一九九七年、筆者が米国に滞在していた間にも、新聞やTVで耳にした。
(42) セーレン・オービュエ・キルケゴール、枡田啓三郎訳「現代の批判」、枡田啓三郎責任編集『世界の名著四〇　キルケゴール』中央公論社、一九六六年、四〇八頁。
(43) 同書、四一三頁。
(44) 同書、四一五頁。
(45) 同書、四一五頁。
(46) 同書、四一六頁。
(47) 川人博・高橋祥友編著『サラリーマンの自殺――今、予防のためにできること――』岩波書店（岩波ブックレット）、一九九九年十一月。
(48) それ以後、自殺者数は、常に三万人を超えているという。
(49) 川人・高橋編著、前掲書、四頁。
(50) 同書、四頁。
(51) 同書、五頁。
(52) 同書、六頁。

(53) 同書、六頁。
(54) もとの主題、「こころ――現代と日本人の心――」、第二講演「『無信頼社会』の心性」の講演原稿を加筆修正。本節は、二〇〇〇年五月二八日(日)、日本キリスト改革派熊本伝道所春の特別講演会をもとにしている。当日の聖書朗読箇所は、「ヨハネによる福音書」三章一六―二一節、讃美歌一四「わがたまさめてほめたたえよ」、三五三「いずみとあふるる」であった。
(55) J・ハーバマス、三島憲一編訳『近代――未完のプロジェクト――』岩波書店、二〇〇〇年、一〇頁。
(56) Robert N. Bellah, Richard Madsen, William M. Sullivan, Ann Swidler, and Steven M. Tipton, *Habits of the Heart : Individualism and Commitment in American Life*, University of California Press, 1985. 邦訳、島薗進・中村圭志訳、みすず書房、一九九一年。
(57) アレクシス・ド・トクヴィル、井伊玄太郎訳『アメリカの民主政治』上、中、下、講談社(講談社学術文庫)、一九八七年、参照。
(58) R. N. Bellah, *op. cit.*, p. vii. R・ベラー、前掲書、ix頁。
(59) *Ibid.*, p. 37. 同書、四三頁。
(60) *Ibid.*, p. 37. 同書、四三頁。
(61) *Ibid.*, p. 23. 同書、二七頁。
(62) ピエール・ブルデュー、石井洋次郎訳『ディスタンクシオン』藤原書店、(一)一九九〇年、(二)一九九〇年。
(63) 同書、「本書を読む前に――訳者まえがき――」、v頁。
(64) 同書、v頁。
(65) 同書、vi頁。
(66) 同書、vi頁。
(67) 拙著『社会的エートスと社会倫理』晃洋書房、二〇〇五年、所収、「ハビトゥス論の展開」、三八―四三頁、参照。
(68) 大村英昭『日本人の心の習慣――鎮めの文化論――』NHK出版、一九九七年。
(69) 拙著『技術社会と社会倫理――キリスト教技術社会論序説――』晃洋書房、一九九六年。
(70) 天沼香『頑張りの構造――日本人の行動原理――』吉川弘文館、一九八七年。
(71) 『週刊朝日』二〇〇〇年五月二六日号、一三九―一四九頁、参照。

(72)『週刊文春』二〇〇〇年五月二五日号、「埼玉リンチ殺人——これでも少年法を改正しないか——」三五—三七頁、参照。
(73)『週刊朝日』二〇〇〇年五月二六日号、一四二頁。
(74) 同書、一四二頁。
(75) 同書、一三九頁。
(76) 同書、一四五—一四九頁。
(77) 三沢直子、同書、一四五頁。
(78) 尾木直樹、同書、一四六頁。
(79) 高橋良臣、同書、一四七頁。
(80)『週刊文春』二〇〇〇年五月二五日号、三五—三七頁。
(81)『週刊朝日』二〇〇〇年五月二六日号、二二一—二五頁。
(82) サン・テグジュペリ、内藤濯訳『星の王子さま——プチ・プランス——』岩波書店（岩波少年文庫）、一九五三年。
(83) 拙論「生駒今昔——気の満ちた生活世界——」、本書、二三一—四〇頁。
(84)「生活世界」という語は、本来は、エドムント・フッサール（Edmund Husserl, 1859–1936）の現象学の言葉とされる。そのことを、阿部謹也『学問と「世間」』（岩波書店（岩波新書）、二〇〇一年六月）、において知った。彼は、様々な「学的世界を基礎付ける基盤」を「生活世界」と呼んだとされる（同書、八八頁）。筆者は、「生活世界」を、「人間と人間が信頼関係をもって了解しあっている社会」としてとらえている。筆者の視点は、この後に述べるロバート・ベラーの視点から学んだ。
(85) ロバート・ベラー、平野秀秋訳「統合世界における文化多元主義」『思想』、一九九三年二月、第八二四号、四—一六頁、八頁。本書二章一節「生駒今昔——気の満ちた生活世界——」、参照。
(86) Jürgen Habermas, translated by Ciaran P. Cronin, *Justification and Application : Remarks on Discourse Ethics*, The MIT Press, Cambridge, 1993, p. 167.
(87) *Ibid.*, p. 170.
(88) R・ベラー、前掲書、「用語解説」より、三九二頁。

(89) 米国からの留学生によれば、「ミーイズム」という言葉は英語にはないとのことであった。
(90) R・ベラー、前掲書、三九二頁。
(91) 『週刊文春』二〇〇〇年五月二五日号、「深層特集　少年犯罪という煉獄——母親が書いた痛哭の文書一挙公開!——」、二六—三四頁。
(92) 同書、二九頁、名称は仮名。本文にある名称をAと書き改めた。
(93) 同書、三〇頁。
(94) L. Kalsbeek, *Contours of a Christian philosophy : An introduction to Herman Dooyeweerd's thought*, Buijten & Schipperheijn/ Amsterdam 1975, "Archimedean point and arche", pp. 56–61.
(95) NHK放送文化研究所編『現代日本人の意識構造〔第五版〕』日本放送出版協会、二〇〇〇年二月。
(96) 同書、六〇頁。
(97) 同書、六一頁。
(98) 同書、八一頁。
(99) 同書、八二頁。
(100) 同書、八二頁、図Ⅲ—5より。
(101) 同書、「男女、家族のあり方」、特に二五—三八頁、参照。
(102) 家族社会学者の柳原佳子(一九五一—二〇〇二)は、「男と女のラビリンス」(中野秀一郎編『ソシオロジー事始め』〔新版〕、有斐閣、一九九六年、四七—六五頁)において、九〇年代頃から生じた男女関係を的確に指摘している。すなわち、「『恋愛』や『セックス』や『結婚』が、市場化し商品化されていく『豊かな社会』のコワさと同時に、男と女が互いに対等な人格をもった生きものとして平らかに向かい合うところから生じるであろう精神的・肉体的な緊張と充足を回避して、ひたすら自己充足と利害・権力関心へと収斂していく」(五六頁)傾向があることを指摘した。
(103) 柳田邦男『「死の医学」への日記』新潮社(新潮文庫)、一九九九年。
(104) 二〇〇四年五月三~五日に実施された日本キリスト改革派教会第一〇回全国青年会修養会(関西学院千刈セミナーハウス)の講

演原稿を加筆修正、二〇〇四年五月四日講演。日本キリスト改革派教会全国青年会修養会委員会編集発行『私たちの希望――第一〇回全国青年会修養会報告書――』二〇〇五年、参照。
(105) 『アサヒコム』の記事より、四月二十日。
(106) 家永三郎『日本思想史に於ける否定の論理の発達』新泉社、一九七三年、参照。
(107) 酒井啓子『イラク――戦争と占領』岩波書店（岩波新書）、二〇〇四年一月。
(108) 弓矢健児「『有事法制関連三法』Q&A（1）」『中会ヤスクニ』七八号、日本キリスト改革派東部中会「社会問題委員会」二〇〇三年八月四日。
(109) 前田哲男『有事法制――何がめざされているか――』岩波書店（岩波ブックレット）、二〇〇二年六月、一七頁。
(110) 加藤周一『私たちの希望はどこにあるか――今なすべきこと――』かもがわブックレット、一四八、二〇〇四年、五〇頁。
(111) 同書、七頁。
(112) 高橋哲哉『「心」と戦争』晶文社、二〇〇三年、五七頁。
(113) 小沢牧子、長谷川孝編『「心のノート」を読み解く』かもがわ出版、二〇〇三年、八六頁。
(114) 尾川正二『「死の島」ニューギニア――極限の中の人間――』光人社（NF文庫）、一九九八年、もとは創文社刊。
(115) ピーター・C・クレイギ、拙訳『聖書と戦争――旧約聖書における戦争の問題――』すぐ書房、一九九〇年、新版、二〇〇一年。
(116) 同書、七八頁。
(117) 同書、七九頁。
(118) 同書、七九頁。
(119) L. Kalsbeek, *op. cit.* 邦訳なし。
(120) クレイギ、前掲書、一三五頁。
(121) 同書、三九頁。
(122) 同書、一二九頁。

(123) 同書、一二九頁。
(124) リヒャルト・フォン・ヴァイツゼッカー、中日新聞社編、永井清彦訳『歴史に目を閉ざすな――ヴァイツゼッカー日本講演録 心に刻む歴史　ドイツと日本の戦後五十年――』岩波書店、一九九六年。
(125) 同書、五六頁。
(126) リヒャルト・フォン・ヴァイツゼッカー、永井清彦訳『荒れ野の四〇年――ヴァイツゼッカー大統領演説全文――』岩波書店（岩波ブックレット）、五五、一九八六年。
(127) 同書、三四頁。
(128) 同書、三六頁。
(129) 同書、三六頁。

補遺

キリスト者の人生

一　本多庸一《ほんだよういつ》（一八四八―一九一二）

元、津軽藩士。横浜バンドの代表的キリスト者。青森県議会議長を歴任。自由民権論者。東京英和学校（後の青山学院）校長として、青山学院の基礎を築く。キリスト教伝道者、教育者として、畏神愛人の生涯を貫く。日本メソジスト教会初代監督。

一八四八（嘉永元）年十二月十三日、津軽の上級藩士本多八郎左衛門久元、とも子の三男四女の長男として弘前に生まれる。幼名は、徳蔵。祖父本多東作久貞の子である母は、江戸時代前期の儒学者、山鹿流《やまがりゅう》兵学の祖、山鹿素行《そこう》の血統を引く。後、六八（明治元）年、藩命により、庸一と改名。次弟本多斎《いつき》は、日本メソジスト教会牧師、末弟武雄は、津軽家用人西館《にしだて》平馬（号は孤清《こせい》）の養子となり東奥義塾塾長となる。

徳蔵は、幼少時より孝経《こうきょう》を学び、十歳のとき、文武両道の学問所、藩校稽古館に入学する。四書五経はじめ漢籍、剣術、槍術、馬術、砲術などを学ぶ。また、蘭学や、英学も学ぶことができたとされる。物事の理解力・記憶力は他者の追随を許さず、書にたけていた。幼い頃は、体は弱く病に伏すことも多かったとされる。

十七歳にして、稽古館の「司監」（取締役）に任じられる。この頃、徳蔵は陽明学者中江藤樹やその門下生熊沢蕃山の思想を学んでいる。内村鑑三は、『代表的日本人』において、近江聖人中江藤樹を、「高徳にして進歩的な思想家」と評し、理想的な教育者、求道的逸材として紹介している。徳蔵が藤樹から学んだものは、後に、政治家、教育者、キリスト者として活躍した本多の「包容偉大なる」人格形成に与えた影響も大きかったと推測される。

明治維新は、徳蔵が藩内から藩外へと雄飛する転機の時でもあった。一八六八年五月、徳蔵は、戊辰戦争に際し、反新政府同盟である奥羽越列藩同盟に参加した津軽藩の藩命により庄内に派遣される。しかし、津軽藩が、同盟離脱を決断して官軍について後、同年八月、同士とともに津軽藩を脱藩。藩は、むしろこの脱藩の心意気を賞賛し、罪は問わず、改名を命じるにとどめた。徳蔵は、このとき、庸一と改名。

一八六九年、本多は、藩士松浦吉郎左衛門の長女みよ子と結婚。三男二女をもうける。翌、七〇年、初めて漢訳の旧約・新約聖書を読む。同年、藩費によって英学や英語を学ぶために横浜に留学。

本多は、横浜において、アメリカのオランダ改革派教会派遣宣教師、S・R・ブラウンやJ・バラに出会う。

一八七一年七月、廃藩置県。津軽藩からの援助が停止され帰郷。津軽の主家は没落。実家も士族として苦難と挫折の中にあった。七二年二月、再び英学の学びを続けるため、横浜のバラを訪問。同年三月十日（日曜日）、日本最初の福音主義超教派の教会、「日本基督横浜公会」が設立される。本多は、同年五月三日、バラから洗礼を受け、この公会に参加。それは、七三年のキリスト教解禁の前年で、本多、二三歳のときであった。本多は、「基督を聞て真に日本を救うものは之である事を知り」、また「我が祖国のため」、入信したと語っている。

本多は、西館孤清《こせい》の推薦により、津軽の師弟教育に専念するために、一八七四年十一月、メソジスト監督教会の宣教師J・イングを伴って、故郷弘前に帰郷。東奥義塾塾頭（七八年、塾長と改称、八三年辞任）となり、自由民権運動の普及にも尽力。二六歳の時である。七五年、「弘前日本基督公会」設立。翌年十二月、弘前メソジスト教会となる。八二年、青森県議会議員となり、十九年間務める。

一八八三年、東京築地新栄教会で、按手《あんしゅ》を受け、長老（正教師）となる。八六年七月、妻みよ子死去。同年九月、仙台メソジスト教会牧師に任命される。八七年、東京英和学校校主兼教授、青山美以教会牧師に就任。八八年、盛岡藩士族長嶺忠司の二女てい子と再婚。四男一女をもうける。

一八八八年九月、渡米し、九〇年六月まで遊学。表向きには、「宗教教育の視察」が目的であった。しかし、九〇年の国会開設を前に、「政治方面にも」、さらなる活路を見出そうと考えていたのではないかとされる。八九年、ニュージャージー州にあるメソジスト神学の中心校、ドルー神学校に入り神学研究を行っている。

一八九〇年六月、米国より帰国。ただちに、東京英和学校校長に就任。一九〇七年まで青山学院院長を務め、〇九年、名誉院長となり、教育者として活躍。特筆すべきは、校長就任の同年十月、教育勅語が発布され、以後、国家主義的、反動的なエートスが強化される時代に、護教的立場を貫いたことにある。九一年、東大教授井上哲次郎によって、「教育と宗教の衝突」論争が始められ、キリスト教は教育勅語とは相容れないとの攻撃に護教の論陣を張った。

一九〇七年、日本各地で伝道していたメソジスト系教会三派の合同総会において、初代監督に選ばれる。後、一二年三月二六日、長崎にて六三歳で客死するまで教団の発展と伝道のために働いた。

生母を十一歳でなくした本多は、継母いろ子にも、隣人たち一人ひとりにも思いやりの深い人物であったとされる。ホーリネス教会の伝道者となった中田重治が最初に渡米するとき、恩師の本多は、自らが着けていた唯一の外套を脱いで中田に与えたという。

受洗前は、キリスト教に反発すら感じていた本多は、宣教師たちの思いやりと祈りの熱心さに感銘を受けキリスト教へと接近する。本多の回心に関連し、「天」や「上帝」という儒教的精神が、彼のキリスト教の神観の理解を容易にしたとされる。また、本多の回心は、当時の士族の場合同様、武士階級の没落にともなう挫折、失意、という社会的価値の剥奪に対する補償という意味があったと解釈できよう。一八八九年九月初め、本多は、ペンシルヴァニア州スクラントン市で、列車の通過に気がつかず、危機一髪で、枕木の末端にうずくまり、列車がその上をかすめ、上着の背の辺りが破れるという事態に遭遇する。それを転機として、政治の世界から離れ、キリスト教伝道に生きる決意をしたことが伝えられている。青山学院の本多研究者気賀《けが》健生《たけお》によれば、メソジスト教会員として本多と親交のあった山路愛山が、「寛弘《かんこう》にして何人をも容れ得る度量ある君子」、「君の注意は常に世界の日本に在り」、「偉大なる常識人」であったと、本多の人格を讃えたという。本多は、尊敬する祖父東作の言葉、「大事に逢へば先ず静慮熟考するの余裕なくてはならぬ」を常に胸にとどめ、「神の器」の生涯を送ったのである。

参考文献
岡田哲蔵『本多庸一伝』（伝記叢書二一七）大空社、一九九六年。
青山学院『本多庸一』青山学院（非売品、気賀健生執筆）、一九六八年。

二　中田《なかだ》重治《じゅうじ》（一八七〇—一九三九）

シカゴのムーディ聖書学院に学び、「四重の福音」を携え、人々の回心を促し、「ただ信ぜよ」と大衆伝道を展開。ホーリネス系教会の「きよめ派」の終身監督として、一九三〇年代、わが国の信仰覚醒運動を主導。

一八七〇（明治三）年十月二七日、弘前市に生まれる。父兵作は津軽藩士。母、千代。兄久吉は東奥義塾に学び、後、メソジスト教会の牧師となる。重治の次男中田羽後《うご》は、「おお牧場はみどり」の作詞者、教会音楽家、伝道者。次女京は、キリスト兄弟団の牧師。

中田は、幼い頃、「鬼ん子」と称されるほどの餓鬼大将で、将来を案じた母に連れられ教会に行く。主任牧師本多庸一他に感化される。「数え年十七歳」（一八八六年頃か）のとき、ドレーパー宣教師から受洗した。弘前公会の中に設立された来徳《ライト》女学校（後の弘前学院）で働きながら伝道の手伝いをする。牧師になることを志し、東京英和学校（校長、本多庸一、後の青山学院）に入学。勉学に専心することなく、九一年、諭旨退学となった。本多の配慮で、メソジスト教会伝道者としての仮免許状を受け、北海道八雲、小樽、千島の択捉島で伝道に従事した。

一八九四年、按手《あんしゅ》を受け、正式な牧師となる。同年、八月、津軽藩士の娘、一歳年長の伝道師小館かつ子と結婚。かつ子とは、千島伝道などで苦難を共にし、彼女は人々からホーリネス教会の母と慕われた。

一八九六年十二月、米国留学に旅立つ。シカゴのムーディ聖書学院（八九年設立）に学ぶ。中田は、そこで、特に、ジョン・ウェスリ（John Wesley, 1703–91）の「キリスト者の完全」論に立つホーリネス（聖潔《きよめ》）派の根本教理、「四重《しじゅう》の福音（Foursquare Gospel, 新生、聖化、神癒、再臨）」と、「信仰復興（revivalism）」の重要性を学ぶ。中田によれば、新生とは、「人が生まれ変わるということで、（中略）、神の子となる」こと、聖化とは、「内住の罪のために苦しんでいる人がきよめられるということで、これが聖潔の福音」、神癒とは、「信者、未信者にかかわらず、その病が神によっていやされる」こと、再臨とは、「全世界のみならず、全宇宙の生物に対する福音」で、「イエスさまが来たりたもう時、われらのからだが天の使いのごときからだになること」、すなわち、それらは、「徹頭徹尾、キリストの救いである」と語っている（全集第一巻「新生（一）」）。

十八〜十九世紀末は、世界的に、リバイバル運動が盛んな時代である。彼は、ムーディ聖書学院で、そのムードを的確に捉え、わが国においても、人々の心と生活に潜む罪をきよめる「聖潔」の必要性を痛感したのであろう。

中田は、出席していたシカゴのメソジスト教会で、C・H・カウマン夫妻の知遇を得る。カウマン夫妻は、中田の宣教活動を生涯支え続けた。中田は、また、滞米中の一八九七年十一月二二日、インドのタミール出身伝道者、ダヴィッドの説教集会に出席し、聖霊による聖化を体験した。その後、聖書学院の「短期コース」を終え、英国を経由して帰国の途につく。英国では、すでにわが国に来日し、松江を拠点に日本伝道をしていたB・F・バクストン家を訪問。九八年九月、帰国。松江にバクストンを訪ねる。九九年、メソジスト派の巡回伝道者となる。この頃、笹尾鉄三郎、聖歌「神はひとり子を」の作者三谷種吉らに出会う。同年、『焔《ほのお》の舌』（のち『聖潔の友』）誌を発行。

中田は、一九〇一年、カウマン夫妻とともに、東京神田に中央福音伝道館（後の聖書学院）を設立。教師陣には、笹尾、三谷などが参集。翌年、カウマンとともに、ムーディ聖書学院で学んだE・A・キルボルン来日。〇五年十一月、この伝道館と宇都宮はじめ各地に設立された支部は、「東洋宣教会」と呼ばれるようになった。それらの学び舎から、ホーリネス系教会の指導者が多数輩出した。

一九〇六―〇七年、中国、英国、米国で宣教。一一年三月八日、妻かつ子死去。同年八月、メソジスト伝道者、今井あやめと再婚。一九一七（大正六）年十月、中田は、東洋宣教会日本ホーリネス教会を設立（初代監督）。一九三〇（昭和五）年、わが国にリバイバルが起こる。

一九三三年、中田の指導するホーリネス教会には、再臨信仰についての考え方の違いにより内部対立が起こった。中田を支持するもの（中田派、三年後、きよめ教会と改称）と、聖書学院の車田秋次、米田豊ら五人の教授を支持するもの（車田派、三年後、日本聖教会と改称）の両派は、三六年末、正式に分裂。これを契機に、中田は、自派、「きよめ派」の終身監督となる。分裂の原因は、中田が、キリストの再臨により、ユダヤ民族と日本民族の救いが特別に実現すると説いたことによるとされる。妻あやめの死の十日後、三九年九月二四日、死去。六八歳。

中田の死後のホーリネス系教会は、中田派を除いて、一九四一年六月、日本基督教団成立時、これに合流。四二年六月二六日から、ホーリネス系教会は、治安維持法違反で、百余名の牧師が逮捕され政府の厳しい弾圧を受ける。それは、「キリスト再臨」の教理などを強調することが、「国体ヲ否定スベキ事項」を流布するとみなされたことによる。戦後、日本基督教団から離脱したホーリネス系諸教会は、一九四九年、車田を代表として、日本ホーリネス教団を結成。

弟子の一人、安藤仲市は、「聖書信仰の立場から、あらゆる福音的運動の先頭に立ち、（中略）、広く宣教活動の推進にあたり、日本の教会歴史に偉大な足跡を残された」、「中田先生が偉大なる説教家であったことは有名であるが、ジャーナリスチックな感覚も多分に備え、その寸鉄、人を刺すような警句や、卓越した論説で、多くの人を魅了した」（全集第一巻「刊行のことば」）と、中田を評している。

聖書学者加藤常昭は、四重の福音に関し、「中田重治にとっては、四重の福音は、体に染みついていたのである。体験と結びついた教理であった。だから内村の再臨運動は短期であったが、ホーリネスは終始再臨信仰に生きたのである」（『日本の説教　中田重治』日本キリスト教団出版局、二〇〇三、「解説」）、と解説している。

次男中田羽後は、父重治について、「青山学院の神学部にいた時は、いつもやわら（柔道）の道場にばかりかよっており、ムーディ聖書学院にいたころは、ほうぼうの聖別会に出席したり、ムーディ氏のあとばかり追って歩いていた」、と報告し、「『教祖（？）』と見なされる人間は、たいてい、ひとくせもふたくせも持っている」（全集第五巻）、と述べている。中田は、強い個性と雄弁な説教によって、生涯、救霊のために専心した「神の器」であった。

参考文献
米田勇『中田重治伝』（伝記叢書二三三）大空社、一九九六年。
米田勇編『中田重治全集』全七巻、中田重治全集刊行会、一九七三―七五年。

三　矢内原忠雄《やないはらただお》（一八九三―一九六一）

内村鑑三の弟子。無教会キリスト者。新渡戸稲造の講座を引き継ぎ、植民政策を研究。主戦論中心の時代に、「非戦平和」を貫いて、「日本の良心」と敬慕された。戦後、東大総長歴任。死の直前まで聖書講義を続けた。

一八九三（明治二六）年一月二七日、愛媛県越智郡（現、今治市松木）に、医師の父謙一、母松枝の四男として生まれる。一九〇四年、十一歳のとき神戸に移り、入学した県立神戸中学校の校長鶴崎久米一は、新渡戸稲造、内村鑑三と、札幌農学校時代の同級生であった。一〇年、新渡戸が校長を務めていた旧制第一高等学校に入学し、翌年十月、二年生のとき、新渡戸の勧めで内村の聖書研究会に入門。生涯を無教会キリスト者として生きる。一三年、東京帝国大学法科大学政治学科入学。一七年、卒業後、住友鉱業所に就職。同年五月、内村門下藤井武夫人の妹、西永愛子と結婚（二三年、死去）。

一九二〇年三月、新渡戸の後を受け、東京帝国大学経済学部助教授に就任。植民政策を講じた。代表作に、『植民及植民政策』（一九二六年）がある。欧米留学後、二三年、教授。二四年、堀恵子と再婚。

矢内原は、一九三一（昭和六）年九月の満州事変勃発以後、戦争の「暗い時代」を通じ、戦争に大義のないことを一貫して主張。三七年八月、蘆溝橋事件直後に書いた論文「国家の理想」（『中央公論』九月号）は、全文削除処分を受けた。同年、十月一日に行った講演の言葉が「きめ手」となり、東大から追放される。それは、「今日は、虚偽の世において、我々のかくも愛したる日本の国の理想、或いは理想を失ったる日本の葬りの席であります。（中略）、日本の理想を生かすために、一先ずこの国を葬ってください」（藤井武記念講演会における講演「神の国」、『通信』に掲載）、であった。矢内原は、十二月一日、依願退職。これが、「東大がファシズムに屈した」とされる「矢内原事件」である。矢内原は、三二年、個人誌『通信』を創刊（三七年十月号、発禁処分まで）。それは、三八年、『嘉信《かしん》』と改名され（六一年まで発行）、毎月、夏期を除いて発行された。

一九三三年五月、彼は、自宅二階書斎で、聖書講義中心の家庭集会を開始。毎日曜日に開催された集会は、今井館聖書講堂に移る四六年三月まで続けられた。また、三九年一月から、毎土曜日、自宅にて「土曜学校」が開催され（四七年五月まで）、二〇〜三〇人の青年男女が出席。二部に分かれた講義は、第一部で、アウグスティヌス『告白』、『神の国』、『三位一体論』、『ペラギウス論争』、ダンテ『神曲』、ミルトン『楽園喪失』が講じられ、第二部で、聴講生によるアダム・スミスの『国富論』の輪読と矢内原の講義が行われた。集会に出席した富田和久は、「今の学校は職業的技術教育の機関としては立派である。しかし真理探究の香気はますます失はれて来た。そこで私は試みに自分の学校を開いて見ようと思ふ。その特色は基督教の信仰による人格教育であることと、哲学科学文学の諸領域に亘る万有学の講義であることとに置きたい」（『嘉信』一二号）、という矢内原の言葉に触発され聴講生となった（『土曜学校講義』第二巻の帯）という。富田は、また、「私はそこで自由な魂の力にうたれ、美しいものの根源に触れた」、と書いている。そこでは、「鋭い時局批判の言葉が火をふいて」いたという。

土曜学校で聴講した岡村欽一は、「先生は先生の門を叩く真実な青年たちを愛された。信仰の未熟な青年たちが動乱の中に揉まれても、それによって信仰が揺り動かされ目標を見失ってしまうことのないようにと、その指導には本当に一所懸命であられた。（中略）、一回一回の講義に臨まれる先生の態度は真剣そのものであり、講義を受ける者達に、そうした先生の真実に応えるだけの誠実な心構えが要求された」（岡村欽一「土曜学校に学んで」、『土曜学校講義』付録、月報Ⅷ）と書いている。また、矢内原直系の無教会派信徒藤田若雄は、「土曜学校の性格を要約するならば、（中略）、古典を、それが生れた戦いの背景の中にとらえ、その思想全体の姿を追求する、一言でいえば古典をその活ける文脈においてとらえようとした」（『土曜学校講義』付録、月報X）、と書いている。

矢内原は、一九四五年十一月、東京帝国大学教授に復職し、国際関係論を講じた。四八年、東京大学経済学部長、四九年、教養学部長、五一年十二月、内村門下の南原繁総長の後、総長となり、五七年十二月任期満了まで務めた。六一年十二月二五日、胃がんのため死去、六八歳。

矢内原は、「悲哀の人」であったと評される。信仰の継承者、川西進は、「矢内原忠雄は、『悲哀の人』であった。十九歳のときに母を亡くし、その一年後に父と中学時代の最大の友人の死に遭う。そして結婚後六年を経ずして妻愛子を亡くした」と述べている（矢内原伊作『矢内原忠雄伝』、「あとがき」）。長男伊作は、父について、「昭和一〇年代のファシズムの時代に時の政治権力に対抗して国民一人一人の精神的変革の必要を説き、太平洋戦争後の日本再建期に、民主主義を政治によってではなく、宗教と教育によって国民一人一人に植えつけるために奔走した」と書いている。

矢内原自身、尊敬する内村を評して、「悲哀の人」と呼んでいる。彼が、一九三三年、内村鑑三召天三周年を記念して各地で行った講演の統一テーマは、「悲哀の人」である。そこでは、「斯かる混沌の中にあって事の真実を見徹し、真実を語る人は実に悲哀の人であります」、「神御自身が『悲哀の人』であります」、と述べている。「悲哀」とは、独り子を罪人の救いのために十字架にかける神の悲しみの姿であり、イエス・キリストの受難の姿である。それは、また、妻愛子の死に「慟哭」する彼自身の姿でもある。虚偽に満ちた社会において、真相を見抜いて、真実を語り続ける内村や矢内原の姿でもある。矢内原は、神とイエス・キリストの悲哀を見つめつつ生きた真実のキリスト者、「神の器」であった。

矢内原は、また、「預言者」であったと評される。それは、彼が、言論弾圧に抗して、国家主義的日本に警鐘を鳴らし続けたことによる。彼は、「現代の非常時に当たって、日本を救うものはこの一巻の聖書の外にはない」と述べている。川西の評では、彼は、「キリスト教の信仰と、学問的良心に従ってファシズム、軍国主義と戦い、民主主義と平和のために献身した偉大な戦士」であったのである（川西、前掲「あとがき」）。三人の息子たち、伊作、光雄、勝が、ともに、「とにかく父はこわい存在だった」と書いている。三六年の二・二六事件に際しては、軍部の専横に対し、「怒りと悲しみをあらわすために」、「口髭を剃り落とした」と伝えられている。

参考文献
矢内原伊作『矢内原忠雄伝』みすず書房、一九九八年。
矢内原忠雄『矢内原忠雄全集』全二九巻、岩波書店、一九六三―六五年。

書評

一　三浦綾子著『銃口』上・下、小学館、一九九四年

本書は、イエス・キリストの救いと人間の罪の深さを追求し続けたキリスト者、三浦綾子（一九二二―九九）の感動の長編（上・下、二冊）である。通勤電車の車中で読みながら、涙が止まらなかった。周りの人々に見られてはいけないと思いつつも、涙が本の上に落ちて仕方がなかった。

筆者は、本書を通して、神と、人を誠実に愛そうとした人々の、「昭和」という時代がもたらした苦難と、人の心の暖かさを感じた。著者は、本書を「昭和」という時代を生きたすべての人にささげると書いている。戦線に送られた男たちも、銃後の守りを強いられた女たちも、この時代を生きた人々は、主人公たちと共通した苦難を経験したのではないか。

本書には、北海道の大自然を背景に、主人公北森竜太と中原芳子の強い絆で結ばれた二人の愛と、時代の暗黒性が、随所に示されている。二人は、小学生の時、誠実で正義感あふれる坂部先生と、クリスチャン教師冴子先生夫妻に出会い、教師になることを心に誓う。一九三七（昭和一二）年に小学校の教師となった二人に、悲しいかな戦争へひた走りに突き進む日本の現実があった。教師として、良心に誠実に従って子どもたちに接しようとしても、軍事的な国家権力の前に「甲羅のない蟹」とされた人間に何ができるのであろうか。

この物語は、北海道のつづり方連盟の五〇数名の教師が、治安維持法、思想犯保護観察法違反によって特高に検挙され、強引な取り調べや拷問を受けたことが背景となっている。時の権力は、数々の自発的な団体を押しつぶし、民衆を丸裸にして、翼賛体制に組み入れていった。竜太も捕らえられ、七カ月の独房生活の後にようやく釈放される。敬愛する恩師坂部先生も検挙され、苦難の末に病を得てなくなる。子どもたちを心から愛し、教師として忠実に生きようとする先生が、どうして殺されねばならないのか。竜太も、やっと釈放される。しかし、芳子との結婚式を直前に、召集令状の赤紙一枚でまた満州の戦地へ送られる。

竜太と坂部先生との師弟関係、芳子との愛、戦地満州での戦友との友情など、どれを取り上げても、戦争の時代という寒風が吹きすさぶなかに、忍耐をもってけなげに咲いたバラのような美しさがある。竜太は、最後には、キリスト者となった芳子と、讃美歌四九四「わが行くみちいついかに」を歌って結婚する。さらに、竜太も、芳子の導きによって、神の前にひざまずき信仰の道に歩むのである。

本書は、「昭和」を生きた人々の苦難を通して、愛とは、許しとは、救いとは何かと、人生の深みを教えてくれる。

二 拙著『コミューンと宗教——一燈園・生駒・講——』(一)・(二) 行路社、一九九九年

(一)

本書は、社会学を学び始めた筆者が、宗教を通して社会をみようとして発表してきた拙稿を加筆して編集した。それぞれは、独立して発表したもので、全体は「宗教社会学論集」の形式をとっている。すべて、筆者の宗教社会学的な関心や宗教コミューンの参与観察を通して書いている。

筆者の宗教社会学的な関心の第一は、京都山科一燈園の参与観察以来、一貫して持ち続けてきた宗教コミューンに対するものである。第二の宗教社会学的関心は、大阪府と奈良県境を南北に位置する生駒山系の宗教動態に関するものである。それは、大都市近郊の民衆が、生駒山系の民俗宗教の諸施設に集い、どのような活動を行い、どのような宗教的恩恵を受けているのであろうか、という問いに答えるための宗教社会学的な作業となっていった。

本書は、この第一の関心である宗教コミューンと、第二の関心である生駒の宗教に関する宗教社会学の拙稿からなっている。

第一章「宗教ブームと宗教加入」は、日本の宗教的環境について提示している。民衆が、その大海のなかに浮かぶ島のような「宗教コミューン」や「宗教講」に加入し、どのように行動し多くの「癒し」を受けるのかという点について、基本的な視点を提供することを目的としている。一節「宗教ブームの根底」においては、「宗教バブル現象」といわれる現代の日本の宗教全般について概観している。科学技術的規範が貫徹されている日本社会に、どうして第四次宗教ブームといわれるほどの宗教的活況が続いているのか、なぜ人は宗教に加入するのかなどの問題について提示している。二節「宗教加入の諸段階」は、「宗教加入」に関する理論的整備のために書いた。宗教集団を論じるには、宗教加入という視点が重要なことはいうまでもない。なかでも、宗教加入の時間的推移、相対的剥奪理論を中心にした加入の原因、加入後の状況、集団離脱などの問題は、宗教集団研究にとって最も基本的な論点であろう。

第二章「コミューンと宗教」では、一節「コミューンと宗教」において、コミューンの具体例を提示し、どうしてコミューンが「宗教的」なのかについて問題としている。ここでは、コミューンが、その結合を強化し存続させていくために宗教を利用したことを述べている。また、コミューンの特性としてのマイノリティ性について指摘している。第二章二節「コミューンの理想と現実」は、コミューンが、成員に対してどのような理想を与えても、成員は社会的現実としての環境に翻弄されざるを得ないこと、すなわち、コミューンは、理想を追求しようとしても、集団の意志決定の問題、後継者の問題、経済的問題などに突き当たりながら、その社会的現実に対応せざるを得ないことを明らかにした。三節「一燈園の生活と世俗化」は、筆者のコミューン研究の中心対象でもある一燈園の生活について書いている。

ここでは、一燈園の「宗教の衰退」としての「世俗化」や、「カリスマの日常化」の問題などを具体的に提示している。

第三章「生駒の伝統と変遷」と第四章「宝山寺と生駒の講」の五つの節は、第二章において示した本書の一貫したテーマである宗教集団の「理想と現実」、「世俗化」について、具体的に例証している。

第三章一節「伝統の重さと毘沙門天信仰」は、生駒山系の中心的な寺院としての信貴山朝護孫子寺の宗教的伝統と毘沙門天信仰について紹介した。二節「住職主導型寺院の発展と展望」は、一節の伝統を誇る信貴山朝護孫子寺と比べ、何の伝統もない小寺院の南陽院が、住職の主導的な働きによるユニークな発展をしていることに注目し、その歴史的変遷と諸活動を提示した。

第四章「宝山寺と生駒の講」は、三節にわたって、年間三〇〇万人の参詣者があるとされる生駒山系の有力寺院宝山寺と、その信徒集団である「講」について、生駒山系の講集団の「意味と活動」の変化について概観している。一節「聖天さんと宝山寺」は、宝山寺の御利益の中心、歓喜天の尊像の特性や働きについて述べながら、多くの善男善女がその癒しのなかに生きていることを考察している。二節「宝山寺福寿会」は、宝山寺のなかでも熱心に講活動を展開している「福寿会」について、成立の事情と活動の状況を明らかにした。なかでも、福寿会の中心的な活動である「総参り」「四国参り」について提示し、その背後に、篤信の世話人、講元の奉仕があることを述べている。三節「生駒の講」は、一九九〇年代後半の南河内の瀧谷不動明王寺、宝山寺、信貴山朝護孫子寺の講に焦点を当て、各宗教集団の講の「意味と活動の変化」を、「奉仕としての講」、「楽しみとしての講」という視点から考察した。信者たちが講に所属する主な理由は、信者自身の「私」の好みに応じた――奉仕や楽しみという――領域に対する要請に基づいていることを提示した。

各章は、発表してから時間が経過し、その時間的なギャップによって、同一の研究対象を問題としながらも、調査結果に相違が出ている可能性がある。それを、統合的に分析する必要があるだろうが、各稿は、発表したものを基本的に変更していない。

（二）

本書は、筆者の二つの宗教社会学的関心に基づいて進められた研究の成果である。それは、副題「一燈園・生駒・講」に示されているように、一つは、西田天香が京都山科に創設した宗教コミューン、すなわち「一燈園」生活共同体の研究と、もう一つは、大阪府と奈良県境を南北に位置する「生駒」山系の民俗宗教ならびに有力な宗教寺院における「講」集団の研究成果からなっている。

筆者の宗教社会学的関心は、一燈園生活共同体の研究を契機として推し進められ、山岸会、米国におけるアーミッシュなどのコミューン研究へと広がっていった。また、それは、生駒山系の民俗宗教研究、さらに大阪大都市近郊に居住する「講」成員と住職など専門的職能者たちとの関係、あるいは講成員が講集団に抱く意味の変遷などについて明らかにする研究へと展開されていった。

これらの宗教集団研究のすべては、筆者の参与観察に基づいて推し進められ、特に、生駒山系関連の宗教研究は、「宗教社会学の会」による生駒宗教調査と連動して進められたものである。また、コミューンや生駒の「講」集団研究は、宗教を媒介にして成員が凝集する宗教集団の研究でもあり、それらの諸研究が本書の中核をなしている。

生駒の調査対象は、信貴山縁起絵巻で著名な信貴山朝護孫子寺、住職主導型新興小寺院南陽院、生駒山宝山寺（「生駒聖天」）と講集団「福寿会」、眼病平癒で著名な瀧谷不動明王寺、信貴山朝護孫子寺の講集団などである。

本書には、コミューンの概念、宗教加入論、宗教機能論、剥奪理論、宗教世俗化論などの基本的宗教理論が提示されており、宗教集団の具体的事例をもとにして宗教社会学の基本的理論を学ぶこともできる。[1]

注

（1）参考文献として、宗教社会学の会編『生駒の神々――大都市近郊の民俗宗教――』創元社、一九八五年、宗教社会学の会編『神々宿りし都市―世俗都市の宗教社会学』創元社、一九九九年、をあげている。

三　莫邦富著『北京有事――一億人の気功集団「法輪功」を追う――』新潮社、一九九九年

中国を中心に「一億人の気功集団」と称される「法輪功」について、その状況を跡付けた『北京有事』が、緊急出版された。著者は、『ノーと言える中国』[1]の編訳者で、中国人密航ルートと密航斡旋組織のルポルタージュ『蛇頭』[2]を著し、中国人移民者「新華僑の生態研究をライフワーク」とするジャーナリスト莫邦富（一九五三―）である。

『北京有事』とは、一九九九年四月二五日、「法輪功」の「信奉者」たちが、北京の政治的中枢「中南海」において、一万人を超える規模で座り込みを行ったことを指している。

「法輪功」が政府に自らの法的地位を求めて行った「中南海包囲作戦」は、中国における天安門事件以来の大規模な示威行動となった。中国民政部は、その年七月二二日、「法輪功」の組織を非合法化し、国内における活動を禁止した。

本書には、創始者李洪志について（第三章「中国社会が生み出した『救世主』」）、「急成長する」状況（第四章「四つの攻撃目標」）など、一五章にわたり、綿密な現地調査と取材を通して、「法輪功」について提示されている。著者は、「中国・気功集団に現れた『麻原彰晃』」[3]や「非合法の烙印を押された『法輪功』」[4]などの論文も発表しているが、「法輪功」と、それを取り巻く社会状況を知る上で、本書の右に出る文献はないであろう。

筆者は、李洪志著『転法輪』[5]や関係ホームページの内容を通しても、その集団に注目してきた。本書を通しても教えられ、「法輪功」は、著者同様に、「宗教色の非常に濃い気功集団、あるいは一種の準宗教集団」[6]と考えるに至っている。しかし、その集団活動に関しては、「思想・信仰の自由」[7]と切り離すことのできない重要な論点を含んでいると考えている。

また、本書を通して、「資本の論理」が貫徹された社会のなかに生きることの「意味」の問題に、目を開かれたような気がする。

注

（1）莫邦富『ノーと言える中国』新潮社（新潮文庫）、一九九九年九月。
（2）莫邦富『蛇頭』新潮社（新潮文庫）、一九九九年二月。
（3）『文藝春秋』一九九九年九月。
（4）『世界』一九九九年三月。
（5）ナカニシヤ出版、一九九九年三月。
（6）莫邦富著『北京有事』新潮社、二〇〇〇年、一一三頁。
（7）同書、一一三頁。

四　大谷栄一・川又俊則・菊池裕生編著『構築される信念——宗教社会学のアクチュアリティを求めて——』ハーベスト社、二〇〇〇年

興味深いタイトル、とりわけ「宗教社会学のアクチュアリティを求めて」という副題にひかれた。七編の論考は、気鋭の宗教社会学者たちによる「生きた宗教現象との格闘の記録」[1]であり、それぞれが、従来の「教祖論・教義論・組織論」[2]的な宗教研究、すなわち教団の提供する「テクスト（教義・教典・教祖伝・体験談など）」[3]に基づく研究を超えて、宗教研究に「新たなアプローチ」[4]を提示したという印象を強くした。

第Ⅰ部「信者研究のアクチュアリティ」には、牧師夫人や教会墓地の研究で独自な調査を行っている川又俊則の「信者とその周辺——クリスチャンの自分史を中心に——」、菊池裕生の「物語られる『私』（self）と体験談の分析——真如苑『青年部弁論大会』のコンテクストに着目して——」、がおさめられている。この二論文は、信者の「口述生活史」や、信仰歴を中心に据えた「自分史」、「物語」られた「自己物語」の丹念な研究に基づいて、「信者が日常的に生きる『宗教的生』」[5]を描き出し、宗教研究に対し、「物語」分析という新たなアプローチを開示している。

第Ⅱ部「宗教集団研究のアクチュアリティ」には、大谷栄一「近代仏教運動の布教戦略——戦前期日本の日蓮主義運動の場

合——」、黒崎浩行「現代のメディア・コミュニケーションにおける宗教的共同性——キリスト教系メーリングリストの場合——」の三本の論文が収められている。大谷は、教団と信者の「フレーミング」（意味付け作業）という視点から、宗教運動をとらえなおし、教団側の「布教戦略」としての意味付け作業と、信者側の意味付け作業が「共鳴」する時に、新しい宗教運動が「構築されていく」[6]ことを提示した。黒崎は、キリスト教系メーリングリストの分析を通し、メディア・コミュニケーションの普及が「現代の宗教的な共同性」[7]構築に果たしている影響力について述べている。

第Ⅲ部「『宗教と社会』研究のアクチュアリティ」は、粟津賢太「ナショナリズムとモニュメンタリズム——英国の戦没記念碑における伝統と記憶——」、角田幹夫「グローバル化とファンダメンタリズムの諸相——主にイスラームを参照して——」、寺田喜朗「二十世紀における日本の宗教社会学——アプローチの変遷についての鳥瞰図——」からなる。粟津は、「英国の戦没記念碑」を研究し、グローバル化する社会において、世俗国家が宗教領域とのかかわりのなかに厳然といきづいていることを活写している。角田は、「近代化（化）／グローバル化」する社会において、宗教現象の研究に「ファンダメンタリズム」という視点を導入することの有意味性を力説している。モニュメンタリズム、ナショナリズム、ファンダメンタリズムなどの概念は、グローバル化する宗教と社会の分析にとって、必要不可欠なツールとなることであろう。寺田は、「輸入」された社会学との関係において、日本の宗教社会学研究を振り返っている。日本の既存の宗教社会学研究を鳥瞰するための格好の材料を提供している。

ちなみに、オウム真理教の一連の事件以来、「すべての年層で『信仰・信心』が急減した」[8]ことが報告されている。しかし、年々歳々、クリスマス時には、教会に新来会者があふれ、正月三が日に、毎年九〇〇〇万以上もの人々が初詣をする「宗教的環境」は変わらない。また日本の各地で展開されている人々の宗教行動の例は、「ホモ・レリギオースス（宗教的人間）」としての人間存在の特性を明確に示すものである。

本書の出版は、第一に、そのような宗教と社会や人間の分析に、これまでの宗教研究の枠組みを超えた新しいアプローチを提示した点において意義は大きい。第二に、複数の著者によって編まれた論文集は、その連関性の弱さのゆえに弱点が目立つものである。本書に限っては、多くの時間をかけて共同討議をへて編集されただけに、七本の論考が前掲「副題」において一貫した意味をもっており、一冊の書物として成功している。

注

（1）　大谷栄一・川又俊則・菊地裕生編著『構築される信念——宗教社会学のアクチュアリティを求めて——』ハーベスト社、二〇〇〇年、ⅳ頁。

（2）　同書、一七一頁。

（3）　同書、五三頁。

（4）同書、一頁。
（5）同書、五三頁。
（6）同書、六六頁。
（7）同書、八八頁。
（8）NHK放送文化研究所編『現代日本人の意識構造［第五版］』日本放送出版協会、二〇〇〇年二月、一三六頁。

五　服部嘉明著『士師記に聞く』ユーオディア、二〇〇六年

敬愛する服部嘉明先生が、ユーオディア創設一〇周年記念出版物として、『士師記に聞く』を上梓された。ここに、先生の「士師記」研究の集大成が、シアトル地域における「旧約聖書を学ぶ会」の原稿をもとに完成した。その一行一行から、先生の迫力ある言葉、語り口がよみがえってくる。それは、聖書本文に肉薄される研究者、説教者、神の言葉を「みちしるべ」として歩まれる伝道者の姿でもある。どこまでも隣人にやさしく、真摯に宣教活動に取り組まれる先生の本書を読まずして、「士師記」を語るなかれ、との感を強く抱いた。再び、「人間はいつも注意深く、神の導きを祈り求めつつ歩まなければならない」、ということを教えられた。同じくユーオディアから出版されている、『創世記に聞く』、『出エジプト記に聞く』、『ヨシュア記に聞く』、『ローマ書に聞く』(1)とともに、座右の書となった。

注
（1）いずれも、北米の宗教団体であるユーオディア、出版。

六　山本栄一著『問いかける聖書と経済――経済と経済学を聖書によって読み解く――』（関西学院大学研究叢書　第一二一編）関西学院大学出版会、二〇〇七年

聖書を通して経済と経済学を学ぼうとする人々待望の好著。読者は、まず、書名の「聖書」と「経済」の並列表記に、一種の戸惑いを覚えるかもしれない。とはいえ、読み始めるや、グローバル化した経済社会に対する冷静な分析と、キリスト教を媒介にした分かりやすい解説に、感銘を覚えるに違いない。

本書は、長年キリスト教主義大学で、「財政部門の経済学」を研究し講じてきたキリスト者が、経済学に取り組みつつ考えてきた事柄を集大成したものである。著者は、『大学への招待状』（関西学院大学出版会、二〇〇三年）を著すなど、変貌を遂げる大学についても考察を続けてきた。これらの著作には、すべて共通して経済学者として社会問題に切り込んだ冷静な分析と、学生への暖かいまなざしを読み取ることができる。

本書の目的は、著者自ら語っているように、「『聖書』が『経済』について述べていることを手がかりに、できる限り『経済のリアリティ』に迫り、その中で如何に生きるかについての方

向付けを示すこと」[1]である。その意味で、本書は、学生に、「『聖書と経済』について考えられる内容を伝達する」だけでなく、「経済の問題を『真の』人間の問題として考え」ようとする一般読者を対象に書かれたものである。

本書の構成は、「Ⅰ　聖書と経済（前編）―経済をめぐって」（1、2、3、4章）、「Ⅱ　聖書と経済（後編）―経済学をめぐって」（5、6章）、「Ⅲ　聖書と経済（補遺）」（補遺一、二）の三部分からなっている。端的に言えば、「聖書を参考文献」として書き進められた経済学専門書といえるかもしれない。

「Ⅰ　聖書と経済（前編）」は、「第1章　宗教とりわけキリスト教と経済の関係」、「第2章　キリスト教における聖書の位置」、「第3章　聖書における『経済と人間』」、「第4章　聖書が伝える『経済社会での生き方』」からなっている。要点を示せば、第1章では、著者の立脚点が明確に提示され、「キリスト者の立場を前面に立てて論じる」[2]と述べられている。第2章では、「神のことば」としての聖書について、また聖書が示す「世界観」について解説している。第3章「聖書における『経済と人間』」においては、創世記をもとに、世界創造の場における人間の位置について解説している。ここでは、聖書を通して経済を問題とする場合、その原点ともいうべき事柄が論じられている。人間が神により創造され、その時以来、人間が「消費」活動、「生産」活動に関わっていることなどが、「自然採取」や「農耕」の経済を媒介して説明されている。これらによって、著者は、読者に、「経済を超えるものとの関係に視野を広げること」の大切さを語っている。それはまた、今日の「経済問題の深刻さ」を神との関係でとらえなおすべきであるとする著者の態度の表明でもある。特に、第4章「聖書が伝える『経済社会での生き方』」においては、著者は、人が、現実の経済社会においてどう生きるべきかについて、倫理の問題を問うている。

「Ⅱ　聖書と経済（後編）」は、「第5章　現代経済学を聖書によって見直す」、「第6章　新しい経済学へのささやかな一歩」からなっている。経済学を学ぶ人々に向けて書かれているだけに、アダム・スミスや、カール・マルクスなどの経済理論が紹介され、現代の市場経済が経済倫理などの視点から問い直されている。NGOやNPOなどについても提起されている。

「Ⅲ　聖書と経済（補遺）」においては、経済学とカルヴィニズムの関係性について、キリスト者として経済や社会の倫理を問い続けるオランダの経済学者、B・ハウツワールト（Bob Goudzwaard, 1943-）の論点などが紹介されている。

本書にはまた、章のおわりに、聖書に題材を求めて書かれた一七編の珠玉のエッセイが散りばめられている。例えば、「『金持ちの青年』の話」、「人はパンだけで生きるものではない」、「天に富を積みなさい」、「経済はネットワーク」……、と。

現実の経済や経済学について、「聖書」を通して再検討すべきであるという一貫した視点は、人間は神との関係のなかでどう生きるべきかについて苦闘する者に、課題と洞察に満ちた指針を与えてくれる。

注

（1）山本栄一『問いかける聖書と経済――経済と経済学を聖書によって読み解く――』関西学院大学叢書第一二編、関西学院大学出版会、二〇〇七年、三二頁。

（2）同書、一八頁。

七　ピーター・L・バーガー著、森本あんり・篠原和子訳『現代人はキリスト教を信じられるか――懐疑と信仰のはざまで――』教文館、二〇〇九年

著者ピーター・L・バーガー（Peter Ludwig Berger, 1929–）は、「生まれから言うとルター派で、今でもルター派を自認している[1]」オーストリア出身の米国の著名な社会学者である。本書（原著『信仰についての問い――懐疑を乗り越えて肯定できる信仰――』、二〇〇四年）は、「使徒信条」を一二章に分割、それを解説する形で構成されている（補遺三節含む）。

彼の学問方法論は、「個人の生活史的視点」、すなわち、「生身の人間」が、自分を取り巻く環境や「社会的秩序」に対して、どのように考え、どのように「日常生活」を営んでいるかという、現実に今生きている人間の視点から進められる。本書においては、著者は、キリスト教が、「世俗化・多様化・相対化」し、絶対的な規範性を喪失している状況のなかで、「日常」営んでいる自らの信仰のありようを告白しつつ、キリスト教の何を信じ、何に同意できないかなどについて赤裸々に語っている。正直、「難解」な部分も多数あり、読みこなすにはかなりの知識を必要とする。しかし、著者は、多次元化・相対化するキリスト教信仰について「懐疑をもって扱われねばならない[2]」ことがあるとしても、「マラナタ、主イエスよ来たりませ」、と祈ることができると述べている[3]。著者の聖書や神学的知識の理解の深さ、キリスト教史全体にわたる神学者たちや信条に対する該博な知識にも驚きを禁じ得なかった。福音派の視点からすると、聖書論、史的イエス論や教会論などにおいて戸惑いを覚える箇所も多々ある。しかし、本書の内容は、一人の社会科学者でありキリスト者が、キリスト教に「懐疑的」に向き合いつつ、信仰を「肯定的」にとらえている点において味わい深い。訳書は、「訳者あとがき」にあるように、「自由で闊達な日本語」である。ちなみに、筆者は、「イエス・キリストにおける神の救いについて聖書は偽ることも欺くこともない、という意味[4]」で、聖書の無謬性を信じる。それゆえ、バーガーによれば、筆者は「教育程度の比較的低い人々[5]」に分類される社会学徒のようである。

注

（1）ピーター・L・バーガー、森本あんり・篠原和子訳『現代人はキリスト教を信じられるか――懐疑と信仰のはざまで――』教文館、二〇〇九年、四頁。

（2）同書、二三八頁。

（3）同書、二〇一頁。

（4）ドナルド・K・マッキム「聖書」、ドナルド・K・マッキム編、石丸新他日本語版編集、いのちのことば社、二〇〇九年、二六八―二六九頁。
（5）バーガー、前掲書、二四六頁。

初出一覧

第一章　宗教的人間と社会の分析視角
本書第四章一節「カルヴィニストの幸福と不幸」の叙述の準備段階で作成したもの。

第二章　生駒の民間信仰と聖性
一節　生駒今昔──気の満ちた生活世界──
宗教社会学の会編『神々宿りし都市──世俗都市の宗教社会学──』創元社、一九九九年、四─二六頁。
二節　「聖なる場」と「聖」性の検証──生駒山系宗教動態の変容過程を通して──
頼富本宏他著『聖なるものの形と場』法藏館、二〇〇四年、五二五─五四六頁。

第三章　日本社会とキリスト教の影響力
一節　日本社会における宗教動向とキリスト教伝道の可能性──宗教忌避傾向と「思考の枠組み」から──
宗教社会学の会編『宗教を理解すること』創元社、二〇〇七年、三─二八頁。
二節　阪神・淡路大震災と聖書──震災後の光と「底力」──
「神戸と聖書」編集委員会編『神戸と聖書──神戸・阪神間の四五〇年の歩み──』神戸新聞総合出版センター、二〇〇〇年、二三九─二四三頁。主題を「阪神・淡路大震災と聖書」、副題を「震災後の光と『底力』」と変更。

第四章　カルヴィニストの信仰と日本社会
一節　カルヴィニストの幸福と不幸——改革派信仰と「拡散宗教」性に関連して——
阪南大学学会『阪南論集』人文・自然科学編、第四四巻、第一号、二〇〇八年十月、一—一四頁、同書、第四四巻、第二号、二〇〇九年三月、三三—四八頁。
二節　宗教的人間としてのキリスト者——改革派教会と信徒——
本書第四章第一節「カルヴィニストの幸福と不幸」の叙述の準備段階で作成したもの。

第五章　日本社会の宗教動向と社会的エートス
一節　日本宗教の基層と社会的エートス
The Japan Times, October 19, 1999. Reformed Youth Arena, Vol. III No. 2, Vol. IV No. 1, May 2000. の日本語原稿、阪南大学ホームページ、Opinion Room 原稿、二〇〇〇年九月、などによって構成。
二節　現代社会と宗教的エートス（一）——「気枯れ社会」の人間像——
日本キリスト改革派熊本伝道所春の特別講演会「こころ——現代と日本人の心——」の第一講演原稿を加筆修正。
三節　現代社会と宗教的エートス（二）——「無信頼社会」の心性——
日本キリスト改革派熊本伝道所春の特別講演会「こころ——現代と日本人の心——」の第二講演原稿を加筆修正。
四節　既成事実化と社会のエートス——戦争と平和をめぐって——
日本キリスト改革派教会第一〇回全国青年会修養会、報告書、『私たちの希望』日本キリスト改革派教会全国青年会修養会委員会、二〇〇五年九月、六七—七〇頁。

補　遺　キリスト者の人生

一　本多庸一（一八四八—一九一二）
井上順孝編『近代日本の宗教家一〇一』新書館、二〇〇七年、一七六—一七七頁。
刊行前の原稿を挿入しつつ転載。以下、同じ。
二　中田重治（一八七〇—一九三九）
井上編、同書、一四二—一四三頁。
三　矢内原忠雄（一八九三—一九六一）
井上編、同書、一九二—一九三頁。

書　評

一　三浦綾子著『銃口』上・下、（小学館、一九九四年三月）。
日本キリスト改革派西部中会教育委員会『リフォルマンダ』創刊号、一九九五年五月、「この一冊」。
二　拙著『コミューンと宗教——一燈園・生駒・講——』（一）（行路社、一九九九年三月）。
阪南大学産業経済研究所『阪南大学産業経済研究所年報』第二八号、一九九九年六月、五四—五六頁。
拙著『コミューンと宗教——一燈園・生駒・講——』（二）
島薗進他編『宗教学文献事典』（弘文堂、二〇〇七年十二月、三九四頁）。
三　莫邦富著『北京有事——一億人の気功集団「法輪功」を追う——』（新潮社、一九九九年十二月）
『Sight 21』サイト出版、二〇〇〇年四月、四六頁。
四　大谷栄一・川又俊則・菊池裕生編著『構築される信念——宗教社会学のアクチュアリティを求めて——』（ハーベスト社、二〇〇〇年十月）
『クリスチャン新聞』クリスチャン新聞社、二〇〇一年一月二八日。

五　服部嘉明著『士師記に聞く』（ユーオディア、二〇〇六年）『士師記に聞く』、裏表紙。

六　山本栄一著『問いかける聖書と経済――経済と経済学を聖書によって読み解く――』（関西学院大学研究叢書　第一二一編、関西学院大学出版会、二〇〇七年一月）『本のひろば』五九九号、財団法人キリスト教文書センター、二〇〇八年三月、二二一―二二三頁。

七　ピーター・L・バーガー著、森本あんり・篠原和子訳『現代人はキリスト教を信じられるか――懐疑と信仰のはざまで――』（教文館、二〇〇九年六月）『クリスチャン新聞』クリスチャン新聞社、二〇〇九年十月二五日。

《著者紹介》
村田充八（むらた　みちや）
1951年　兵庫県生まれ
1976年　関西学院大学社会学部卒業
1981年　同大学院社会学研究科博士課程後期課程単位取得退学
（宗教社会学・社会倫理学専攻）
1981年　大阪基督教短期大学専任講師
1985年　米国ロバーツ・ウェスレアン大学交換研究員
1987年　阪南大学経済学部助教授
1993年　同大学同学部教授
1997年　米国カルヴァン大学客員研究員（～98年）
1997年　阪南大学国際コミュニケーション学部教授（現在に至る）
1998年　博士（学術・関西学院大学）

著　書
『技術社会と社会倫理――キリスト教技術社会論序説――』（晃洋書房，1996年）
『戦争と聖書的平和――現代社会とキリスト教倫理――』（聖恵授産所出版部，1996年）
『コミューンと宗教――一燈園・生駒・講――』（行路社，1999年）
『社会的エートスと社会倫理』（晃洋書房，2005年）

訳　書
ピーター・クレイギ著『聖書と戦争――旧約聖書における戦争の問題――』（すぐ書房，1990年）

宗教の発見
――日本社会のエートスとキリスト教――
阪南大学叢書88

2010年3月30日　初版第1刷発行　＊定価はカバーに表示してあります

著者の了解により検印省略

著　者　村田充八©
発行者　上田芳樹
印刷者　藤森英夫

発行所　株式会社　晃洋書房
〒615-0026　京都市右京区西院北矢掛町7番地
電話　075(312)0788番(代)
振替口座　01040-6-32280

印刷・製本　亜細亜印刷㈱

ISBN978-4-7710-2138-9

人名索引

〈ア　行〉

〈カ　行〉

事項索引

〈カ　行〉

〈サ　行〉

〈ナ　行〉

〈ハ　行〉

〈ヤ　行〉

〈ラ　行〉